KB150885

개정번역

아동의 자유와 민주주의

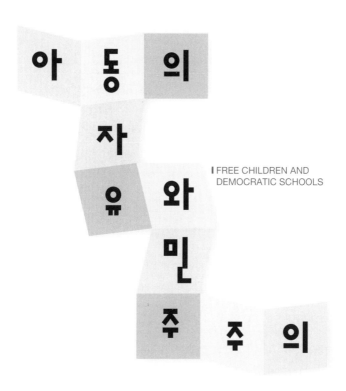

I FREE CHILDREN AND
DEMOCRATIC SCHOOLS

로즈마리 챔벌린 저

김정래 역

박영
story

감사의 말

글을 읽어준 고든에게; 이 글이 살아남도록 해 준 제인과 데이빗에게; 그리고 이 글이 어떻게 되어야 하는지를 일깨워 준 뱅크 리즈 초등학교Bank Leaze Infant School 아이들에게 감사의 말을 보내며.

개정 번역판 서문

이 책은, 2012년 임진년 봄 처음 번역 출간될 때 밝힌 바 있듯이, 역자의 외국 생활 첫 구입 도서였으며 동시에 첫 번째 번역서이다. 과문한 탓도 있지만, 번역의 경험이 없다보니 몇 군데 오역과 매끄럽지 않은 표현이 있어서 당혹감을 감출 수 없었다. 그러던 차에 이 책이 경영상의 사정으로 출판사를 달리 하여 세상에 다시 나오게 된 것은 역자에게 이러한 부족함을 시정할 천운인 셈이다.

역자가 다른 몇 권의 저서와 번역서를 내고 그러는 사이 이 책이 과분한 수상도 했다는 것을 개정 작업을 하면서 알게 되었다. 그러나 수상의 기쁨을 누릴 형편이 아닌 것이 역자가 미처 알아차리지 못한 여러 결함을 간직한 채 전국의 도서관에 배포되었기 때문이다. 여전히 숨어있을 결함은 계속 수정할 수 있도록 독자와 동학의 지적과 충고를 기대한다.

아울러 역자는 새 모습을 하고 다시 탄생한 이 책이 교육학, 특히 유아교육의 학문적 지평을 넓히는 계기를 마련하길 바란다. 초판 번역이 나온 그 때나 지금이나 우리나라 유아교육의 학문적 지평이 이 책이 논하는 범위와 수준에 여전히 와 있지 않은 점을 안타깝게 생각한다. 아직도 주변에는 자신만이 아는 편협한 공간을 넘어서면 유아교육이 아니라는 유아기적 사고를 가진 이가 있다. 이러한 사정은 초·중등교육에서도 그리 낫다고 생각하지 않는다.

개정 번역판이 나오면서 초판의 표제화가 사라졌다. 초등학교 때 그 그림을 그렸던 역자의 여식이 이제는 응용미술을 전공하는 어엿한 숙녀가 되었다. 이 미술학도의 '작품'을 활용할 다른 기회가 빨리 오길 바란다.

　역자와 함께 공부하는 微塵會의 林敬花, 文智暎, 朴秀美 선생님은 초판의 난해한 표현을 지적해 주었으며, 朴貞恩 선생님은 교정의 번거로운 대조 작업을 해주었다. 이 책의 출간이 그들의 공부에 또 다른 자극이 되었으면 하는 마음 간절하다. 물론 그들의 도움에도 불구하고 오류가 있다면 그것은 전적으로 역자의 책임이다. 끝으로 개정 번역판 탄생에 결정적인 기여를 한 박영스토리의 안상준 대표님과 책이 예쁜 모양을 갖고 태어나도록 애써준 편집부 김선민 부장님과 배우리 선생님에게 감사의 뜻을 전한다.

을미년 새 봄,
역자 金正來 다시 삼가 아룀.

역자 서문

이 책은 로즈마리 챔벌린Rosemary Chamberlin의 Free Children and Democratic Schools를 번역한 것이다. 1989년 The Falmer Press에서 출간된 이 책은 'A Philosophical Study of Liberty and Education'이 부제로 되어 있다. 번역서의 책 제목을 ≪아동의 자유와 민주주의≫로 붙인 것은 아동의 '자유'와 '민주주의'가 책의 핵심이기 때문에 역자가 작명作名을 새롭게 하였다.

역자와 이 책의 개인적 인연은 완전히 우연이다. 이 책은 세상에 나온 지 얼마 되지 않은 1990년 런던 딜런스Dillons 서점의 서가에서 역자가 첫 번째로 뽑은 책이다. 그러니까 이 책은 역자의 생애 처음 외국나들이의 첫 번째 문화체험인 셈이다. 이 인연이 그냥 우연에 그치지 않고 번역을 하게 된 동기로 변한 것은 저자의 견해가 역자와 매우 상이하다는 역설 때문이다.

무엇보다도 '자유'와 '민주주의'를 보는 관점부터 저자와 역자는 입장이 서로 판이하다. 저자는 이 두 가지 주요 개념이 공동체적 맥락에서 이해되어야 하고, 공동체적 책임을 위하여 희생할 수 있다는 입장을 견지한다. 이 점에서 저자는 '진보'를 표방하는 교육학자이다. 역자는 이 생각에 동의하지 않는다. 그녀의 진보적 사상에 반대하는 것이 아니다. 오히려 그녀는 본문을 통해 알 수 있는 바와 같이, 자유민주주의 가치를 신봉한다는 점에서 '보수'이다. 역자가 공동체적 가치, 특히 교육 상황에서 공동체적 가치를 부정하고자 하는 것은 아니지만, 자유의 개념이 집합 또는 집단을 위하여 희생되어서는 안 된다는 점에서 저자와 의견을 달리 한다. 민주주의가 공동체적 삶을 영위하는 제도임을 부정하려는 것이 아니라, 민주적 절차가 공동체적 가치보다는 개인을 보호하는 데 더 초점이 맞추어져야 한다고 본다. 자유와 민주주의가 집합적 개념에 함몰되면, 전체주의 망령이 늘 고개를 들었다는 사실을 염두에 두어야 하기 때문이다.

그럼에도 불구하고 역자가 이를 번역하게 된 역설적 동기는 우리 교육의 좌편향적 성향 때문이다. 무슨 말인가 하면, 역자가 좌경화된 우리 교육 현실을 무조건 비판하고자 하는 것이 아니라 저자가 일관되게 주장하는 내용과 논거가 우리나라의 좌경화된 교육계 인사들이 주장하는 바와 매우 다르기 때문이다. 구체적으로, 체벌과 왕따, 학교폭력이 난무하여 아이들이 빈번히 자살을 하는 상황은 철저히 외면하고, '학생인권'만 외치는 좌편향 교육 현실은 저자의 입장과 결코 같다고 할 수 없다. 심지어 빨치산 세뇌를 민중교육으로 둔갑시키고, 친북 찬양을 되뇌는 우리 사회의 자칭 '진보'는 저자의 '진보'에 한 치도 일치하지 않는다. '참여'를 명분으로 학생들을 시위에 동원하거나 학생들을 의식화의 명분으로 선동하는 작태도 같은 진보라고 볼 수 없을 만큼 이질적이다. 저자의 입장은 놀라우리만큼 차분하고 절차적 가치로서 민주주의를 존중하고, 무엇보다도 개인을 존중하는 가운데 공동체 가치를 도모하고 있다. 이것이 우리 사회의 '진보'들이 배워야 할 점이다. 우리의 아이들에게 진보를 권장한다면 저자와 같은 방식으로 해야 한다고 확신한다. 이것이 역자가 이 책을 번역하게 된 역설적이지만 결정적인 동기이다.

철학적 배경을 가지고 공부한 역자가 아동 문제와 유아교육에 관심을 갖게 된 것은 전적으로 지도교수의 영향이다. 영국에서 귀국한 이후 아동의 권리에 관한 논문을 여러 편 낸 바 있다. 그 중 일부는 역자의 저서 ≪아동권리향연≫으로 엮어져 결실을 보았다. ≪아동권리향연≫은 설명이 부족한 부분이 없지 않은 것이 사실이지만, 역자의 엄연한 저서이기에 남다른 애착이 없다고 할 수 없다. 설명이 미진했던 부분과 어색한 표현 등 ≪아동권리향연≫의 부족분을 독자들에게 진 빚으로 여기고 이번에 이 책의 번역을 통하여 갚도록 기획하였다.

그 일환으로 역자가 시도한 것이 책 서두에 실린 "번역판 해설"이다. 적지 않은 분량의 이 해설은 이 책을 이해하는 독자들에게 흥미를 돋우고 보다 세심한 이해를 도모하기 위한 것이기도 하지만, ≪아동권리향연≫에서 논의된 내용 중에서 별 설명 없이 소개된 적지 않은 내용들을 설명하기 위한 것이다.

일반인들이 이 책에 관심을 가져준다는 것은 이루 말할 수 없는 기쁨이지만, 역자가 염두에 둔 이 책의 주된 독자층은 유치원, 초등학교, 중등학교 현장의 교사와 교육대학과 사범대학에 재학하는 예비교사, 그리고 학부모들이다. 이들에게 역자가 할 수 있는 또 다른 봉사는 이 책을 읽고 토론하는 '살아있는' 논의 현장을 제공하는 것이라고 생각하여 "생각해 볼 문제"를 책 후반에 마련하였다. 이 문제를 같이 고민하면서 딱딱한 정치 개념들이 교육 현장감 있는 논의로 녹아들어가 독자들의 자유에 관한 사고와 민주적 방식이 체질화되길 바라는 마음이다. 번역된 본문과 "생각해 볼 문제", 그리고 "번역판 해설"을 상호 관련시켜 가면서 읽고 생각해 보면 적지 않게 공부하는 재미를 느낄 수 있을 것으로 확신한다.

이 번역은 애초 ≪아동권리향연≫이 출간된 2002년에 시작되었으니, 세상에 나오는 데 10년이 걸린 셈이다. 지난 10년 간 이 번역에만 몰두했다는 것을 말하려는 것이 아니다. 역자가 게으른 탓도 있지만, 그 사이 근무지가 바뀌고 이런 저런 일에 매달리다 보니 10년 동안 번역에 집중하지 못하였다. 하지만 이 기간 동안 역자는 교육철학 강좌는 물론 유아교육 관련 과목을 강의하면서 아동의 권리뿐만 아니라 자유의 문제를 소개하고 또 관련 석사논문을 지도하기도 하였다. 이 과정에서 이런 내용은 유아교육이 아니라고 우겨대고, 급기야 학생들을 선동하는 그릇된 행태를 보이기도 하였다. 이 같은 삐뚤어진 행태를 보면서 역자는 두 가지만 지적하고자 한다.

첫째, 자유, 권리, 민주주의, 권위적 간섭주의는 초·중등교육은 말할 것도 없고 유아교육과 보육 영역에서 매우 중요한 개념이다. 그 사이에 유아교육과 아동학을 전공하는 이들의 아동권리에 관한 저술이 적지 않게 출판되었으나, 그 내용을 살펴보면 권리의 개념적 속성을 전혀 고려하지 않고, 또 제 권리들의 상호관련을 무시하고 이들을 자의적으로 분류하는 오류를 많이 범하고 있음을 이들이 펴낸 여러 저술에서 확인할 수 있다. 자유, 권리, 민주주의, 권위적 간섭주의 등과 같은 개념의 정확한 이해가 있어야 교육현장에서 결정적인 착오를 막을 수 있다. 특히 유아복지 정책은 이들 개념을 잘 이해해야 '사회정의'의 측면에서 온전하게 접근할 수 있다.

둘째, 학자라고 하면 일단 자기 영역이 있다는 '철밥통 의식'을 버려야 한다. 말로는 융합의 시대 운운하면서 폐쇄된 영역 다툼을 조장하면 당사자는 말할 것도 없고 그 학문은 정체되고 낙후될 수밖에 없다. 예컨대, 기존 유아교육에서 많이 다루어지는 '놀이'는 유아지도방식으로만 다루어지는 미시적인 주제가 아니다. 문명사, 문화인류학, 민속학, 해석학 등 여러 가지 접근이 가능하다. 이렇게 다양하고 풍부한 내용들이 자신에게 생경하다고 유아교육이 아니라고 주장하고, 순진한 학생들을 선동하는 것은 손바닥으로 하늘을 가리고 하늘이 없다고 우기는 어리석음과 같다. 이를테면 마이클 폴라니Michael Polanyi가 예리하게 지적한 '암묵지tacit knowledge'는 이제 과학자들의 탐구방식을 설명하는 것만이 아니라 유아의 인식 발생을 설명할 수 있고, 경제학에서 많이 다루어진 '죄수의 딜레마'는 교육정책이나 아이들의 의사결정을 설명하는 데 손색이 없는 개념이다. 이 밖에 초·중등교육은 물론 유아교육 내용으로 전혀 손색이 없는 내용과 영역은 무궁무진하다. 따라서 이와 같이 다학문적으로 사용되는 개념이나 기초 학문의 내용은 충분히 유아교육이나 아동학의 내용이 될 수 있고, 또 그리 되어야 학문이 발전할 수 있다. 20-30년 전만 하더라도 환경이나 생태 문제는 유아교육과 무관해 보이는 영역이었지만, 현재 유아교육의 핵심을 이루는 내용들이다. 학문의 영역은 근시안적으로 경직되거나 폐쇄적인 것이 아니라 매우 유연하고 진취적이고 개방적인 것이다. 이러한 정신은 이 책이 지향하는 자유와 민주주의에 대한 신념이기도 하다. 그리고 이 정신은 이 책의 제9장에 논의된 학문의 자유에서도 확인할 수 있다. 부디 역자는 이 책의 본문을 포함하여 "번역판 해설"과 "생각해 볼 문제"에 소개된 내용이 교육전반은 말할 것도 없이 유아교육과 아동학의 지적 수평을 넓히고 사고의 깊이를 더하는 데 기여하길 바란다.

《아동권리향연》의 표제화를 그렸던 김지영 어린이가 초등학교 3학년 때 그린 그림이 이 책에도 실리게 된 것을 아빠는 매우 기쁘고 대견스럽게 생각한다. 비록 지금 입시의 굴레에 매여 지내기는 하지만, 역자는 어엿한 예비숙녀가 된 막내에게 이 책이 다소나마 위안과 성취의 즐거움을 안겨주길 바란다.

이 책이 세상에 나오게 된 인연은 또 있다. 역자가 현재 몸담고 있는 부산교육대학교는 2011년 처음으로 번역 사업에 연구비를 지급하였다. 연구비의 과다를 떠나 그 첫 수혜자가 되었다는 사실을 역자는 기쁘게 생각하며, 이에 부산교육대학교 당국에 사의를 표한다.

임진년 새 봄,
역자 金正來 삼가 아룀.

아동의 자유와 민주주의

차   례

번역판 해설[*]

김 정 래

    독자들이 이 책을 보다 흥미를 가지고 읽고자 한다면 이 책에서 논의되는 주요 개념을 이해할 필요가 있다. 이 책에 깔려있는 정치철학적 개념은 크게 세 가지이다. '자유', '권리', 그리고 '민주주의'이다. 이들은 우리가 일상적으로 매우 친숙하게 사용하지만, 조금만 심층으로 내려가면 이해가 잘 안 되거나 혼선이 생길 만큼 매우 복잡하고 방대한 논의를 요구하는 개념들이다. 따라서 이러한 용어의 용법뿐만 아니라 개념적 속성을 이해하지 못하면, 이 책의 내용을 제대로 파악하기 어렵다. 책을 읽는 재미를 잃는 것은 물론이거니와 교육현안으로 떠오르는 문제들을 온전하게 파악하지 못하는 한계에 직면하게 된다.

    제1장에서 자유의 문제를 다루면서 선택이 자유의 전제가 되어야 한다는 의미를 벗어나 노동변경이 자유의 전제라는 결론이 도출된다. 또한 자유가 행사되어야 할 사회적 조건을 마련해야 한다는 주장, 즉 자유행사의 사회적 조건으로서 정부구성을 언급하고 있다. 그러나 문제는 자유의 조건 또는 전제로서 '노동변경'과 '정부구성'은 자유의 개념과 전혀 상이한 사안이라는 점이다. 이 두 가지의 상이함은 단지 시각 차이에 그치는 것이 아니라, 사회체제 또는 국가의 정체政體가 자유민주주의인가 아니면 사회민주주의인가를 결정짓는 실질적인 문제로 귀결된다. 또한 자유의 개념적 속성으로서 '선택'의 중요성에 대한 저자의 견해를 좀 더 객관적인 입장에서 검

* 번역판 해설 ⓒ 김정래, 2012.

토할 필요가 있다.

이와 관련하여 저자는 제3장에서 민주주의에 선행요건이 되는 언론의 자유를 인정한다. 언론의 자유의 중요성은 아무리 강조해도 지나침이 없지만, 사회체제가 어떤 것인가에 따라 자유보장freedom guarantee 문제는 달라진다. 독자들은 이러한 저자의 입장을 면밀하게 검토할 필요가 있다.

또한 제3장에서 슘페터Schumpeter의 민주주의 관점을 부정하는 저자의 견해는 '민주주의'를 주민의 총의總意로 보는 루소의 일반의지로 귀결된다. 그러나 이는 전체주의로 연결될 위험성을 내포한다. 저자는 나아가서 '참여'를 강조함으로써 현실이 중우정치로 가는 것에 대한 경각심을 늦추고 있다. 과연 '민주주의'는 이렇게 이해해야만 하는가?

제2장에서 저자는 자유의 제한 문제로서 개인의 사회적 의무를 제시한다. 또 개인의 정치적 의무가 민주사회에 선결된다는 입장을 취한다. 즉 민주사회에서 개인의 선택에 앞서 사회적 의무가 앞선다는 입장이다. 이러한 입장은 자연권 사상 이래로 확립되어 온 개인의 '자유'와 '권리'에 대한 침해 여지를 남겨놓는다. 실제로 우리나라의 경우 2010년 지방선거 이후 줄기차게 대두된 무상급식을 비롯한 각종 무상 복지정책 시리즈는 자연법과 자연권 사상의 곡해와 남용에서 비롯된 것이다. 이 점에서 하트H. L. A. Hart의 일반권과 특정권의 구분, 호펠트W. Hohfeld의 권리상관관계와 권리의 속성에 관한 제 이론에 독자들은 집중할 필요가 있다.

이 책에서 주된 내용으로 다루고 있지 않지만, '평등', '정의', '분배', '권력' 등이 합쳐지면, 이에 대한 해설만으로도, 잘만 쓰면, 훌륭한 정치철학 개설서가 될 것이다. 따라서 여기서는 이 책을 이해하는 데 있어서 미리 알아야 할 중요 개념을 간략히 소개하기로 한다. 이 해설은 책의 마지막에 역자가 제시한 "생각해 볼 문제"를 푸는 데 유용할 것으로 사료된다. 또한 각 절 끝부분에 소개한 '참고문헌'은 여기에 설명한 주요 개념을 이해하는 데 안내서 역할을 할 것이다.

Ⅰ. 자 유

우리 말 '자유'에 해당하는 영어의 프리덤freedom과 리버티liberty는 각기 상이한, 때로는 상반된 의미를 지닌다. 우선 'freedom'은 특정한 사람만이 향유하는 일종의 특권에 상응하며, 'liberty'는 출신이나 신분 등에 관계없이 동등한 취급을 받을 보통법Common Law상의 권리를 지칭한다. 여기서 보통법이란 우리의 문명사를 통하여 축적된 관습이 녹아들어 있는 법을 가리킨다. 보통법은 '공동의 권리와 이성'에 뿌리를 두고 생겨난 것을 지칭한다. 커먼스John Commons는 두 가지 자유의 의미가 형성된 배경을 다음과 같이 설명하고 있다.

개인의 권리, 소유권, 자유와 같은 보통법 개념은 엘리자베스 여왕과 스튜어트 왕조시대에 와서 군주의 특권과 충돌하게 되었다. 자유란 단어의 이중적 의미가 출발점이 되었다. 그것은 왕이 봉건 영주에게 하사한 특권이라는 대헌장에서 명시한 "자유"liberty를 의미할 수도 있고 동시에 보통법의 근간이 된 모두가 인정한 관습으로부터 유래된 사고팔 수 있는 자유, 폭력과 절도, 무단침입으로부터 자유로울 권리란 의미도 있었다. 두 의미는 모순적으로 서로를 부정했다. 왕이 인정한 특권이란 의미에서 자유란 우월한 자와 열등한 자의 관계를 상징했다. 반면 보통법의 의미에서 자유란 같은 계급의 구성원들간에 평등한 관계를 상징했다. 첫 번째 자유는 보다 정확하게 말하자면 "프리덤"freedom으로 두 번째 자유는 "리버티"liberty로 구분할 수 있다. 프리덤은 윗사람이 특히 선호하는 사람이 특권에 참여할 수 있는 권력의 인정을 의미했다. 한편, 리버티는 귀족이든 평민이든간에 상관없이 같은 계급에 속한 사람들 사이에서 동등하게 취급받을 보통법상의 권리를 의미했다. 동등한 리버티는 불평등한 프리덤과 불일치했다. 자유의 이러한 모순과 이중적 의미는 17세기 내내 이어진 계급간 투쟁의 불씨가 되었으며 이 충돌은 1700년에 왕위계승법Act of Settlement이 세습되면서 마침내 종결되었다.
[출처: Pipes, ≪소유와 자유≫, 216-7쪽]

위의 인용을 통하여 우리가 확인할 수 있는 것은 자유의 의미는 간혹 상호간에 상충하는 것이지만, 하나freedom는 개인의 선호에 따라 행사하는 것이며, 다른 하나liberty는 관습에 의하여 누적된 결과 우리가 향유하는 것이다.

이러한 소개만 가지고 우리가 논의하고자 하는 자유의 의미가 선명하게 들어오는 것은 아니다. 어떤 의미로 사용하든지간에 '자유'는 개인이 하고 싶은 바를 마음대로 할 수 있는 것을 의미한다. 그러나 그것이 일상적으로 사용되는 것과는 달리 여러 가지 의미를 내포하고, 여러 가지 맥락에서 상이하게 사용된다.

이제까지 소개된 여러 가지 분류 방식에 의존하지 않고 '자유'의 개념적 속성을 두 가지 의미로 파악하는 것은 이해를 증진시키는 좋은 방법이다. 하나는 개인이 자신이 하고 싶은 것을 마음대로 할 때, 타인으로부터 이유 없이 부당한 간섭을 받아서는 안 된다는 소극적 자유negative freedom이다. 다른 하나는 이러한 소극적 의미와는 반대로 자유를 한 개인이 자신이 하고 싶은 바를 이루어냈을 때만이 실현된다고 보는 적극적 자유positive freedom이다. 소극적 자유와 적극적 자유의 의미는 이미 잘 알려진 벌린Isaiah Berlin의 1958년 '두 가지 자유Two Conceptions of Liberty'라는 강연에서 부각되었다.

개인의 자유는 이 두 가지 의미를 모두 포섭해야 온전하게 이해할 수 있다. 따라서 벌린의 두 가지 자유는 동전의 양면처럼 실제적으로 한 가지 자유를 의미한다. 즉 '~으로부터 자유'는 '~을 할 자유'와 불가분의 관계이다. 이를 극복하기 위하여 논의되는 것이, 본문에서도 저자가 소개하듯이, 맥칼룸MacCallum의 3자관계를 통한 분석이다.

맥칼룸에 따르면, 자유는 다음과 같이 설명된다.

$$X \text{ is free from } Y \text{ to do (to be, to become) } Z.$$

맥칼룸의 설명 도식이 필요한 것은 벌린의 두 가지 자유 중 어느 한 가지로 자유의 의미를 온전하게 파악할 수 없기 때문이다. 무엇으로부터 제약을 받아서는 안 된다는 소극적 자유는 뭔가 하고 싶은 것을 하는 적극적 자유와 관계없이 설명할 수 없고, 마찬가지로 그 역도 성립한다. 한편, 화인버그Joel Feinberg는 '제약이 없는 상태'를 내적 제약과 외적 제약, 그리고 소극적 제약과 적극적 제약으로 나누어 설명하였다. 지면 관계상 이를 표로 정리하면 다음과 같다.

	내적 제약internal	외적 제약external
소극적 제약 negative	무지 신체적 허약	가난lack of money
적극적 제약 positive	질병disease 의지박약indulgence	무력에 의한 강압 외부환경제약

맥칼룸의 도식에서 X는 행위자 측면에서 제약을 받지 않는 것을 설명하기 위한 것이며, Y는 행위자 요인 이외의 내적, 외적 장애 요인을 지칭하기 위한 것이며, Z는 행위자가 갈망하는 바와 그것의 획득가능성, 선택가능성 여부를 지칭한다.

본서의 이해를 도모하기 위하여 벌린의 두 가지 자유와 맥칼룸의 도식을 참고하여 이하에서는 그레이Tim Gray의 분류 방식을 토대로 소개하고자 한다. 그레이는 자유를 개인간의 의미interpersonal sense와 개인 내적 의미intrapersonal sense로 보고 이를 다시 일곱 가지로 나누어 '자유'의 의미를 분석하고 있다.

그레이에 따르면, 개인간의 의미에는 '장애의 부재absence of impediments', '선택가능성availability of choices', '실행능력effective power', '지위status'가 포함되며, 개인 내적 의미에는 '자기결정능력self-determination', '소망실행doing what one wants', '자기완성self-mastery'이 포함된다.

참고로, 개인간의 의미는 '인간관계에서의 자유'를 가리키고, 이는 사회학적 배경sociological background에서 접근한 것이며, 반면 개인 내적 의미는 '심리학적 배경psychological background에서 접근한 것이다.

[1] 장애의 부재freedom as an absence of impediments

장애의 부재는 맥칼룸의 도식에서 X 요인과 Y 요인에서 장애 또는 제약이 없는 상태를 가리킨다. 자유를 '제약이 없는 상태'로 보기 때문에 '자유 아닌 상태unfreedom'에 초점이 맞춰 있다. 홉스Hobbes가 파악한 자유의 개념이 여기에 속한다. 맥칼룸의 도식에서 Z 요인에 대한 언급이 없기 때문에 자유를 통하여 실현하여야 할 내용이 없다no content to be free. 그래서 이를 자유의 잔여적 개념residual conception이라고 한다.

이 개념은 X사람의 장애제약, impediments에만 집중하여 물리적 시·공간의 제약과 행위로 인한 윤리적 문제를 구분하지 못하는 난점을 지니고 있다. 즉 행위와 물리적 동작movement을 구분하지 못한다. 따라서 장애아의 경우, 비록 신체장애는 있지만 그들이 자유롭지 못하다는 주장은 성립할 수 없다.

외적 제재impediments of Y의 경우에도 자유롭다고 용납되는 경우를 상정할 수 있다. 장애의 제거가 자유를 가리키지 않는 극명한 예로, 사막에 사는 사람을 들 수 있다. 사막에 사는 사람은 도심 한복판에 사는 사람보다 일체의 제약이 없어 보이지만, 그가 서울 광화문 신호등 지시에 따라 행동의 제약을 받는 사람보다 자유롭다고 할 수 없다. 같은 맥락에서 우리가 법적 제재를 받는 경우에도 여전히 자유롭지 못한 것은 아니다. 예컨대, 난혼금지, 교통법규, 횡단보도 제한속도준수의 규정이 있다고 해서 이를 준수하는 행위자가 자유롭지 못한 것은 아니다. 그리고 자연재해의 경우에도 행위가 제약을 받지만, 자유롭지 못한 것은 아니다. 예컨대, 홍수 때문에 등산을 못 갔다고 해도 우리는 여전히 자유로운 존재이다.

[2] 선택가능성freedom as an availability of choices

'자유'를 선택 가능성으로 보는 관점은 얼마나 우리가 자유로운가를 가늠할 수 있는 "적극적 준거"를 제공해 주는 전제가 된다. 즉 행위자가 의미 있는 선택meaningful choice을 할 수 있는가 여부가 관건이다. 문제는 선택이 합리적 근거 없이 상황에 따라 기분 내키는 대로 하는 변덕스러운 선택capricious choice을 함으로써 결과적으로 쓸모없는 선택useless choice이 되어 버린다는 점이다. 따라서 선택이 적합했는가 하는 '적합성eligibility' 문제가 제기된다. 외부의 강압에 의한 선택인가 하는 외적 적합성도 있지만, 자신의 자발적인 선택이었는가 하는 내적 적합성도 고려되어야 한다. 내적 자발성의 예로, 흑인과 결혼하기 싫어서 결혼하지 않은 상황은 흑인과 결혼할 자유가 박탈된 것이 아님을 들 수 있다. 본서 제6장에서 권위적 간섭을 다루면서 언급한 '방해받지 않은 결정'은 이 경우에 해당한다.

또 다른 문제로 실질적인 자유의 문제가 제기된다. 뭔가를 할 자유선택지가 가능하지만, 그 실현 가능성이 없는 경우가 그것이다. 따라서 자유의 조건으로 선택가능성은 중요하지만, 오히려 선택지의 수number of choice가 장애가 되는 경우도 있다. 즉 선택이 너무 많아 실행력effective power을 저해하는 경우도 있다.

한편 선택의 내용도 중요하다. 선택가능성을 보장하지만, 그 내용이 윤리적이지 못하거나 사회통념에 맞지 않는 경우를 고려해야 한다. 예컨대, 편집광적인 성향paranoid의 사람, 괴기한 것을 선택하는 사람이나 관음증觀淫症을 가진 사람의 선택을 '자유'로 보는 경우이다. 이 경우에는 일곱 번째 개념인 '자기도야self-mastery'가 요구된다. 어느 경우이건 명목상 선택 가능성의 보장은 실질적으로 성숙하지 않은 선택으로 흐를 가능성을 배제할 수 없다.

[3] 실행능력freedom as effective power

장애의 부재가 명목상의 자유nominal freedom를 가리킨다면, 실행능력은 실질적인 자유를 행사하는 관건이 된다. 가장 쉬운 말로 '내가 할 수 있는 것을 마음대로 하는 것'이다. 이것만이 '진짜 자유real freedom'라고 보는 이도 있다. 맥칼룸의 도식으로 보면, X 요인의 문제이다. 행위자 X가 힘의 영향력을 갖는가를 기준으로 자유를 가늠하는 것이다. 그래서 행위자의 '실행력effective power'이 관건이 된다. 이 뜻을 영어로 표현하자면 'not freedom from but freedom over'이다. 그러나 자유를 이렇게 규정하면, 그것은 자유의 문제가 아니라 분배의 문제로 귀결된다. 이는 분배문제를 강조하는 좌파가 선호하는 자유의 개념이다. 결과적으로 자유는 곧 '재화소유의 문제material possession'로 귀결된다.

자유에 대한 이러한 관점은 전형적으로 영국의 온건 사회주의 노동당이라고 할 수 있는 페이비언 사회주의Fabians에서 지지된다. 이들은 사회주의를 견지하지만 사유재산을 인정하는 강령을 갖고 있다. 이들의 관점으로 인하여 자유의 문제는 여전히 분배의 문제, 나아가서 교정적 분배를 통한 사회정의, 복지문제로 변질된다.

이 관점에 따르면, 자유의 의미가 심각하게 훼손된다. 우선 물리적 조건, 수단, 경제적 능력 등은 모든 사람이 바라는 바가 아니다. 더욱이 우리는 어느 정도 이상의 경제적 재화 없이도 자유를 향유할 수 있다. 예컨대, 금욕주의자나 종교지도자들의 관점이 이를 입증한다. 부자 중에도 자유롭지 못한 사람들이 많다. 결과적으로 경제적인 조건을 갖춘다는 것이 곧 자유를 의미하지 않는다. 자유와 경제적 능력은 필연적 관계가 아니라 우연적 관계contingent matter를 맺기 때문이다. 따라서 경제적 능력은 자유행사의 조건이 되지만 그 자체가 자유는 아니다.

무엇보다도 심각한 문제는 자유의 신장 또는 자유의 실현을 명분으로 하여 경제적 실행능력에 초점을 맞추다보면 늘 제3자 개입 또는 간섭의 여지가 남는다는 점이다. 그 결과 큰 정부를 지향하여 결과적으로 자유를 제한하고 훼손하는 경우가 야기된다. 자유의 문제와 정의, 복지, 분배의 문제를 혼동해선 안 되는 결정적인 이유는 여기에 있다.

[4] 지　위freedom as status

자유의 의미를 지위로 파악하는 것은 '자유'를 제도적인 문제로 파악하는 것이다. '자유'를 사회제도상 특권으로 파악하는 경우가 이에 해당한다. 대표적인 것이 '정치적 참여political participation'를 자유의 본질로 보는 것이다. 이러한 자유 관념의 기원은 고대 희랍의 아테네 민주주의와 로마의 공화정이다. 이어지는 민주주의 부분

"번역판 해설"에서 알 수 있듯이 이 경우 자유의 개념은 시민의 특권을 나타낸다. 앞서 'liberty'와 'freedom'을 대비하여 설명한 바 있는데, 이 개념은 전자의 의미를 토대로 하여 성립한다.

자유를 '지위'로 보는 관념은 맥칼룸의 도식으로 보면 X 요인을 '시민citizen'으로 한정한 것이다. 따라서 자유는 시민권, 자격이 있는 사람만 누리는 자유를 가리킨다. 극단적으로 자유를 행사하지 못하는 노예는 자유가 없다. 영화 '300'에서 스파르타 군인들이 '자유'를 외친 것은 자유를 시민의 자격으로 본 것이다. 이 경우 '자유'의 반대개념은 '노예slavery'이다. 따라서 근대사회에 이르러 이 관점은 자유를 법적, 도덕적 지위로 본 관점으로 발전하여 관습법상의 권리이론을 성립시키는 논거를 마련해 준다.

이 관점도 여러 가지 문제를 야기한다. '자유'를 사회생활에 소요되는 '지위'로 규정했음에도 불구하고, '지위'의 의미를 관념적, 추상적인 것으로 치환하여 이상적 시민civil ideal으로 자유를 규정한 경우가 대표적이다. '자유'가 이른바 변질일탈lapse하는 경우를 세 가지로 정리할 수 있다. 하나는 중세 이후 기독교 정신과 결합한 경우로, '신과 영혼의 연대를 통한 자유soul's conception of freedom'를 들 수 있다. 면죄부 판매도 이와 무관하지 않다. 자유의 개념을 추상적으로 치환하는 신호탄이 된다. 다른 하나는 19세기 국민국가주의nationalism를 들 수 있다. 민족정신, 국민정신을 통한 자유, 변증법을 통한 정신적 자유를 언급하는 경우가 이에 해당한다. 또 다른 하나는 20세기 전체주의이다. 자유의 의미를 추상적인 것은 물론이고 집합적인 것으로 부당하게 치환한 경우이다.

이러한 폐해를 지적하고 나선 인물이 한나 아렌트Hannah Arendt이다. 공화정을 강조한 그녀는 누구보다도 '지위로서 자유'의 개념에 충실했던 사람이다. 그녀는 시민의 지위status of citizen야말로 자유의 본질이라고 설파한 바 있다. 자유의 의미를 사상의 내면적 조건 inner condition of thought이나 개인사의 외적 조건outer condition of privacy으로 보아서는 안 되며 시민생활을 영위하는 데 필요한 공적 시민의식이 중요하다고 보았다.

무엇보다도 이러한 자유의 관념이 교육에 지대한 영향을 주었다는 점을 빼놓을 수 없다. '자유교육의 이념'에서 자유의 의미는 바로 이 관점과 닿아있다. 자유교육의 이념이 매우 복합적이라는 점에 당혹하는 사람이 적지 않은 것은 자유의 의미가 정치질서의 존중, 관습의 존중과 복잡하게 관련되어 있기 때문이다.

아렌트의 공헌에도 불구하고 이 관념의 단점은 여전히 상존한다. 하나는 '자유'를 '정치'와 동일시한다는 점이고, 다른 하나는 자유를 '정치적 자유'에 치중했다는 점이다.

[5] 자기결정능력freedom as self-determination

자유의 의미를 자기 인생의 가치, 선의 근원source에 근거하여 파악하고자 하는 개념으로서, 자아self는 자기결정의 중요한 요소이다. 이 관념에는 다음의 세 가지 의미가 포함되어 있다. 첫째, 자기 자신의 선the conception of one's own good이다. 다른 말로 하면, 인생의 목표를 자기 스스로가 정한다는 것이다. 둘째, 자기 자신의 결정으로서 독창성authenticity이다. 이 말은 자기가 만들어낸 진품이라는 의미이며, 외부의 압력에 의해 한 것이 아님을 강조한다. 셋째, 자기지배self-rule이다. 이는 자율autonomy을 의미하는 것이다. 이 책 제6장과 제7장의 권위적 간섭주의와 제8장의 의무교육은 이 관념과 관련된 내용이다.

이 관념에 대한 다음과 같은 비판이 있다. 첫째, 자기결정의 구체적인 내용, 즉 선택choice보다는 자유의지free will를 지나치게 강조하여 자유의 의미가 자기도야self-mastery의 의미로 치환된다는 점이다. 둘째, 자아self의 문제로 자아는 어떻게 형성되는가 하는 문제가 야기된다. 자기 의지가 아니라 환경에 의하여 형성될 수도 있다. 셋째, 자기결정의 도덕적 한계 문제이다. 자아형성의 상당부분은 인과관계에 의존하지 않을 수 없다. 인과율에 따른 자아형성, 행위에 대하여 책임을 묻는 것은 한계가 있다. 즉 이것은 자유에 따르는 책임이라고 볼 수 없다.

'자유'를 자기결정으로 보는 관념은 자유의지와 결정론의 논쟁과 깊이 관련된다. 예컨대, 환경요인으로 여자로 태어났거나, 한국에 출생한 것은 자유의 문제로 볼 수 없으며, 이에 대하여 개인에게 책임도 물을 수도 없다. 또한 유전요인으로 아토피성 질환을 가지고 태어난 사람이 이 질환으로 성격에 영향을 받은 경우도 자유의 문제로 논의할 수 없다.

[6] 소망실행freedom as doing what one wants

자유의 개념에 소망의 관념이 포함되는 것은 매우 중요하다. 하지만 선택과 소망은 다르다. 자유가 소망과 관련을 맺는 순간, 자유의 문제는 선택의 영역을 벗어난다. 소망실행은 이 책의 제8장 의무교육에서 논의된 자유의 제한과 관련된다.

이 관념에 대한 비판점을 정리하면 다음과 같다.

첫째, 원하는 것을 모두 할 수 있는 현실은 존재하지 않는다. 현실적으로 '자유'란 실행범위 내의 것을 선택하여 만족시키는 것이다.

둘째, 하고 싶은 것을 하지 못해도 '자유롭다'고 할 수 있는 상황이 있다. 예컨대, 강도에게 협박당해서 돈을 빼앗겼다고 하더라도, 빼앗긴 돈만큼 내가 하고 싶은 일은 다소 못하였지만 내가 자유롭지 못한 것은 아니다.

셋째, 원하는 것이 없다고 자유롭지 못하다, 또는 자유가 없다고 할 수는 없다. 만족스럽지 못해도 자유로운 사람은 존재한다. 따라서 자유와 만족contentment을 혼동해선 안 된다. 자유는 행위를 전제하지만 만족감은 그렇지 않다. 이러한 비판은 '자유'를 정신상태mental condition로 보고 관념적인 것으로 치환한 데 따른 것이다. 예컨대, 만족스러운 노예는 여전히 노예일 뿐이다. 반대로 현실 생활이 만족스럽지 못하여도 노예나 수감된 죄수도 자유로울 수 있다. 과거 구속 상태에 있던 넬슨 만델라의 경우를 들 수 있다.

넷째, 자유로운 것being free은 자유롭다고 느끼는 것feeling free과 다르다. 즉 자유롭다는 것은 어느 정도 객관적인 기준objective standard을 요구한다. 자유는 자유롭다고 느끼는 심리적 상태와 다르다.

다섯째, 자유의사, 자유의지에 따르지 않고 무지와 타성에 좇아가는 욕망의 경우를 들어서 '자유롭다'고 할 수 없다. 남이 베풀어준 향응이나 접대에 만족하는 것을 자유로 파악할 수는 없다.

여섯째, 작은 자아lower self와 큰 자아higher self의 불일치 문제이다. 이는 낮은 욕망lower desire과 높은 욕망higher desire의 불일치 문제이기도 하다. 이는 이어지는 자유의 자기도야self-mastery 관념과 관련을 맺는다. 또한 본서 제6장과 제7장의 권위적 간섭이 성립하는 근거는 큰 자아의 실현에 있다.

일곱째, 욕망한 것과 반대로 자유의 제한이 사람들을 자유롭게 한다는 주장이 있다. 자유의 패러독스와 금욕주의가 전형적인 경우이다. 내 집 마련을 위하여 현재 소비 욕망을 자제하는 사람이 자유롭지 못한 것이 아니다.

여덟째, 강압된 자유forced to be free에 대한 비판을 들 수 있다. 이 논점은 전체주의적 사고로 흐를 위험이 있다. 루소의 일반의지와 관련된 이 관념은 공산주의 또는 인민민주주의의 맥락에서 변질

된다.

아홉째, 순환론에 빠진다. 자유는 원하는 것이고, 원하는 것은 자유라는 순환고리에서 벗어날 수 없다.

열째, 자유를 주관적/상대적인 문제로 치환시킨다.

[7] 자기지배freedom as self-mastery

자유를 욕망충족이론으로 설명할 수 없기 때문에 나온 관념이다. 이 관념은 자유를 자기 내면의 능력, 도덕적·종교적 능력으로 본다. 대개 네 가지로 정리할 수 있다.

첫째, 자유를 도덕적 덕목과 관련시킨다. '자유'는 그 자체가 도덕적종교적 개념이라는 주장이다. 이 관점을 강조하는 사람들은 도덕적으로 나쁜 사람 중에서 자유로운 사람은 없다는 주장을 한다. 또한 '진리가 너희를 자유케 하리라'는 종교적 교훈도 이에 속한다.

둘째, 자유를 자기계발personal development 또는 자기완성과 동일시하는 경우이다. 이 주장은 관념론적 자유와 관련된다. 대표적으로 그린T. Green의 주장이 이에 속한다.

셋째, 자유를 지적 합리성intellectual rationality 또는 합리적 판단으로 보는 경우이다. 아리스토텔레스와 제8장에 소개된 로크의 관점이 이에 해당한다.

넷째, 심리적 안정mental stability으로 보는 경우이다. 그러나 이에 대한 반론이 만만치 않다. 이 관념은 '자유'를 '정신 능력'으로 완전히 치환해 버린 경우이다. 그렇게 되면 '자유'가 경계하는 '강압'이 자유의 개념에 내포된다. '자유'의 명목으로 정신적 안정을 도모하기 위하여 일상적인 선택과 소망하는 바를 실행하지 못하도록 억제하는 경우가 있기 때문이다.

위의 네 가지에 대한 반론은 다음과 같다.

첫째, 자유는 도덕적 인간상이나 도덕적종교적 이상이 아니다. 양자를 혼동하면, 자유로운 사람은 이 세상에 하나도 없다. 모두가 도덕적 결함을 가지고 있거나 종교적으로 속박되어 있기 때문에, 모두 죄인sinner이다.

둘째, 자유를 자아완성에 못 박아두면, 현재 시점에서 논의되어야 할 자유를 미래 시점에 맞추어 제한하는 오류를 범하는 꼴이다. 현재 상태를 무시한 자유는 가능한가? 현재 상태를 무시한 자유는 자유라고 할 수 없다.

셋째, 지적 합리성으로 자유를 규정하면, '자유freedom'와 '이성reason'이 동의어가 된다. 정서감정적 행위가 자유로운 행위가 아니듯이, 합리적인 행위가 모두 자유로운 행위는 아니다. 감정의 노예가 있듯이, 이성의 노예도 있다.

넷째, 영혼의 안정으로 자유를 규정하면, 자유의 역동성이 무시된다. 흔히 좌파 논객의 절대선絕對善 상정은 현재의 역동적인 자유를 제한하며, 전체주의적 압제의 수단이 되기도 한다. 니르바다 접근nirvana approach이나 제일성conformity은 압제의 수단으로 활용된다.

이상의 소개한 내용을 토대로 본서에서 논의되는 아동의 자유에 관한 저자의 논점을 비교해 보라. 그리고 독자들의 관점은 역자가 소개한 내용 중에서 어느 것에 가까운지 스스로 사량思量해 보라.

《참고문헌》

Arendt, H., 1958, *The Human Condition,* 이정우 · 태정호 역, 《인간의 조건》, 한길사.

Berlin, I., 1967, *Four Essays on Liberty*, Oxford University Press.

Feinberg, J., 1973, *Social Philosophy*, Prentice—Hall.

Gray, T., 1971, *Freedom*, Macmillan.

Pipes, R., 1997, *Property and Freedom*, 서은경 역, 《소유와 자유》, 자유기업원.

Ⅱ. 권 리

본서에는 아동의 자유권the right to liberty이 중점적으로 다루어지고 여타의 권리에 관한 논의가 별로 없다. 자유와 권리는 의미상 상당 부분 중첩되는 개념이고 상호 불가분의 관계에 있기는 하지만, 자유와 무관하고 때로는 자유와 상충되는 권리가 있다. 복지권welfare rights의 경우가 그것이다. 실제로 저자는 제5장에서 아동이 수혜받는 복지권보다는 행위권, 즉 자유권에 초점을 맞추고 있다고 밝히고 있다. 그리고 저자가 언급하고 있지 않지만, 제8장에서 논의하는 의무교육 또는 무상의무교육에 대한 권리는 전형적인 복지권이다. 복지권을 강조하다 보면, 개인의 선택과 선호가 침해되는 경우가 빈번하다. 예컨대 의무교육형태는 대개 학교선택권과 상충한다. 전자는 복지권, 후자는 자유권에 속한다.

저자가 논의하고 있는 자유권the right to liberty은 호펠드Hohfeld의 자유권liberty-right과 혼동해선 안 된다. 호펠드의 자유권은 권리의 본질을 '자유'로 보는 권리형태를 지칭한 것으로서 홉스의 자연권에 부합하는 개념이다. 이하에서는 독자들의 이해를 돕기 위하여 본문에서 다루지 않은 내용이라 하더라도 권리에 관한 일반적인 내용을 간략하게 설명하도록 한다. 특히 앞서 지적한 바와 같이, 일부 아동학자와 유아교육학자들이 '권리'를 상당히 자의적으로 분류하는 세태를 고려하여, 권리의 제 구분 방식에 따라 설명하기로 한다.

[1] 호펠드Hohfeld의 개념상 형태에 따른 구분

호펠드의 구분은 권리의 종류를 분류한 것이 아니다. 그는 권리의 속성을 보건대, 권리가 다음의 네 가지 개념을 담고 있으며, 그 중 어느 한 가지로 사용되고 있다는 점을 지적한 것이다. 그렇지 않으면, 그의 liberty-right와 상이한 로크의 고전적 권리인 'right to liberty'가 혼동된다. 그는 청구권claim-rights, 자유권liberty-rights, 권한power, 면책권immunity으로 권리의 속성을 구분하였다. 청구권은 청원 형태의 권리로 청원청구 행위를 통하여 성립하는 권리를 가리킨다. 자유권은 하지 말아야 할 제약, 즉 의무부과가 없는 상태에서 자유로운 행위를 통하여 성립하는 권리이다. 권한은 다른 사람이 지니지 못한 권한을 행사함으로써 성립하는 권리를 지칭하며, 면책권은 다른 사람에게는 부여되어 있으나 자신에게는 부여되어 있지 않아서 수혜되는 권리를 말한다. 다음은 역자의 저서 ≪아동권리향연≫에 소개된 내용을 옮긴 것이다.

① 청구권請求權, claim rights: '청구권'은 흔히 채권-채무 관계에서 볼 수 있는 가장 상식적이고 단순한 형태의 권리이다. B가 A에게 일정한 금액을 지불하기로 A와 B가 서로 계약을 체결하였다고 가정하자. 그러면 A는 그 돈의 액수에 대한 권리를 가지며, B는 그만한 액수의 돈을 지불할 의무를 가지게 된다. Hohfeld는 '엄격한 의미에서' 이러한 종류의 권리만이 권리라고 하였다. 이러한 권리는 한 당사자가 다른 당사자에게 청구를 하는 형식으로 이루어지기 때문에 통상적으로 '청구권'으로 사용되어 왔다. 청구권이 다른 사람들에게 청구를 하는 형식을 취하기 때문에, 그것은 상대방에 대한 의무와 상관개념으로 파악된다.

② 자유권自由權, liberty rights: '자유권'은 한 개인이 남에게 아무런 간섭도 받지 않고 자기가 하고 싶은 것을 행사할 수 있는 권리이다. 이를테면, 나는 내 마음에 드는 옷을 입을 권리를 가지고 있다고 했을 때 성립하는 권리이다. 그러나 이 때의 '권리'는 청구권에서의 '권리'와는 상당히 다른 의미를 가진다. 이 권리의 속성은 다른 사람들이 나에게 채무를 졌다는 것이 아니라, 오히려 내가 내 마음에 드는 옷을 입을 때 나에게 어떤 법적 하자나 또는 나 자신이 지어야 할 아무런 책무가 없다는 것이다. 따라서 내가 옷을 입을, 혹은 안 입을 의무를 가지고 있는 것은 아니며,

나는 내가 좋아하는 옷을 입을 '자유'가 있기 때문에, 성립하는 권리를 '자유권'이라고 한다.

③ 권한權限, power: '권한'은 어떤 개인이 특정한 것을 행사할 모종의 힘을 얻었을 때 발생하는 권리의 일종이다. 이 경우 우리는 유언장을 작성할 권리 혹은 투표할 권리를 생각해 볼 수 있다. 이 권리는 자유권의 측면에서, 유언장을 작성하지 않을 혹은 투표를 하지 않을 어떠한 의무도 없을 때의 권리, 혹은 청구권의 측면에서, 사람들로 하여금 유언장을 작성하지 못하게 하거나 혹은 투표를 하지 못하도록 다른 사람들이 의무를 가지고 있을 때 특정 개인이 갖는 권리로 이해될 수 있다. 그러나 이 권리는 법적 뒷받침이 있을 때 '권한'으로서 의미를 갖는다. 이를테면 내가 죽은 다음에 나의 부동산을 내가 처분하는 것을 가능하게 해 주는 법적인 편의를 제공해 준다는 점에서 나의 유언장을 작성할 권리는 '권한'으로 이해될 수 있다. 또한 나는 선거에서 투표할 '권한'을 법률적으로 부여받았다는 점에서 투표할 권리, 즉 투표권을 가진다. 따라서 선거권을 가지지 않은 사람에게는 그러한 권한도 발생하지 않는다.

④ 면책권免責權, immunity: '면책권'은, '권한'과 달리, 타인의 권한으로부터 제약받지 않는다는 권리이다. 즉 다른 사람들의 권한으로 인하여 제약받지 않는다는 점에서 향유할 수 있는 권리이다. 이 권리가 '면책권'이다. 달리 말하자면, 타인의 권한으로부터 '면책'된 권리이다. 일반적으로 한 개인이 타인의 사생활이나 인격에 관련된 발언이나 행위를 했을 때, 자신의 발언에 대하여 도덕적·법적 책임을 져야 한다. 이 경우 해당 타인은 발언자에 대하여 모종의 권한을 갖는다. 그러나 국회의원은 회기 중에 자신이 행한 발언이 타인의 권한에 반한다 하더라도 그 책임을 면하게 되어 있다. 이것이 면책권이다. 그런데 이 경우의 면책권은 국회의원만이 지니는 '특권'privilege이기 때문에 '면책특권'이라 한다.
[출처: ≪아동권리향연≫, 24-26쪽]

호펠드가 구분한 권리의 속성을 표로 정리하면 다음과 같다.

유형	청구권	자유권	권한	면책
상관개념	의무 duty	무권리 no claim right	책무 liability	무능 no liability
반대개념	무권리 no claim right	의무 duty	무능 no liability	책무 liability

여기서 상관개념을 조금 설명할 필요가 있다. 고전적 이론에 따르면 권리는 의무와 상관관계에 기반하여 성립한다. 이 견해가 항상 정당화되지 않지만, 이 내용을 제대로 파악하지 않으면, 주장하는 모든 내용이 권리가 되는 오류를 범하게 된다.

청구권claim-right의 경우, 한 행위자가 어떤 권리를 가질 경우(A has a right to do x)에 대한 상관개념은 상대방이 이를 이행할 의무가 있다는 것(B has a duty to do x)이다.

자유권liberty-right의 경우, 행위자의 자유권(A has a liberty-right to do $x \equiv A$ has no duty not to do x)에 대한 상대방의 권리는 없다(B has no right to do $x \equiv B$ has no right to interfere x).

권한power의 경우, 행위자의 권한(A has a power to do x)에 대하여 상대방은 책무성을 지닌다(B has an accountability to do $x \equiv B$ has a liability to do x).

면책권immunity의 경우, 행위자의 면책권(A has an immunity right to do $x \equiv A$ has no liability to do x)에 대한 상대방은 아무런 권한이 없다(B has no power to do x).

[2] 권리의 본질권리이론에 따른 구분

크게 이익설, 선택설, 자격설의 세 가지로 구분된다.

- 이익설rights as benefit/interests: 권리를 특정한 이익의 향유로 보는 이론. 의무이행을 전제로 권리가 성립한다는 이론으로서,

벤담의 공리주의에 기반을 두고 있다.

– 선택설rights as choice: 권리를 개인의 선택, 의사의 힘 또는 의사의 지배로 보는 이론.

– 자격설rights as title: 인간이면 누구나 윤리적 의무와 법적 규정 이전에 이미 천부적인 권리를 가진다는 이론. 권한과 구분하기 위하여 인격설로 이해하면 혼동을 피할 수 있다.

[3] 타인의 의무이행에 따른 구분

– 소극적 권리negative rights: 타인의 소극적 의무에 비추어 성립하는 권리. 예컨대, 폭행을 당하지 않을 권리가 그것이다. 상대방은 폭행해서는 안 될 소극적 의무가 있다.

– 적극적 권리positive rights: 타인의 적극적 의무에 비추어 성립하는 권리. 예컨대, 경찰관으로부터 보호받을 권리가 그것이다. 경찰관은 시민을 보호해야 할 적극적 의무가 있다.

[4] 적극성 여부에 따른 분류

– 능동적 권리active rights: 상대방의 상관적 권리를 전제하지 않고 성립하는 권리. 예컨대, 내가 자유로운 업종을 택해서 창업을 할 권리를 들 수 있다. 나의 창업할 권리에 대하여 다른 사람이 져야 할 의무가 없다.

– 수동적 권리passive rights: 상대방의 상관적 권리를 전제하여 성립하는 권리. 예컨대, 창업 이후 나는 거래처로부터 소정의 거래상의 반대급부를 받을 권리가 있다. 상대방은 이에 대하여 모종의 의무를 이행해야 한다.

무엇보다도 소극적 권리-적극적 권리의 구분과 능동적 권리-수동적 권리의 구분을 혼동해선 안 된다. 이들간의 상이한 차이를 정리하면 다음과 같다.

•• 권리의 범주 ••

	수동적 권리passive rights	능동적 권리active rights
소극적 권리 negative rights	I. 타인으로부터 폭행당하지 않을 권리, 고문받지 않을 권리 등	II. 내가 하고 싶은 것을 타인으로부터 방해받지 않고 할 권리
적극적 권리 positive rights	III. 내가 원하는 것을 타인으로부터 무엇이든 받을 수 있는 권리	IV. 내가 하고 싶은(하고 싶지 않은) 것을 내 마음대로 할 수 있도록 타인이 의무를 가질 권리

특히, 이 구분은 제5장에서 저자가 구분한 향유권과 행위권이 다르다는 점에 유념할 필요가 있다. 이 네 가지 범주의 예를 표로 정리하면 다음과 같다.

	수동적 권리passive rights	능동적 권리active rights
소극적 권리 negative rights	I. 방해받지 않을 권리 rights of recipience	II. 자유롭게 사고할 권리, 창업할 권리 rights of action
적극적 권리 positive rights	III. 무상급식을 받을 권리 (도덕권의 차원에서 굶지 않을 권리)	IV. 시장(市長)이 될 권리, 원하는 직장에서 일할 권리 (시장이 될 기회: 참정권) (노동시장에 참여할 권리)

[5] 적용대상 여부에 따른 구분

- 일반권general rights: 특정한 계약 관계이나 인간관계 등에 의하지 않은 포괄적으로 적용되는 권리

– 특정권special rights: 특정한 계약, 인간관계 등에 의하여 성립하
는 권리

이는 하트H. L. A. Hart가 자연권의 적용대상이 자의적인 선택con-
tingent transaction대상인지 여부에 따라 구분한 것이다.

이에 대하여 청구행위에 따라 의무이행 대상의 범위에 따른 구
분도 있다.

– 보편권rights *in rem*: 특정인의 인격과 관계없이 청구하는 권리
   claim rights to duty incumbent on everyone

– 개별권rights *in personam*: 특정한 인격을 전제로 청구하는 권리
   claim rights to duty incumbent on assignable person

이를 하트의 일반권–특정권 구분과 혼동해선 안 된다. 혼동을
피하기 위하여 표로 나타내면, 다음과 같다.

	rights *in rem* claim rights to duty incumbent on everyone	rights *in personam* claim rights to duty incumbent on assignable person
general rights not contingent transaction	구속받지 않을 권리(함부로 구속하지 말아야 할 의무); 소유재산을 유지할 권리(재 산을 침해하지 않을 의무)	–
special rights contingent transaction	채권자–채무자 관계 교사–학생간의 일반적 관계 에 의한 권리–의무; 환자–의사간의 일반적 관계 에 의한 권리–의무	특정인과의 특정한 계약, 특정 한 거래에 의한 권리–의무; 딸 과의 약속; 특정인이 별도로 규정한 상속 관계

[6] 내용상 분류

권리 행사의 성격이나 권리 수혜를 통하여 얻어지는 내용에 따라,
정치적 권리/시민권political rights, civil rights, 경제권economic rights,
사회권social rights, 문화권cultural rights으로 분류한다.

크랜스턴에 따르면, 경제권, 사회권, 문화권은 권리의 실행력이나 보호의 측면에서 권리 성립 여부가 의문시된다는 점을 지적한다. 그는 정치적 권리와 시민권과 같은 고전적 권리가 중요하다는 점을 여러 가지 측면에서 강조한다.

[7] 권리발달 단계에 따른 구분

권리인식의 발달에 따라 권리는 고전적 권리시민권의 확립 → 현대적 권리→ 제3세대 권리로 발전하였다. 이 인식은 현대 사회의 자유권과 복지권 논쟁을 야기한다.

아동의 권리와 관련하여 권리 인식은 재화공급provision-보호protection-참여participation로 발전되어 왔다. 이 세 가지는 잘 알려진 바와 같이 '3P'라고 한다.

한편, 유니세프는 3P에 '발달'을 추가하여, 재화공급-보호-발달-참여의 네 단계로 아동권리 인식 단계를 설명한다.

[8] 명문화 여부에 따른 구분

- 실정권legal rights: 실정법에 명문화된 권리.
- 도덕권moral rights: 실정법에는 명기되어 있지 않지만, 도덕적 논의에 의하여 정당화되는 권리. 도덕권은 권리의 실행력을 담보할 수 없다는 치명적인 단점이 있다. 그래서 도덕권의 남용은 권리의 실행만이 아니라 여러 가지 현실적인 폐해를 낳는다. 도덕권 남용을 경계해야 할 필요가 있다. 하지만 실정법 자체가 인권을 심하게 침해하거나 훼손하는 경우, 권리구제는 도덕권에 근거할 수밖에 없다. 예컨대, 이슬람 근본국가에서 여성의 참여권 제한은 그 나라의 실정법에 위반되지 않지만, 도덕권 차원에서 심각한 문제로 인식된다.

《참고문헌》

Cranston, M., 1973, *What are Human Rights?*, Taplinger Press.

Hohfeld, W., 1919, *Fundamental Legal Conceptions as Applied in Judicial Reasoning*, Yale University Press.

Jones, P., 1994, *Rights*, Macmillan.

Raphael, D. D., 1967, *Political Theory and the Rights of Man*, Macmillan.

김정래, 2002, ≪아동권리향연≫, 교육과학사.

Ⅲ. 민주주의

앞에 소개한 '자유'와 '권리'와 마찬가지로 민주주의의 의미를 모두 소개하는 것은 불가능하다. 여기서는 본서를 접하는 독자의 이해를 돕기 위하여 헬드David Held가 ≪민주주의 모형≫Models of Democracy에서 정리한 열 가지 유형을 요약하여 소개하기로 한다. 열 가지 소제목 옆에 병기한 영어명은 헬드가 명명한 것이다.

[1] 고전적 민주주의Classical Democracy

고대 아테네 민주주의로서, 아테네 시민으로서 성인 남자만이 공민권 등을 행사하는 특권적 민주주의. 작은 도시국가를 토대로 한 공동체적 민주주의를 특징으로 하여 오늘날 대중 민주주의와는 성격이 전혀 다르다. 단지, 선거에 의한 대표자 선출, 왕이나 신과 같은 민의와는 동떨어진 의사를 배격했다는 점에서 '고전적 민주주의'라고 한다.

교육의 시사점으로 민주시민교육에서 참여방식학습으로서 lot, rotation방식을 들 수 있다. 이 모형에 근거하여 예컨대, 학교에서 반장, 당번 정하기, 역할분담은 권장할 만하다.

[2] 로마의 공화정Protective Republicanism

민주주의의 유형이라고 할 수 없으나, 차후에 민주주의의 여러 가지 모델이 되기 때문에 채택된 모형이다. 전형적인 유형은 고대 로마의 공화정이다. 고대 로마의 공화정은 출신별로 귀족과 평민들이 상호 견제하는 권력 구조를 가지고 있다. 오늘날 서구 자유민주주의 국가들이 채택한 양원제의 기원은 여기에 있다. 중요한 논점은 로마 정치 형태가 다양한 정치세력간의 균형을 중시한다는 점과 국가 운영에 필요한 설득력이 요구된다는 점이다. 전자는 법의 지배rule of law를 강조하고, 후자는 웅변과 수사학의 필요성을 대두시켰다.

민주시민교육 내용으로 준법정신을 강조하고, 수사학과 설득력을 기르기 위한 교육적 필요성의 논거가 교육에 주는 시사점이다. 설득력, 웅변술, 표현력 기르기와 아울러 상대를 설득하기 위한 표현력 교육도 민주시민교육으로 중요하다.

[3] 진보적 민주주의Developmental Republicanism

르네상스 이래 인간 중심의 사고 체제에서 모델이 되는 정치형태는 여전히 로마의 공화정이었다. 마키아벨리의 ≪군주론≫에 나타난 정치형태가 로마의 공화정이었다는 사실에서도 알 수 있다. 따라서 이 모형은 로마의 공화정을 모태로 하여 근대적 의미의 평등사상을 가미한 것이라고 할 수 있다.

루소의 사회계약론에 나오는 '일반의지General Will'를 토대로 한 모형이기도 하다. 루소에 따르면 사회구성은 일반의지에 근거하여 어느 누구도 다른 사람의 지배자가 될 수 없다는 원칙에 입각한다.

이 모형의 특징으로는 구성 상호간의 평등, 동등한 참여를 강조한다. 특히, 경제적 평등을 강조하고, 사유재산을 악의 근원으로 보고 공유제를 선호, 권장하며, 결과적으로 사유재산을 부정하는 마르크스주의 또는 사회주의와 공산주의의 토대를 제공한다. 오늘날 '진보'라고 붙여진 사상의 뿌리와 토대는 여기서 찾을 수 있다. 또한 마르크스주의에 그치지 않고 현대 공동체주의의 원형을 제공한다. 즉 이어 살펴볼 '현대 참여민주주의의 원형'이 된다. 그럼에도 불구하고, ≪에밀≫의 제Ⅴ권에서 알 수 있듯이, 평등사상, 구성원간의 평등원칙과 모순되게도 여성의 복속을 강조한다.

교육적으로는 좌파 민주시민교육의 근원은 여기서 찾아진다. 특히 좌파교육감들의 '학생인권조례'는 루소의 사회계약설을 모태로 한 이 모형을 패러디한 것으로 볼 수 있다.

[4] 보수적 자유민주주의Protective Democracy

자유민주주의의 원형이 되는 민주주의 형태. 사상적으로는 계몽사상과 민주혁명의 결과로 탄생한 것이다. 현대적 의미로 보면, 미국의 공화당이 지향하는 정치형태이다. 다른 시각에서 보면, 고전적 자유주의classical liberalism에서 나온 민주주의이다.

주요 특징은 오늘날 우파 사상으로 일컬어지는 덕목들이 모두 여기에 포함된다. 로크의 사상에 뿌리를 둔 개인의 자유liberty, 생명life, 재산property의 보호가 핵심이다. 이는 미국의 건국 사상의 토대이기도 하다. 이에 따라 국가의 책무는 자유, 생명, 재산을 보호하고, 그 일환으로 개인의 사생활 보호, 사유재산의 존중과 보호에 있다. 반면, 시민으로서 개인의 책무는 정부의 독주를 감시하고, 통치자를 주기별로 선출하는 데 있다. 헌법 가치를 존중하고, 법치가 존중된다. 아울러 기존 제도를 존중하면서 전통을 중시한다. 근대적 의미의 고전적 권리는 이 모형에 근거한다.

교육적으로는 개인의 자유, 생명, 재산의 존중, 인신보호를 강조하는 민주시민교육을 들 수 있다. 특히, 개인간 상호 존중mutual respect, 법과 질서의 존중, 법치의 강조, 교육에서 전통 존중, 고전적 권리에 따른 시민교육시민권 등이 강조된다. 고전적 권리의 정당화 논거에 비추어 무한참여와 무한의사표현에 대한 제한이 가능하다고 본다. 이 점에서 '방어적 민주주의'라고 부르기도 한다.

[5] 진보적 자유민주주의Developmental Democracy

자유민주주의의 원형이 되는 또 다른 민주주의 형태. 사상적으로는 계몽사상과 민주혁명의 결과로 탄생한 것은 같지만, 대중의 평등을 강조한 미국의 정신이 반영된, 현대적 의미로 보면, 미국의 민주당이 지향하는 정치형태이다. 다른 말로 하면, 진보적 자유주의progressive liberalism에서 나온 민주주의이다. 이를 대표하는 사상가로 밀과 롤스를 들 수 있다.

유념할 점은 이 모형을 지지하는 부류의 사람들은 '자유주의liberalism'를 '진보'라는 말과 동의어로 사용한다는 점이다. 이들은 자유민주주의를 지향하지만, 그 틀 속에서 진보를 주장한다는 점이 좌파 민주주의(앞으로 살펴볼 [6]이나 [8]과 다르다. 굳이 특징을 대비시키자면, [4]는 미국의 건국정신에 가깝고, [5]는 프랑스 혁명정신의 '박애fraternity')를 반영한 것이라고 볼 수 있다.

주요 특징으로 정부의 역할을 강조하지만, 이어 살펴볼 인민민주주의와 참여민주주의와는 달리 자유시장을 존중한다. 다만 개인의 재산과 자유시장을 존중하지만 이를 공공목적에서 제한을 강조한다는 점에서 [4]와 다르다. 또한 앞의 모형과 달리, 자유민주주의 체제 아래서 여성의 자유, 소수민족, 다문화 존중, 전문직보다 선출직의 중요성을 강조하는 등 진보적 내용을 많이 담고 있다. 약자보호를 위한 국가개입을 강조한다. 1960년대 케네디 Kennedy 대통령이 제안한 '차별철폐조치Affirmative Action'와 오늘날 흔히 들을 수 있는 여러 가지 약자 보호는 이 모형에 근거한다.

진보의 맥락은 '자유'를 보는 관점에서 더욱 뚜렷하게 드러난다. 이 모형을 지지하는 사람들은 개인의 자유를 보호하기 위한 국가의 역할에 더 역점을 둔다. 이는 총기 소지에 대한 미국의 양당의 차이를 보면 잘 알 수 있다. 공화당은 개인의 자유는 개인의 자기 책무에 있으므로 총기 소지 허용을 지지하는 반면, 민주당은 개인의 자유는 국가가 보호할 측면이 있기 때문에 총기 소지 금지를 지지한다.

[6] 인민민주주의Direct Democracy

인민민주주의people's democracy의 원형. 말로만 '민주주의'를 표방하고 있지, 인민의 이익과는 전혀 무관한 이른바 '프롤레타리아 독재proletariat dictatorship'를 가져온 정치형태로서 사회주의socialism와 공산주의communism를 표방하는 국가들이 채택한다.

자유민주주의에서 파악하는 자유와는 전혀 달리, 자유는 경제적 평등과 생산수단의 공유에서 이루어진다고 본다. 자유의 의미를 매우 집합적인 것, 추상적인 것으로 본다. 이와 함께 사유재산을 전적으로 부정하고, 시장과 교역의 기능을 인정하지 않으며, 국가통제경제를 주장한다. 이 민주주의는 사회계급의 소멸계급 없는 사회을 이상향으로 하고, 이를 위하여 분배정의를 지나치게 강조한다. '능력에 따른 부담노동, 필요에 따른 혜택분배'이 사회정의의 요체이다.

특이할 점은 공산주의의 폐해가 입증되고, 공산권의 붕괴 이후, 이 모형을 지지하는 사람들은 주로 '편 가르기' 수법으로 자본가와 노동자의 이분법, 가진 자와 못 가진 자의 이분법으로 분배정의를 합리화시킨다는 점이다. 그러나 수법과 전략은 마르크스주의 또는

공산당 강령에 의거하여 기존의 질서와 제도, 특히 자본주의 시장
경제와 이를 뒷받침하는 자유민주주의를 부정하고자 한다. 이 점에
서 보면, 이 모형은 앞의 민주주의 모형들, 특히 자유민주주의와는
양립할 수 없는 모형이다. 엄밀하게 말하자면, 인민의 이익과 복리
에 배치되기 때문에 인민민주주의는 진정한 민주주의라고 하기 어
렵다.

[7] 경쟁적 엘리트선출 민주주의Competitive Elitist Democracy

직접 참여를 강조한 모형인 진보적 민주주의와 인민민주주의의
단점을 극복하고, 고전적 민주주의특히 고대 아테네, 17-8세기 민주주의 모
형의 정신을 존중하여 이를 현대적 상황에 맞게 해석하고 변형한
민주주의 모형이다. 이를 주장한 대표적 사상가는 슘페터Schumpeter
이다.

이 모형을 이해하는 데 있어서 유의해야 할 중요한 논점은 민주
주의의 반대 개념으로서 '엘리트주의elitism'를 상정할 때, 이 모형이
엘리트주의의 단점을 답습하는 것으로 오해할 수 있다는 점이다.
엘리트주의는 두 가지로 해석이 가능하다. 하나는 엘리트 위주의
정치 또는 정책을 의미하고, 다른 하나는 엘리트의 전문적 지식을
민주적 의사결정 과정에 반영하는 경우를 의미한다. 이 모형은 후
자의 의미를 받아들이는 모형이다.

민주주의는 '고전적 민주주의'처럼 모든 사람들의 직접 참여를 보
장할 수 없기 때문에 현대적인 변형이 요구된다. 즉, 고전적 민주주
의의 단점을 극복하고, '인민의 지배', '직접참여'보다는 정치적 지도
력을 갖춘 엘리트의 선출에 초점을 맞춘 민주주의 형태이다. 민의
를 대변하고 수용할 수 있는 엘리트를 중시하기 때문에 관료주의의
중요성이 부각된다. 이와 함께 강한 행정부를 용인한다. 그러나 행

정부의 독주를 막을 수 있도록 정당정치, 대의제도의 장점을 존중한다. 다른 한편 이 모형은 산업화와 과밀 도시화에 따른 문제, 즉 산업사회또는 초산업사회의 문제를 대처하기 위하여 고안된 모형이다.

[8] 다원민주주의Pluralism

다원화된 현대사회의 여러 가지 욕구를 충족하기 위하여 고안된 정부 형태이다. 다원주의 또는 다원민주주의라고 칭할 수 있다. 계보상으로, 진보적 민주주의와 경쟁적 엘리트선출 민주주의의 결합이라고 할 수 있다. 특징으로는 개인의 자유 신장에 근거하여 다양한 가치관을 존중하고, 아울러 경쟁체제를 도입한다. 따라서 경쟁적 정당정치를 중시한다. 이유는 권력은 경쟁에 의하여 쟁취된다는 입장이기 때문이다. 특히 다원주의에 입각한 국제이해, 상호 협력이 강조된다. 또한 여러 계층의 이익을 대변하는 특히 이익단체의 입장을 존중하며, 압력단체의 존재도 긍정적으로 인정한다.

[9] 신보수 민주주의Legal Democracy

20세기 후반에 등장하는 '신新보수' 또는 '뉴라이트New Right'가 지향하는 정부형태이다. '뉴라이트'로 불리는 현대판 보수주의 정치가 지향하는 민주주의이다. 이어지는 참여민주주의와는 판이하게 대조를 이룬다. 하이에크Hayek와 프리드먼M. Friedman이 대표적인 인물이다.

특징으로는 헌법의 존중, 국가간섭 최소화, 시장경제 존중, 작은 정부, 국제무역개방, 법치를 강조한다. 이 모형을 뒷받침하는 자유주의 사상은 흔히 'libertarianism'이라고 한다. 이는 이른바 '새 자유주의New Liberalism', 또는 진보적 민주주의에 대한 대안으로 제기된다. 양자를 혼동해선 안 된다. 사상적으로 고전적 자유주의classical liberalism의 부활이라고 할 만큼 고전적 자유주의 정신을 존중한다. 현실적으로는 미국의 레이건Reagan 대통령과 영국의 대처Thatcher 수상의 정책이 이 모형에 부합한다.

[10] 참여민주주의Participatory Democracy

20세기 후반에 등장하는 '신新좌파', 영국의 '새로운 노동당New Labour' 또는 '뉴레프트New Left'가 지향하는 정부형태이다. 인민민주주의가 진보사상과 결합하여 변형된 것이라고 할 수 있다.

'뉴레프트'로 불리는 신판 Marxism변형된 Marxism 또는 신판사회주의로서 큰 정부를 지향한다. 과거 고전적 민주주의나 루소의 자연주의처럼 개인의 직접 참여를 강조한다. 현실적으로 불가능하거나 사회체제 존속상 불가능한 참여가 종종 강조된다. 말 그대로 '참여정치'가 강조된다. 따라서 직위개방 및 정보의 개방, 소득재분배, 국가주도의 보육시설확대여성인력 보호 및 지원 등이 큰 이슈가 된다.

《참고문헌》
Held, D., 1997, *Models of Democracy*, 3rd ed. 2006, Stanford University Press.
Raphael, D. D., 1970, *Problems of Political Philosophy*, Macmillan.
Rousseau, J－J., 1968, *The Social Contract*, Penguin.
Schumpeter, J., 1976, *Capitalism, Socialism and Democracy*, Allen and Unwin.

Ⅳ. 기타 주요 개념

[1] good

윤리학의 개념으로 보면 '선善' 또는 '도덕적으로 좋다'고 번역해야 맞다. 그리고 윤리학의 맥락을 벗어나서 사용되기도 한다. '사과가 좋다The apple is good.'는 사과가 도덕적으로 좋다는 뜻이 아니라 사과가 맛이 좋다든가 과즙이 많이 나와서 상품가치가 뛰어나다는 뜻이다. 따라서 맥락에 따라 이 말은 다양하게 번역되어야 한다. 'It is no good for me.'의 경우처럼 '소용이 없다'로 번역해야 뜻이 통하는 경우도 있다. 무엇보다 중요한 것은 이 말이 개인의 선택에 있어서 기준이 되는 가치 또는 자신의 삶을 통하여 추구하고자 하는 가치를 가리키는 경우가 있다. 본서의 제6장과 제7장에 나오는 의미는 이렇게 해석해야 뜻이 통한다. 어떤 경우 'good'은 '효용', '이익'으로 번역해야 이해가 쉽다. 본문에서 'the future good' 또는 'the good in the future'이라는 표현에서 이 말은 '이익'으로 번역해야 이해가 쉽다.

또한 경제학이나 공공선택론에서 나오는 'preference'의 번역어인 '선호'라는 의미로 해석해야 할 경우도 있다.

[2] power

주로 '힘' 또는 '권력'으로 번역되는 경우와 '권한'으로 번역되는 두 가지가 있다. '힘' 또는 '권력'으로 사용될 경우, 물리적인 힘을 포함하여 경제적 능력이나 정치적인 권력을 모두 지칭하거나 이 중 일부를 지칭한다. '권한'으로 볼 경우, 호펠드의 구분처럼 권리의 일종으로서 힘의 적용범위와 강도의 한계를 설정하여 사용된다. 아동문제의 경우, 아동은 정치적 권력과 경제적 능력이라는 두 가지 측면에서 'power'를 갖지 못한다. 대부분의 경우 아동의 권리를 성립하게 하는 권리설이 자격설이다. 선택설의 경우, 아이들의 판단능력에 회의를 품게 되며, 이익설의 경우에 아이들의 의무이행능력을 문제삼기 때문이다.

[3] paternalism

제6장 제목이기도 한 'paternalism'에 대한 '권위적 간섭주의'라는 번역어를 역자가 새로 만들었다. '권위적 간섭주의'라고 한 번역어의 의미와 내력을 소개하고자 한다. 그 내용을 인용하면 다음과 같다.

자유의 제한 및 그 정당화 문제와 관련하여 흔히 사용되는 'paternalism'에 부합하는 적절한 번역어를 찾아내는 일은 매우 어려운 작업이다. 영한사전을 찾아보면, '가부장적 간섭주의'라고 소개되어 있다. 'paternalism'의 어간인 'pater–'가 '아버지'를 가리키는 말이므로 '가부장적'이라는 수식어가 붙는 것은 말의 축어적逐語的 의미에 충실한 일인지 모르지만, 윤리학적 논의나 정치이론에서 사용되는 'paternalism'의 의미는 단지 아버지의 간섭만을 내포하는 것이 아니다. 군주, 교사, 성직자, 권력자 등을 비롯하여 일체의 제도적 권위체가 행사하는 간섭을 모두 가리킨다. Gerald Dworkin에 따르면, 'paternalism'은 한 개인의 자유를 제한·침해하는 타인의 간섭을 모두 지칭하는 말이다. 그 때의 타인은 간섭 당하는 사람보다 권위를 많이 지닌 사람이다. 따라서 이 말의 번역어로서 '간섭주의'가 채택되는 것은 당연하며, 따라서 보다 정확한 번역어는 '권위를 가진 사람에 의하여 행해지는 간섭주의'가 될 것이다. 그러나 이렇게 장황한 번역어는 현실성이 없기 때문에, 피번역어가 지닌 논리적 속성logical components인 '권위'와 '간섭'을 가지고 축약하면 번역어는 '권위적 간섭주의'가 된다. 여기서 '권위'라는 의미는 형식적으로 부여되는 단순한 의미의 권위가 아니라 '힘'이 있는 사람이 그렇지 못한 사람에게 힘을 행사할 때 아울러 생겨나는 권위를 지칭한다. 이 용어는 주로 가족관계에서 부모가 자녀에게 힘을 행사할 때, 또는 전제적 군주와 같이 정치적인 힘을 가진 사람이 지배를 받는 사람에게 힘을 행사할 때 사용된다. 따라서 '권위적 간섭주의'는 결국 힘을 가진 자의 힘을 가지지 못한 자에 대한 힘의 행사와 관련하여 야기되는 간섭, 그리고 자유의 제한 등을 총칭한다고 볼 수 있다. 영어의 'paternalism'을 '권위적 간섭주의'로 번역하는 데에 난점은 바로 이 번역어가 '힘'을 의미하는 '권력' 또는 '권한'이라는 용어를 사용하지 않고 '권위'를 채용하였다는 데에 있다. 그러나 권위를 가진 사람은 그렇지 못한 사람에 비하여 여전히 '힘', '권력', '권한'을 보다 많이 가진 사람이라는 점에서 보면 그릇된 번역어는 아니다. '권위'가 '힘', '권력', '권한'을 비유적으로 포괄하는 셈이다. 한마디로 말하자면, 권위적 간섭주의는 '힘의 우열'에서 나타나는 자유의 제한·침해·간섭 등의 문제라고 볼 수 있다. [출처: ≪아동권리향연≫, 126-7쪽]

이와 같은 의미를 전달하기 위하여, 본문에서 'paternalism'이 개념적 속성을 가리키는 추상명사로 사용되었을 경우에 '권위적 간섭주의'로 번역하였으며, 구체적인 행위인 경우에 '권위적 간섭'으로 번역하였다. 권위적 간섭주의는 합법적 수단에 의한 자유의 제한, 합리적 근거에 따른 자유의 제한이다. 가장 쉽게 말하자면, 자유의 제한이 정당화될 수 있는 것과 정당화될 수 없는 것으로 구분할 수 있다.

본서 제6장에서 저자는 권위적 간섭주의의 근거를 여덟 가지 제시하면서 실제로 일곱 가지인 것처럼 기술하고 있다. 그리고 이 여덟 가지의 기저에는 인간 존중의 정신과 타인의 복리 증진의 원리가 있다고 주장한다. 그래서 이 준거와 원리는 아동 문제에도 똑같이 적용된다고 주장한다.

아동의 문제를 다룸에 있어서 권위적 간섭주의를 교육적 상황에서 정당화하는 논거로 세 가지를 생각할 수 있다. 그러나 이 세 가지는 저자가 주장하는 여덟 가지 준거에 다시 비추어 고려할 수 있다.

-아동의 이익
-아동의 안전, 보호

－교육적 필요

이밖에도 자유의 제한과 간섭을 법적으로 규정한 것을 법적 간섭주의legal paternalism라고 한다. 미성년자의 안전과 보호를 위한 대부분의 민사상 법령과 보육법령 및 교육법령에 의한 제한이 이에 해당한다. 법적 제한을 가할 수 있는 사람들은 대부분은 법적인 권한을 부여받은 사람들이다. 의사, 약사는 물론 교사, 법조인이 이에 해당하며, 각종 전문직에도 법에 의하여 자유를 제한하는 권한이 부여되어 있다. 법적 근거와 병행하여 부모가 자녀의 자유를 제한하는 경우 권위적 간섭주의 문제가 야기된다.

[4] welfare

'복지'로 번역해야 하는 경우와 '복리福利'로 번역해야 하는 경우가 있다. 또 경제학에서 많이 쓰이는 '후생厚生'으로 해석해야 하는 경우도 있다.

'복지'로 이해하는 경우에는 '필요need'와 '결핍deficit'의 충족을 전제로 하는 개념이다. 부족하고 결핍된 부분을 채워야 하는 소극적인 개념이다. '결핍'은 생존에 소요되는 부족분을 가리키는 개념으로서, 이를 충족시키지 못하면 삶이 황폐화되기 때문에 중요한 생존조건이 된다. 이를 충족시켜야 할 때 요구되는 개념이 '필요'이다. 필요의 개념에는 인간의 생리적 결핍을 충족시키는 생존적 필요substantial needs와 개인이 하고자 하는 바를 실현하기 위하여 수단으로 요구되는 수단적 필요instrumental needs가 있다. 후자의 예로서, 그림을 그리고 싶은 욕망을 충족시키기 위하여 동원되어야 하는 물감과 붓은 수단적 필요의 예가 된다. 그리고 생리적 결핍이나 개인적 욕망과는 관련이 없지만, 인간이면 누구나 충족해야 할 '필요'도 있다. 이를 보편적 필요universal needs라고 한다. 자유라든가 무지로

부터 벗어나는 기본교육이 이에 해당한다.

　문제는 복지의 개념은 위의 세 가지 필요 중에서 수단적 필요를 제외한 생존적 필요와 보편적 필요를 충족시키는 개념으로 이해해야 한다는 점이다. 그렇지 않으면 모든 개인적 욕망이 복지의 개념에 포함되어 복지의 개념적 한계를 설정할 수 없을 뿐만 아니라 복지망국의 폐해가 드러나기 때문이다. 복지를 이렇게 해석하면, 의무교육을 받을 권리는 보편적 필요의 개념에 근거하기 때문에 '복지권welfare rights'에 해당한다. 이 권리를 '교육권the right to education'이라고 하며, 이는 '학습권the right to learn'과 구분된다. 양자에 관한 논의는 역자의 ≪아동권리향연≫ 제7장을 참조하기 바란다.

　다음으로 'welfare'를 '후생'으로 번역할 경우는 주로 후생경제학welfare economics과 관련된다. 후생경제학은 경제전반의 효용을 증대하거나 사회 전반에 걸쳐 후생을 증진한다는 의미로 사용된다. 이 경우 몇 가지 개념적 특성을 염두에 둘 필요가 있다. 첫째, 후생의 의미로 해석할 경우, 초기의 후생경제학이 그러했듯이, 공리주의적 의미와 관련된다는 점이다. 둘째, 'welfare'가 효용의 증대라는 공리적 목적에 맞추어져 있기 때문에 파레토의 최적Pareto's optimality과 관련을 맺는다. 이른바 후생주의welfarism는 이에 근거한다. 셋째, 'welfare'는 집합주의aggregation의 의미를 갖는다. 효용의 증대, 사회 전반의 후생복지증진에 초점을 맞추고 있으므로 개별행위자agency의 측면이 간과된다.

　'welfare'가 복리福利로 번역되는 경우 개별행위자, 개인의 동기와 목표 등이 고려된 의미를 갖는다. 이 경우는 앞서 후생경제학이나 파레토의 최적과는 달리 개인의 효용성이 부각된다. 본서에서 아동의 'welfare'는 그들이 개별행위자로서 복리에 초점이 맞추어져 있으므로 '복리'로 번역하였다. 저자가 이 개념을 권위적 간섭주의와 관련시켜 논의할 때 이 번역어가 가장 적합하다. 이 점에서 복리로 번역하는 경우는 위에 소개한 'good'의 개념과 유사하다. 복리로 해석할 경우, '가치'와 '이익'의 개념이 내재되어 있다. 보다 잘 사는 것과 관련된 긍정적이고 적극적인 개념이다. 앞서 소개한 '복지'로 번역된 소극적 의미와 대조적이다.

특히 'welfare'가 '복지'로 해석되건, '복리'로 해석되건간에 중요한 논점은 종래 경제학에서 집합주의적 의미로 사용되었던 'welfare'가 행위자의 측면에서 고려될 수 있는 윤리학적 논의가 시도되었다는 점이다. 노벨 경제학상 수상자로 알려진 센Amartya Sen의 입장이 그러하다. 센의 논점은 기존의 기라성 같은 윤리학자와 정치철학자들의 권리기반이론rights-based theory과 의무론적 논의를 경제현상과 개별행위자의 경제행위에 적용, 발전시킨 것이다. 이러한 센의 논의와 관련하여 주목할 만한 학자로 노직R. Nozick, 파핏D. Parfit, 드워킨R. Dworkin, 뷰차넌J. Buchanan, 헤어R. M. Hare, 네이글T. Nagel, 윌리엄스B. Williams 등을 들 수 있다. 보다 관심 있는 독자와 학생들이 참고해야 할 인물들이다.

서 론

아 / 동 / 의 / 자 / 유 / 와 / 민 / 주 / 주 / 의

서   론

'교육과 관련된 자유를 논한다는 것은 적절하지 않다'는 지적에 동의하지 않지만 이 코멘트는 여전히 타당한 측면이 있다. 일상생활이나 신문, 방송을 통하여 마음껏 논의할 자유가 늘 존재하지만, 다른 한편으로 자기가 좋아하는 누군가에게 뭔가를 자신의 능력껏 사줄 수 있는 자유 이외의 자유는 그리 높게 평가하지 않는다. 이론상으로나 실제적으로나, 1960년대 아동에게 주어져야 한다고 여겨졌던 자유는 지금 사회악으로 비난받고 있다. 또한 교육과정을 나름대로 구성할 수 있는 교사의 자유와 자신의 교육내용을 선택하는 아동의 자유는 경제적 낭비라고 비난받기도 한다. 교육장면에서 자유가 적극적으로 수용되어야 한다는 정치적 분위기가 팽배하지만 이 경우 자유는 부모가 자녀의 학교를 선택하는 자유, 단위학교가 지방정부의 통제로부터 벗어나는 자유 정도이다. 아동이 행사하는 자유는 전혀 고려의 대상이 아니다. 내가 보기에, 이제 자유에 관한 우리의 입장을 재평가·정리하여 아동이 학교에서 행사하는 자유에 관한 제 사안을 고려해야 할 시점이다.

한 사회가 지니는 자유관은 아동의 양육방식과 교육방식이 어떠해야 하는가에 영향을 미칠 만큼 중요한 의미를 갖는다. 그럼에도 우리의 예상과는 달리 사회에서 중요하다고 여겨지는 자유의 가치와 실제 학교, 가정, 지역사회에서 일어나는 자유의 양상은 별반 관련이 없어 보인다. 내가 보기에 그 이유는 사회의 구성원으로서 아동을 배제해야 한다는 생각과, 종종 아동에게 옳은 것이라고 생각되는 것과 성인들에게 옳다고 여겨지는 것들은 구분되어야 한다는 자의적인 판단 때문이다. 우리는 어떻게 살아야 하는가, 어떤 행위가 허용되어야 하는가, 어떤 가치가 우리의 사회생활과 관계를 규율해야 하는가 하는 윤리적·정치적인 논의에서 아동은 대개 배제된다. 이와 같은 생각은 한 사회를 구성하는 자유롭고 독립적인 개인으로 다른 어떤 사람보다도 우리 자신만이 소중하다는 그릇된 생각으로 이어진다. 아동을 사회의 구성원으로 전혀 대우하지 않기 때문이다.

물론 한 사람의 자유가 다른 사람의 자유를 제한할 수 있는 상황이 존재하기 때문에, 우리는 아무리 완벽한 개인주의를 수용한다 해도 무한한 자유를 누릴 수는 없음을 인정해야 한다. 따라서 어느 사회에서건 개인은 어떤 상황이 자유의 제한을 정당화하는지에 유념해야 한다. 이 문제는 성인과 상대적으로 힘을 갖지 못한 아동간의 불균등한 관계에서 아동을 어떻게 양육하고 교육해야 하는가를 결정하는 데 매우 중요하다. 그러나 다시 한 번 말하거니와 힘의 합당한 행사라든가 자유에 관한 권리 행사를 논의하는데 있어서 아동은 거의 고려되지 않거나 아예 논외의 대상이 되어 버린다. 아동은 사회의 구성원에 포함되어야 하며, 정당한 이유 없이 아동이 성인과 다르다는 가정 아래서 아동을 무시해서는 안 된다는 것이 나의 생각이다.

이 책에서 자유의 의미와 관련된 문제를 간단히 살펴본 다음, 자유를 제한하는 것이 어떻게 정당화되는가 하는 문제를 검토할 것이다. 이 책 전체를 통하여 내가 의도하는 바는 자유의 문제를 종합적으로 검토하여 이를 아동 문제와 관련시켜 아동을 교육하는 데 고려되어야 할 점과 현행 교육체제에서 고려되어야 할 점이 무엇인가를 살펴보는 것이다. 이에 따라 우리가 자유권을 가지고 있는가_{제4장}, 권위적 간섭이 정당화되는가_{제6장} 하는 일반적인 문제를 살펴보고, 이들 문제가 어떻게 아동에게도 적용될 수 있는지를 검토하고자 한다. 그리고 나서 아동을 양육하고 교육할 때 우리가 가지고 있는 아동의 자유관을 살펴볼 것이다. 어떤 사람들은 성급하게 저자의 결론이 무엇인가를 알기 위해 논의 뒷부분으로 건너뛰려 할지 모르지만, 적어도 바로 이어지는 다음 절의 '자유'의 의미를 차분하게 확인해 볼 것을 당부한다. 그런 다음 독자는 자유를 아동 문제에 적용한 제5장과 제7장 이하 내용으로 넘어가도 좋을 것이다. 그런데도 독자가 만약 '이 저자가 도대체 무슨 말을 하고 있는가' 하고 의아해진다면, 독자는 내가 바라건대 독자 스스로 알고자 하는 문제와 관련된 앞의 장들을 다시 살펴보면 될 것이다.

'자유'란 무엇을 의미하는가?

강제가 없는 상태로서의 자유

홉스Thomas Hobbes가 기술했던 바와 같이, 자유에 대한 기본적이고 간단한 해석은, 자유란 행동에 대한 제약이 없는 상태를 의미한다.[1] 홉스의 이러한 해석은 사람뿐만 아니라 언덕을 자유롭게 굴러내리는 돌에게도 적용된다. 그러나 자유에 대한 전통적인 자유주의 관점에 따르면, 자유는 물리적인 법칙 혹은 자연적인 일의 발생이 아니라 인간과 관련된다. 즉 자유는 인간 행동에 의도적으로 부여되는 강제가 없는 상태를 가리킨다. 예를 들어, 벌린Isaiah Berlin에 따르면,

강제는 다른 사람을 고의적으로 방해하는 것을 뜻한다. … 만약 당신이 인간으로서 성취하고자 하는 바를 방해받는다면, 당신에게 정치적 자유가 결여된 것이다.[2]

한편 하이에크Hayek는 '타인의 자의적인 의지에서 비롯된 강압을 받지 않는 상태'[3]를 자유라고 칭하고 있다. 이 견해에 따르면, 우리가 비록 하고 싶은 모든 일을 할 수 없다 하더라도 그리고 과거에 하고 싶었던 일을 못하게 된 장애가 있다 하더라도, 우리에게 타인의 고의적인 강제에 예속되지 않는다면 우리는 자유롭다고 할 수 있다.

행위로서의 자유

시민권으로서 고전적 자유에 대한 가장 전형적인 비판은 자유가 매우 소중한 것인만큼 자유를 단순히 제약이 없는 상태 이상으로 확대해서는 안 된다는 것이다. 자유는 적극적이고 능동적인 것으로 보아야 한다는 견해가 여러 이론을 통하여 개진되어 왔다. 캐리 Joyce Cary가 언급한 바와 같이, '제한이 없는 상태absence가 아니라 힘power'[4]이다. 비록 자유에 대한 두 가지 설명 방식이 확연하게 구분되는 것은 아니지만 두 가지 유형의 자유, 즉 기본적으로 억압이 없는 것과 보다 적극적인 자유의 행사는 구분된다. 때로는 이 구분은 '~으로부터의 자유'와 '~에로의 자유'; '낮은 자유'와 '높은 자유'; '소극적 자유'와 '적극적 자유'[5]; '실정법적 자유'와 '도덕적 자유'[6] 혹은 '기회 개념으로서의 자유'와 '실질행사 개념으로서의 자유'[7] 등으로 표현된다. 비록 여러 이론들이 자유에 관한 기본적인 관점에서 다양하게 표현되지만 크릭Bernard Crick이 설명하듯이 '자유는 그것을 가지고 무엇인가를 행위하는 것이지, 단지 어떤 상태로 가만

히 있기만 해서 획득되는 것이 아니다.'[8]

'삼자관계'로서의 자유

자유에 대한 상이한 해석은 맥칼룸Gerald MacCallum의 분석틀[9]을 통하여 명료하게 이해할 수 있다. 그의 분석에 따르면, 모든 자유는 ① 행위자, ② 어떤 제약에서 벗어남, 그리고 ③ 무엇인가 자발적으로 하거나 하지 않음을 포함한다. 그의 논점은 서로 다른 자유의 형태가 존재한다는 데에 있는 것이 아니라, 우리가 무엇으로부터 제약 없이 행위하는 자유로운 상태와 무엇을 할 자유가 있는 상태를 상이한 '무엇인가'로 파악한다는 것이다. 따라서 중요한 논점은 자유를 어떤 제약에서 벗어나 어떤 것을 할 자유가 있다고 했을 때 어느 것에 중점을 두는가에 맞추어져 있다. 다른 말로 표현하자면, 인간이 실지로 어떤 행위를 하고 싶어 하며, 어떤 행위에 가치를 두어야 하며, 또 허용되어야 할 행위가 어떤 행위인가에 초점이 맞추어져 있다. 비록 자유가 제한이 없는 상태라고 엄격히 규정한다 해도, 어떤 자유가 다른 자유보다 중요한 것은 명백하기 때문에 전자를 제한하는 것은 후자를 제한하는 것보다 훨씬 더 우려스러운 것이다. 예컨대 정부의 잘못을 비판하는 것을 금지하는 것은 적색 신호를 무시하고 운전하는 것을 금지하는 것보다 더욱 우려스러운 일이다. 이는 서로 다른 종류의 자유가 있어서 달리 제한하는 것이 아니라, 제한하는 행위에 부여하는 가치가 상이하기 때문이다. 우리가 가장 큰 관심을 가지고 극대화시켜야 할 자유는 우리에게 중요한 목적을 성취하는 것과 함께 이에 따라 우리가 중요하다고 판단한 사안을 행사하는 데 어떠한 제한이 없도록 하는 일이다.

공공 생활 참여로서의 자유

또 하나의 중요한 전통적 자유의 개념은, 공적·정치적 생활에 참여함으로써 자신이 속한 공동체의 삶과 그 여건을 결정할 수 있다는 것이다. 고대 아테네의 자유인은 '자기 자신의 일'만 행하도록 남겨진 사람이 아니라, 시민생활에 참여하도록 의무가 부여된 사람이었다. 누구보다도 루소와 마르크스에 가까운 이 전통은 개인주의적인 것을 근간으로 하는 오늘날 자유 사회와는 그리 많은 관련이 없다. 벌린은 개인주의적 측면에서 자유의 중요성을 소홀히 여기는 이러한 자유의 개념이 지니는 위험성을 이미 지적한 바 있다.[10] 이러한 자유관은 사회적 전체의 선을 위하여 개인의 자유를 억압하며, 동시에 사람들의 '진짜' 이익을 증진한다는 명목 하에 사람들이 실지로 원하는 것과 상관없이, 개인의 자유를 억압하는 사회를 조장하고 전체주의에 빠질 수 있다고 벌린은 지적하고 있다. 그러나 이러한 자유관이 극단으로 흐를 위험성을 파악하고 있다면, 거기에 빠져들 가능성은 막을 수 있을 것이다. 사실 우리 삶의 여건을 통제할 자유는 전적으로 개인주의적 견지에 비추어 고려되어서는 안 될 것이다. 상호 참여에 따른 결정은 개개인의 결정만큼이나 우리의 삶에 영향을 미치는 것이므로 공동체 구성원간 상호 참여는 자유의 행사로 보아야 하며, 동시에 참여의 제한이 곧 자유의 제한으로 인식되어야 한다.

자기극복으로서의 자유

만약 인간행위를 외적으로 제한하는 것을 자유의 제한으로 본다면 마찬가지로 자기 성취에 대한 내적인 제한 역시 자유의 제한이라고 보아야 한다. 마약 중독과 알코올 중독 사태는 중독자들이 자

신이 원하는 것을 합리적으로 선택하여 행사하는 자유로운 상태가
아니지만, 같은 맥락에서 신체장애와 성격결함은 외적인 제한과 마
찬가지로 자신이 하고 싶은 것을 방해하는 자유의 또 다른 저해요
인이다. '감정의 지배' 또는 '기질에 좌우되는' 사람들을 묘사하기
위해 '자유'와 '강요'라는 언어를 사용하기도 하지만, 이 경우는 '감
정의 노예'라고 비유해야 한다. 외부적 강요뿐만 아니라 개인적 결
함으로부터 벗어나는 문제로 '자유'의 외연을 확장하는 데 따르는
어려움은 '자아'가 무엇을 의미하는가 하는 문제에 달려 있다. 만약
외적으로 학교폭력이나 법의 제재에 의하여 하고자 하는 바를 성취
하지 못하였다면, 누군가의 자유가 제한받은 것은 분명하다. 반면에
만약 성격이 매우 산만하고 게을러서 하고자 하는 바를 달성할 수
없었다면, 그 사람의 자유가 과연 제한된 것인가를 판단하는 것은
쉽지 않다. 왜냐하면 집중력이 없는 게으른 사람의 자유의 박탈 문
제는 그 사람이 어떠한 난관에 봉착하여 실제로 이를 적절하게 대
처하여 해결할 능력과 관련되기 때문이다. 우리는 친구들이 아는
것과 다른 '자아'를 가지고 있을 수 있고, 언행에 의하여 드러난 것
과 다른 '자아'를 가질 수도 있으며, 어떤 측면에서 보다 참된 자신
을 갖고 있다고 보기 때문에 우리 스스로가 알고 있는 것과 다른
'자아'를 가지고 있다고 할 수도 있다. 만약 부끄러움을 덜 타거나
급한 기질이라는 한 가지 성격상 이유 때문에 두 사람인 당신과 내
가 동일한 사람이라고 할 수 있는가? 나는 그렇지 않다고 생각한다.
우리의 일상성, 도덕적 결함, 부적응, 개인적 장애 등은 우리 자신
의 자아를 구성하는 일부분이다. 그렇지만 도덕적인 덕목을 소지하
는 것을 자유롭다는 것과 동일시하고 동시에 부도덕한 악덕을 소지
한 것을 자유를 제한하는 요인으로 동일시하는 것은 잘못된 견해이
다. 성격상 결함이나 덕목의 소지여부를 놓고서 '자유'의 용법을 규

정해서는 안 된다. '자유'를 이러한 방식으로 사용할 수도 있지만, 나는 이러한 방식을 채택하지 않겠다.

자유는 딱히 한 가지가 아니다.

이 책에서 내가 강조하고자 하는 논점들 중의 하나는, 우리는 많은 종류의 자유를 행사하고 있으며 그 중 어떤 것은 다른 것들보다 더 가치롭다는 것이며, 자명하게 가치롭다고 여겨지는 '자유'가 딱한 가지가 아니라는 것이다. 우리는 자유를 바람직하고 좋은 것으로 생각하는 것에 너무 익숙해져 있어서, 바람직하지 못하거나 해로운 것과 관련된 자유의 문제를 비켜가거나, 아니면 그러한 자유를 아마 '면허'를 요구하는 것 또는 자유가 아닌 것으로 치부하는 경향이 있다. 그러나 자유에는 해를 끼칠 자유도 있으며, 때로 유해하고 바람직하지 못한 자유도 있으며, 제한받을 필요가 있는 자유도 있다. 우리는 제한받지 않을 때 자유로우며, 반면 우리가 제한받을 때, 그러한 제한들이 설사 필요하거나 바람직한 것이라 하더라도, 제한이 가해진다는 측면에서 우리는 여전히 자유롭지 못하다.

자유의 의도되지 않은 제한

자유는 숙고된 강요에 의해서만 제한될 수 있다고 주장하는 하이에크[11]와는 달리, 의도되지 않은 행위의 결과가 역시 자유를 제한할 수 있음을 부정할 타당한 이유는 없다. 만약 도서관 수위가 내가 여전히 실내에 있음을 알지 못하고 도서관 문을 닫았다면, 나는 귀가할 자유로운 상태에 놓인 것이 아니며, 또 비록 그의 행위를 탓할 수도 없지만, 그가 고의로 그랬다고 가정한다고 해서 내가 도서관에서 나올 수 있는 자유로운 상태에 있는 것도 아니다. 만약 내가 창문 너머로 그에게 소리를 쳤다면, 그의 의도되지 않은 행동은 비록 법적으로나 도덕적으로 하자가 전혀 없었다 해도 주말 내내 내가 감금된 상황 때문에 정당화되지 않는다. 일단 그 상황이 그에게 알려지기만 하면 그가 와서 나를 나오게 해야 하며, 만약 그가 나를 구해내지 못하였다면 그의 행동은 원래의 상황과 달리 도덕적으로 비난받지 않으면 안 될 것이다. 이와 유사하게, 특정한 사회제도가 일단의 개인과 집단으로 하여금 그들이 가치롭다고 여기는 것을 하지 못하도록 합법적으로 제약하고 있다면, 이는 앞서 살펴본 것과 같은 순수하게 의도되지 않은 행위의 결과가 낳은 것과 동일한 상태는 아니다. '그것은 합법적 행위가 의도하지 않은 부끄러운 결과이지만 우리가 그것을 고의로 한 것은 아니기 때문에 그것이 우리의 자유를 제한하는 것으로 간주할 수는 없다'고 하는 말은 충분한 이유가 될 수 없다. 논점은 자유문제를 의도한 바 없는 우연의 문제로 볼 것이 아니라, 자유를 제한하는 일이 어떻게 정당화되는가 하는 문제와 의도되지 않은 제한을 어떻게 제거하는가 하는 문제에 있다.

우선 두 가지 경우를 보자. 첫째로 고의적으로 악의적인 행위를 하는 경우와, 둘째로 고의적이지만 악의적이지 않다는 이유 때문에 그 행위의 결과가 어떻든지간에 예외 없이 도덕적으로 받아들여지는 경우이다. 간과해선 안 될 점은, '동일한' 행위라 하더라도 그 행위의 조건이 다르다면 그 행위의 결과도 다르다는 점이다. 타인에 대한 결과를 고려하지 않고 단지 행위자와 그들의 의도만을 고려하여, 그 행위 옳고 그름 또는 자유의 제한 여부를 판단할 수는 없다. 우리가 물어야 할 질문은 '누군가가 어떤 특정한 방식으로 행위를 제한했는가'에 있는 것이 아니라, '자유로운 선택에 장애가 있다는 것을 인식하고 사태의 처리 방식을 달리하여 그 장애를 제거할 어떤 해결책이 과연 있는가'에 있다. 만약 이 문제를 긍정적으로 파악하고 있더라도 당사자인 개인과 집단이 자유를 제한하는 장애요인을 제거할 수 없다면 마치 장애요인이 의도된 것처럼 자유는 확실하게 제한받게 된다. 만약 우리의 중요한 자유행사를 가로막는 사회·경제적 여건을 우리가 바꿀 수 있다는 확신이 있다면, 그 여건을 개선함으로써 우리의 자유는 신장될 수 있을 것이다.

자유와 자유의 조건

벌린이 지적한 바와 같이,12) 자유를 힘power, 부wealth 또는 지식과 동일시하는 것은 잘못이며, 자유를 행사하기 위해 요구되는 조건과 자유를 혼동해서는 안 된다. 그러나 이 말이 곧 사람들이 악의적인 강압상태에 놓여 있지만 않다면, 사람들이 처한 가난, 무지, 그리고 무력하다 해도 그들이 자유롭다고 판단할 근거가 되는 것은 아니다. 반면에, 하이에크의 주장처럼13) 호사스러운 환경에 사는 부유한 궁정 복속이 가난한 농부보다 자유롭지 못할 수도 있다. 그러나 이 예는 부와 자유 사이에 아무런 관련이 없음을 보여준다거나 혹은 부가 평등하게 분배된 사회가 자유도 역시 평등하게 분배되는 사회임을 부각시키려는 데 있는 것이 아니라, 단지 부가 곧 자유가 아닐 뿐더러 부가 자유를 향유하는 데 공헌하는 유일한 요인이 아니라는 것을 보여주는 데 그 의미가 있다.

자유와 힘

자유가 힘은 아니지만, 그럼에도 불구하고 이 두 개념은 상호 관련되어 있다. 무엇을 자유롭게 한다는 것은 행위자가 그것을 실행할 힘을 가진다는 것을 가리킬 뿐만 아니라, 타인이 자유롭게 선택한 것을 제한하는 힘을 가진 것을 가리킨다. 이는 물리적 힘이 사용될 때 가장 분명히 드러나지만, 협박이나 '부당한 영향력'의 행사도 역시 자유를 제한하는 데 힘을 사용한 경우이다. 사람들에게 선택에 제한을 두지 않아야 할 경우에도 선택을 제한하는 것은 그들의 자유를 감소시키는 것이다. 양립 불가능한 목표를 가진 개인과 집단이 그들의 목표를 성취하기 위해 갈등하는 상황이 있으며, 만약 어느 한 쪽이 성공한다면 다른 한 쪽의 목적은 좌절되고 그 쪽의 자유가 제한되는 상황이 있을 수 있다. 이러한 상황은 패자가 단지 패자였다는 사실을 인내하는 이외의 별다른 할 일이 없는 상황과, 승자조차도 이익추구의 갈등을 지각하지 못할 경우에도 일어난다. 예를 들어, 어떤 개인 혹은 집단이 어느 마을을 가로지르는 철도 혹은 버스 노선을 폐쇄할 힘을 가지고 있다면, 비록 당사자가 그 길을 여행하는 마을 사람들의 존재를 인지하건 않건 관계없이, 그들은 그 길로 여행하고자 하는 사람들의 자유를 제한하게 된다. 마을 사람들은 노선 폐지에 대항하기 위해 행동할 단체를 만들거나, 아니면 희망이 없어 그 마을을 떠나거나, 마을에 남아 더 고립이 될 수밖에 없다는 것을 그들은 깨닫게 될 것이다. 이 경우 버스회사 혹은 그 회사의 간부들이 마을 사람들의 삶에 대해 영향을 미칠 힘을 가지고 그들의 자유를 제한할지 여부를 결정하는 것은 마을 사람들 자신이 선택한 행위가 아니다. 당사자간에 명시적으로 드러나는 갈등이 없고 또 타인의 자유를 제한할 의도가 없다 할지라도 타인의 삶에 영향을 주거나 자유를 제한하는 힘은 언제나 존재할 수 있다.

원하는 바를 마음대로 하는 것으로서 자유

지금까지 주로 개인 혹은 집단이 고의에 의한 것이건 아니건 자신들이 행하고자 하는 것을 방해받는 상황에 초점을 두고 논의해 왔다. 그러나 자유는 우리가 원하는 것을 단순히 행위를 하는 것에 한정되는 것이 아니다. 우리가 실지로 하고자 하는 행위를 방해받을 때뿐만 아니라, 가능한 다른 선택이 우리에게 주어지지 않을 때,

역시 우리는 자유롭지 못하다. 물론, 우리가 만약 어떤 가능한 행위를 일체 고려하지 않았거나 시도하지 않는다면 우리는 그러한 선택이 우리에게 주어져 있었는지의 여부를 알지 못할 것이다. 우리의 자유는 우리가 알지 못하는 사이에 제한될 수 있으며, 하고자 하는 소망들이 무엇인지 명백하게 파악되기도 전에 힘은 우리에게 행사될 수 있다.

최면술과 세뇌와 같이 남이 하고자 하는 바를 왜곡하는 극단적인 사례들은 타인의 자유를 감소시키고자 의도된 힘의 행사로 볼 수 있다. 보다 더 교활한 조작manipulation의 형태는 그것들을 명백하게 포착하기 어렵기 때문에 여러 양상에 따라 파악된다. 룩스Lukes의 주장처럼14) 힘 있는 사람 혹은 집단은 특정한 문제가 대중의 쟁점이 되거나 논란이 되는 것을 막기 위해 자신이 갖고 있는 힘을 사용할 것이며, 그렇게 함으로써 갈등이 표면적으로 드러나는 것을 피하려 할 것이다. 또한,

> A는 자신이 하고 싶지 않은 일을 B에게 행하도록 함으로써 힘을 행사할 수도 있지만, 자신이 하고자 하는 바를 이루기 위하여 B에 대하여 역시 힘을 행사한다. 타인으로 하여금 자신이 원하는 바에 따라 타인이 그대로 따라 하도록 하는 것이, 정말로 힘을 초능력적으로 행사하는 것이 아닌가?15)

힘을 행사하여 힘없는 개인 혹은 집단에게 그들이 하고 싶은 것을 하게 한다 할지라도, 이러한 설득과 영향의 모든 형태가 자유를 제한하는 힘을 행사하는 것은 아니다. 어떤 주장이 사람들에게 일이 진행되는 방식이 무엇이며 선택을 해야 할 때 고려되어야 할 것이 무엇인지를 명백하고 진실되게 알려준다면, 이는 자유를 제한하는 것이 아니다. 그러나 선택이 불가능한 상황을 만들어놓고 별다른 선택의 여지가 없다고 설득하면서 왜곡되고 편파적인 태도로 사

람들의 선택을 제한하는 것은 명백하게 자유를 제한하는 것이다. 이는 개인적 수준에 적용되는 문제가 아닌 것만은 분명하다. 선전을 목적으로 정부 또는 정부기관이 신문, 텔레비전과 라디오를 사용하는 것은, 언론이 가능한 모든 정보를 독점하여 제공한다는 측면에서 사람들에게 자신들의 행위와 의견의 결정을 못하게 하는 것이기 때문에, 자유를 제한하는 힘의 행사이다. 만약 사람들이 무슨 일이 일어날 것인지 모른다면, 그래서 일어난 일에 대하여 적절한 대처를 하거나 저항을 할 수 없게 되는 것은, 저항을 위한 시위를 원천 봉쇄하는 경우보다 자유의 행사를 명백하게 방해하는 것이다. 힘 있는 자와 정보를 갖지 못한 자들간에 눈에 나타나는 뚜렷한 갈등이 없다는 것은, 그들간에 합의가 이루어졌기 때문이 아니라 힘 없는 사람들에게 자유가 제한되어 있기 때문이다.

우리가 원하는 것과 우리 자신에게 실질적인 이익이 되는 것에는 차이가 있으며, 어느 경우에는 매우 큰 차이가 있다. 우리는 고통과 두려움처럼, 누구보다도 우리가 원하는 바를 우리 자신이 가장 잘 알고 있으며, 비록 우리가 바라는 바가 어리석은 것이며 또한 그것이 누군가를 모방하는 소망일지라도, 그리고 우리가 바라는 것에 대하여 우리의 마음을 변화시키도록 설득을 당하여 우리가 원하지 않는 것이 더 좋은 결과를 가져온다 할지라도, 여전히 만약 우리가 뭔가를 원하는지 진심으로 알고 있다면, 그것이 매우 중요하다는 사실을 부인할 수 없다. 물론 그것이 우리에게 이익이 되는가는 별개의 문제이다. 우리에게 좋지 않은 것을 원할 수 있으며 반대로 우리에게 좋은 것을 원하지 않을 수도 있을 만큼 우리는 우리에게 이익이 되는 것에 대한 그릇된 판단을 내릴 수 있다. 아마 더 많은 정보와 더 많은 경험을 지닌 제3자가 무엇이 우리의 이익이 되는지 우리보다도 더 잘 판단할 수 있을지도 모른다. 이 때문에 자유와 민주주의를 신봉하는 사람에게, 사람들이 원하는 것을 할 자유를 제한하는 것과, 자신들의 실질적 이익 증진에 무엇이 요구되는가를 가늠하는 것은 매우 어려운 일이다. 이것은 한 편에서의 자유와 다른 한 편에서의 장기적 이익 혹은 안전 사이에 어느 하나를 선택하는 문제가 아니다. 만약 자신이 의도한 것처럼 보이지만 타인이 비합법적으로 주도한 것이라면, 그 결과가 만족스럽다 하더라도 그것을 자유의 행사로 보는 것은 의심의 여지가 있다. 우리가 하고자 하는 바가 타인에 의해 주도된 것이고 또 타인에 의하여 조작된 것이라면, 우리는 결과적으로 자유롭지 못한 것이며, 또한 우리가 하고자 바라던 바가 우리 자신에게 이익이 되지 못한다는 판단에 의하여 무시된다면, 이 경우 역시 우리는 자유롭지 못한 것이다. 사람으로 하여금 자신들에게 이익이 되는 것특히 '진정한' 이익, '장기적' 이익이 되는 것을 하도록 하는 것이 어떻게 정당화되는가 하는 문제는 제6장과 제7장에서 보다 더 자세하게 검토할 것이다.

결 론

자유에 대한 전통적인 해석은 매우 편협하다. 그 편협성은, 자유가 제한이 없는 상태라고 보는 관점이나 자연법에 의하여 제한되지 않는 자유가 제한받을 수 있는 관점에 있는 것이 아니라, 자유의 개념에 적용되는 인간 행동의 범위를 너무 협소하게 설정한 데 있다. 자유는 의도된 강요에 의해 제한될 수 있을 뿐만 아니라, 개인의 의도하지 않은 작위와 무작위에 의해 제한될 수 있다. 또 수동적으로 주어진 사회적 환경이 아니라 인간의 선택과 그로 인한 사회 여건 변화의 결과로 자유는 제한될 수 있다. 우리의 신체가 제한받는 것처럼 우리의 마음도 제한받을 수 있다. 우리가 현실적으로 하고자 바라는 것뿐만 아니라 잠재적으로 바라는 것에 제한이 없는 상태가 자유를 가리키는 한, 자유는 우리가 의식하지 못한 상태에서 제한되기도 하며 뚜렷한 갈등의 조짐을 나타내지 않은 채로 제한되기도 한다.

　만약 우리가 실지로 행하고자 한 바, 말하고자 한 바, 그리고 의도하고자 한 바에 비추어 자유를 제한한다면, 이 경우 자유의 제한이 독재자의 의도적인 강압에 의한 자유의 제한보다 우리에게 더 일상적으로 일어난다. 어떤 측면에서 보면, 우리 삶이 전반적으로 타인의 삶을 제한하는 것처럼 보일지도 모른다. 그러나 타인의 욕망을 충족시켜 주기 위하여 그들 앞에 놓인 가능한 모든 장애물을 제거하도록 해 주어야 할 도덕적 의무가 우리에게 없음을 상기할 필요가 있다. 우리들 중 어느 누구도 완전한 자유를 누릴 수 없으며 어느 누구도 완전한 자유를 기대할 수도 없다. 또한 우리는 완전한 '자유' 또는 완전한 '제한'이라는 양자 중의 하나의 상태에 있는 것이 아니라 우리가 선호하는 것에 따라 각기 상이한 자유를 향유하고 있다. 우리가 향유하는 자유 중에 몇몇은 다른 것보다 더 가치 있고 중요하며 또 어떤 자유는 반사회적이고 바람직하지 못하며 그 때문에 제한받아야 한다. 나는 이하 장들에서 우리가 자유권을 가지는지 여부와 자유권을 제한하는 것이 어떻게 정당화되는 것인가 하는 문제들을 살펴볼 것이다. 그러나 어떤 제한들은 정당화되고 또 어떤 자유들은 바람직하지 못하다 해도, 우리 사회가 청구할 만큼 가치 있는 것으로 자유를 받아들인다면, 자유의 제한이 별 저항 없이 받아들여질 수 있을 정도로 그 제한 조건을 가급적 많이 제거하기 위한 사안이 무엇인지 폭넓게 검토하고, 동시에 이를 위한 노력을 경주해야 할 것이다.[16]

주석 및 참고문헌

1) Thomas Hobbes, *Leviathan*, p. 66 and p. 110.
2) Isaiah Berlin, *Four Essays on Liberty*, p. 128.
3) F. A. Hayek, *The Constitution of Liberty*, p. 11.
4) Joyce Cary, *Power in Men*, p. 7.
5) Berlin, op. cit.
6) T. H. Green, *Lecture on the Principles of Political Obligation*, p. 14 ff.
7) Charles Taylor, What's Wrong with Negative Liberty? in: Ryan, *The Idea of Freedom*, pp. 173－93.
8) Bernard Crick, *Freedom as Politics*, p. 50.
9) Gerald MacCullum, 'Negative and Positive Freedom', in: Laslett, Runciman and Skinner (eds) *Philosophy, Politics and Society : 4th Series*.
10) Berlin, op. cit.
11) Hayek, op. cit, p. 11.
12) Berlin, op. cit.
13) Hayek, op. cit, p. 17.
14) Steven Lukes, *Power: a Radical View*.
15) Ibid, p. 23.
16) Marx에 따르면:

'자유의 왕국은 고난과 외적인 목적에 의해서 강요되는 고된 일이 멈춰지는 곳에서 자유의 왕국은 실제로 시작된다. … 노동하는 일수를 줄이는 것이 선결조건이다.' Karl Marx, *Capital 3/2* ch 48 section 3

노동일수를 보다 짧게 줄이는 것이 자유를 보장하는 것은 아니며, 또한 노동자들이 자신들의 여가 시간을 어떻게 보낼 것인가를 심사숙고할 만큼 긴 시간을 부여한다고 해서 자유가 보장되는 것이 아니다. 중요한 점은, 첫째 노동자들이 겪는 고된 노동과 고난의 결과가 자유를 보장할 만한 효과를 가져다주는가 하는 점이며, 둘째 자유를 보장할 만한 노동 조건을 변화시킬 수 있는가 하는 점이다.

동의와 자유의 제한

- 자유를 포기하는 계약
- 자유는 계약에 의하여 양도할 수 있는가?
- 자유를 확대시키는 사회계약
- 자유 증진을 위한 자유의 제한
- 사회계약과 동의
- 자유와 고립된 개인
- 계약에 근거하지 않는 의무
- 정치적 의무

동의와 자유의 제한

앞 장에서 자유의 가치를 비록 높이 평가하더라도 모든 자유가 동등하게 가치로운 것이 아니며, 어떤 자유는 아주 바람직하지 않기 때문에 제한되어야 한다는 것을 살펴보았다. 그러나 그것이 누구의 어떤 자유를 얼마나 제한해야 할 것인가를 결정하며, 자유를 제한할 힘을 누가 갖는가 하는 성가신 문제에 관하여 언급한 것은 아니다. '힘은 정의'라는 생각이 그릇된 것이라고 인식한 이래로, 권력을 가진 이들이 타인의 자유를 제한하는 일의 타당성과 그러한 권력이 정당한가, 그리고 그러한 토대 위에서 성립된 합법적 권위에 복종해야 하는 개인의 의무를 성립시키는 근거는 무엇인가를 설명하려는 시도가 있었다. 이와 관련하여 합당하게 받아들여져 온 사회계약이론에 따르면, 사람들이 통치자나 정부에 대하여 체결한 사회계약이나 협약을 체결하면서 개인의 자유를 제한하는 것에 동의했을 때만이 개인의 자유를 제한하는 일은 정당화된다. 사회계약 이론은 일반적으로 정치적 의무가 어떻게 성립되는가를 설명하기도 하지만, 권력을 가진 자들과 그들의 권력이 어떻게 합법적인 것으로 수용될 수 있는가를 설명해 주기도 한다. 사회계약 상태에서 사람들은 자유를 희생한 대가로 얻어지는 혜택, 특히 법치 사회의 근간이 되는 사회 안전과 같은 혜택을 자신이 향유하기 위하여 자유의 일부를 유보하는 것에 동의하기도 한다.

자유를 포기하는 계약

오늘날 시각에서 보면 진부한 말이 되어 버렸지만, 국가의 권위는 사회계약에 의하여 정당성이 주어진다는 신념은 오랜 역사를 지니고 있다. 루소Rousseau는 사회계약의 근본 전제를 다음과 같이 언급한 바 있다.

> 어느 누구도 다른 사람에 대하여 천부적 권위를 갖지 않으며 또한 권력 그 자체가 어떤 권리도 저절로 부여하지 않기 때문에, 사람들 사이에 성립하는 모든 정당한 권위는 계약에 기초해야만 한다.[1]

하지만 사회계약이론가들은 사람들이 다른 이익을 획득하기 위하여 그 대가로 자유를 포기하려고 사회계약을 실지로 체결하였다고 주장한 적이 없다. 우리가 우리 자신의 자유를 포기하고 우리 자신을 다른 사람에게 복종하기로 한 사회계약은 실지로 일어난 것이라기보다는 가상적인 것이고, 역사적 사실이 아니라 논리적 구성물로 보아야 할 것이다. 그러나 어떤 사회계약이 실제 있었고 어떤 사회계약이 가상적인지를 가늠하는 확정적인 준거가 있는 것도 아니다. 따라서 안전을 위해 자유를 양도하는 가설적 사회계약은 계약 당사자의 자유로운 의사에 의하여 체결되었고 그 계약이 당사자 모두에게 공정하게 이루어졌다면 그것은 실제 사회계약처럼 성립한다. 합의 그 자체만 가지고 계약 당사자에게 실제적으로 체결된 계약이 공정하게 맺어진 것이라고 보기에는 충분하지 않다. 비록 합의에 의한 계약이 합법적인 것처럼 보여도, 계약 당사자의 무지와 어리석음 혹은 여타의 이유로 사람들은 사회계약의 조건들이 불공정하거나 혹은 자신들이 응할 필요가 없는 사람들의 요구를 받아들여야 하는 상황에서 형식적으로 자유로운 계약이 이루어질 수 있기 때문이다. 같은 맥락에서, 사회계약에 의하여 양도할 수 있는 자유에 대한 대가로 얻어지는 이익이 공정한 것으로 여겨질 수 있을 때, 자유를 포기하는 가설적 사회계약은 공정한 것으로 받아들여질 수 있다.

자유는 계약에 의하여 양도할 수 있는가?

여타의 이익을 얻는 대가로 자유를 제한할 수 있다는 생각은 루소와 홉스의 사회계약론과는 상이한 형태의 사회계약이론에서 찾아볼 수 있다. 루소는 자유는 인간의 본질이기 때문에 계약에 의하여 양도될 수 없는 것이라고 하였다.[2](실지로 루소는 자유는 '남성'men을 위한 본질적인 것이라고 믿었다. 그러나 만일 '자유를 포기하는 것이 인간의 존엄성을 포기하는 것이라면,'[3] 자유의 포기는 여성에게만 적용될 수 있거나, 아니면 여성은 인간이 아닌 존재로 결론지어야 한다. 나는 물론 전자를 선호한다!) 반면에, 홉스는 사람들은 평화와 사회 안정을 위하여 상당한 정도의 자유를 유보하는 것은 절대 군주에 대한 복종을 통하여 가능하다고 보았지만,[4] 그렇다고 해서 홉스가 모든 자유가 계약에 의하여 포기될 수 있다고 본 것은 아니다. 홉스의 생각에 의하면, '해가 되지 않는 자유', 즉 금지되지 않은 것을 마음대로 할 자유와, 어느 누구도 따를 의무가 없는 '진정한 자유'는 제한되지 않고 사람들에게 주어져야 한다는 것이다. 여기서 홉스의 '진정한 자유'에는 자살을 시도할 자유, 스스로 굶을 자유, 죄를 고백할 자유, 아무 저항 없이 공격받을 자유와 같은 기이하게 보이는 자유도 포함된다.[5] 루소와 홉스가 믿었던 것처럼, 어떤 복종은 사회계약에 의해 정당화될 수 없고, 사회계약에 의해 합의된 모든 것이 정당한 것이 아니라면, 다른 이익을 위해 자유를 유보-제한하는 것을 정당화하기 위해서는 사회계약은 반드시 합의 이상의 것을 필요로 한다. 정부에 복종할 의무는, 비록 사회계약이 가설적이 아닌 실제적인 경우에도 단지 합의나 계약에만 근거하여 정당화될 수 없다. 사회계약의 이면에는, 적어도 정치적 의무와 개인이 누리는 상당한 정도의 자유가 사회계약에 따라 정당하게 합의된 것이라는 신념이 깔려 있다. 그러나 사회계약이론은 이러한 신념을 지지하는 논거를 제공하지 않기 때문에 사회계약은 자유를 양도하는 정당화 논의의 결과로 성립된 것이 아니다.

자유를 확대시키는 사회계약

지금까지 사회계약이란 계약 당사자들의 합의를 통하여 다른 이익을 위하여 개인적 자유의 일부를 교환할 수 있다는 관점에 대하여 언급하였다. 이것이 사회계약의 일반적 특징으로 받아들여진다 해도, 로크Locke의 사회계약론에서는 이와 같은 방식에 따라 자유를 포기하는 것은 인정되지 않는다. 로크에 따르면,6) 사회계약은 이성의 법칙에 기초하고 있고, 이성은 우리를 제한하지 않는다. 로크는 사람은 국가의 법이 기초하고 있는 자연 혹은 이성의 법칙에 이미 얽매어 있기 때문에 사회계약이 사회적 의무를 앞질러 가고 있다고 생각하지 않는다. 그는 법이 지배하는 사회law-governed society와 법이 없는 개인의 집합aggregate of lawless individuals을 구분한 것이 아니라 자연 상태로서의 사회와 계약의 결과로 형성된 국가를 구분하였다. 로크의 사회계약론은 사람들에게 개인이 짊어져야 할 의무가 무엇인가에 초점을 맞춘 것이 아니라 오히려 그에게 있어 사회계약은 사회를 원활하고 안전하게 운영하는 수단을 강구하는 데 있다. 그리고 논쟁이 해소되고 징벌을 공평무사하게 할당하는 사회적 수단을 강구하는 데 초점이 맞추어져 있다. 로크는 자유를 제한하는

것뿐 아니라 자유를 보호하고 확대시키는 법의 역할에 초점을 맞춘다. 그는 자연법에 관하여:

> 법은 제약보다는 자유롭고 이성적인 개인으로 하여금 이익을 추구하도록 제정되어야 한다.[7]

로크에게 있어서 사회계약의 개념은 사회적 의무를 설명하는 기제가 아니다. 만일 사람들이 서로의 의무를 이미 잘 인식하고 있으며, 또한 서로 협력하고 자유의 일부를 포기하고 모두가 법에 기꺼이 복종하게 된다면 그들은 사회가 더욱 안전하고, 정의로우며, 질서 있는 사회가 될 것임을 이미 알고 있다. 따라서 사회계약은 자신들이 수행해야 할 의무가 어떤 것인가 하는 논거를 제공하는 기반이 아니다. 사회계약이 어떻게 체결되건간에 관계없이 사회적 의무는 존재하게 마련이다.

사회계약에 의하여 자유와 상충되는 이익goods을 위하여 자유와 교환할 수 있다는 신념은 맥락이 다르기는 하지만 롤스John Rawls에 의하여 폐기되었다. 자신의 ≪사회정의론A Theory of Justice≫에서 롤스는 계약 이론을 부활시켰으며, 계약론적 논쟁을 복원시켰다. 롤스는 사람들은 정의의 원칙을 결정함에 있어서 사회 안에서의 자신의 위치에 대해서는 알지 못하기 때문에, 어떤 다른 가치보다 자유가 우선한다는 정의론을 제시하였다.[8] 자유가 우선한다는 것은 자유가 다른 사회적·경제적 이익을 위해 교환될 수 없다는 것이다. 또한 공공선 혹은 최대다수의 최대행복과 같은 공리주의자들의 생각이 개인의 자유에 대하여 우위를 견지할 수 없다는 것이다.[9] 롤스가 설명한 '원초적 지위'original position에 처한 사람들이 자유에 대하여 우선권을 부여하는 이유는 생의 목표가 무엇이건간에 자신의 삶의 계획을 구안하는 데에 자유가 필연적으로 요구되기 때문이다. 롤스에 따르면, 자유는 그 가치를 따지기 어려울 정도로 소중한 것이어서 박탈하거나 각 개인들이 향유하는 자유가 불평등하게 분배되어서는 안 된다는 것이다.

자유 증진을 위한 자유의 제한

그렇다고 롤스는 자유가 결코 제한될 수 없는 것이라고는 말하지 않았다. 단지 자유는 다른 이익을 위해 교환되어서는 안 된다고 하였다. 그는 자유는 단지 자유를 위해서만 제한되어야 한다. 즉 어떤 한 가지 자유를 제한하는 것은 다른 자유를 증대시키거나 강화시키기 위하여 제한될 수 있다고 주장한다. 이 원리는 실제 장면에서 야기되는 갈등을 해소하기 위하여 고안된 것이지만, 우리가 실제로 이 원리를 적용하려고 할 때 이 원리 자체에 여러 가지 난점들이 포함되어 있다. 우선 이 원리는 해악, 고통, 불공정을 야기시킬 경우도 자유를 제한할 가능성을 배제시킨다. 물론 자유의 관점에서 해로운 결과를 야기할 행동의 자유를 제한하는 것은 정당하다. 이를테면 절도 혹은 무단침입의 자유를 제한하는 것은 자신이 하고자 하는 바에 따라 자신의 재산을 사용할 자유를 증대시킨다는 점 때문에 정당화된다. 또한 타인을 폭행하는 자유를 제한하는 것은 그 제한이 단지 폭행당하는 사람의 고통과 공포를 방지하는 데 있는 것이 아니라 폭행을 막게 되면 대다수의 사람들이 방해받지 않고 자신의 일을 할 수 있는 자유를 증진시켜 주기 때문이다. 그렇기는 해도 폭행에 반대하는 가장 일차적인 이유는 다른 자유의 제한이 아니라 그것이 고통을 주기 때문이다. 만일 자유의 관점에서 모든 가치를 다시 가늠해 본다면, 자유 그 자체를 위해서만 자유가 제한될 수 있다는 원칙은 현실적으로 공허하고 쓸모없는 것이 되고 만다. 만일 모든 가치good가 자유로 환원될 수 있고 자유만이 유일한 가치라고 한다면, 다른 가치의 증진을 위해서 자유를 제한하는 원리는 채택될 수 없다. 우리에게 필요한 것은 각각의 자유가 상충할 때, 어떤 자유가 제한되어야 하며 또 어떤 자유가 증대되어야 하는가를 결정하는 데 지침이 되는 원리이다. 우리는 롤스가 제안한 것처럼 어떤 자유가 더 큰 자유인가에 따라 선택하는 것이 아니라 어떤 자유가 우리에게 더 가치로운가에 따라 선택하게 된다.

더 큰 자유를 위해 작은 자유를 제한하는 한 예로, 롤스는 다른 사람들이 토론에 참여한 자들의 의사 진행을 자의적으로 방해할 자유를 제한하는 토론의 규칙을 들고 있다.[10] 이에 대하여 하트Hart는 다음과 같이 비판한다.

> 전반적으로 '더욱 큰' 혹은 '더욱 강한' 자유를 재단하는 단순한 체계 속에서 이와 같이 충돌하는 자유들이 간단하게 해결될 것으로 보는 것은 잘못이다. 왜냐하면 어떠한 가치라 하더라도 자유의 범위, 크기 및 강도에 있어서 자유 이상의 가치가 없기 때문이다. 그러한 토론의 규칙들이 곧 보다 큰 자유 또는 보다 확장된 자유를 보장해 주는 것이 아니라, 토론 규칙이 금지하는 활동을 넘어서 합리적 개인이 행사하는 자유가 가치롭기 때문이다.[11]

어떤 자유가 왜 허용되어야 하는가 아니면 남을 때리거나 남의 물건을 훔칠 자유가 왜 제한되어야 하는가를 설명하기 위해서는 자유의 우선 원칙이 아닌 다른 준거를 요구한다. 우리는 자유와 자유의 범위가 무엇인가에만 머무르지 말고 자유가 현실적으로 어떠한 결과를 가져오는가에 관심을 가져야 한다. 어떤 자유들은 바람직하지 않고, 또 어떤 자유들은 중요하지 않다는 인식은 위험스럽게도 자유를 그 자체로서 목적을 갖는 가치로 보기보다는 다른 것을 만족시키기 위한 수단으로 여김으로써 자유의 가치를 낮게 평가하려는 위험한 발상이다. 그러나 만약 사소한 자유와 확연하게 구분되는 중요한 자유가 있다면, 그러한 자유는 명백하게 지켜져야 한다. 그렇다고 해서 이러한 자유가 다른 어떤 것에 비하여 항상 가치롭다고 여겨지는 총체적 '자유'로 여겨져서는 안 된다.

사회계약과 동의

만약 사회계약론자들이 자신이 주장하는 계약 규칙들이 실행되기 위하여 설정한 조건이 합당한 것이라고 주장한다면, 사회계약에 동의가 항상 요구된다는 것은 굳이 확인할 필요조차 없다. 여기서 문제는 동의가 계약 규칙에 합당한 것이고 이 사회계약에 따라 선출된 통치자가 합법적이어야 한다는 두 가지 모두를 만족시켜야 한다는 점이다. 또한 이에 따른 실질적인 문제는 일반인이 사회계약에 실제로 동의하는가 하는 단순한 문제에 있는 것이 아니라 사회계약이 함의하고 있는 내용이 어떠한 것인가를 확인하기 어렵다는 점이다. 즉 사회계약이 구성원들에게 묵시적인 승낙을 받아낼 수 있는가, 반란은 막을 수 있는가, 국가로부터 어떤 이익을 수혜받을 수 있는가 하는 문제가 그것이다.

이러한 사실은 자유주의적 사회계약이론과 명백히 불일치하는 것처럼 보인다. 자유민주주의 사회에서 사회계약은 개인들이 자유롭게 약속을 체결하고 이행하는 것과 같이 계약에 합의하는 것이기 때문이다. 그러나 자유롭게 합의된 사회계약에 대하여 개인이 약속하거나 계약하지 않을 가능성이 있고, 특히 정치적 의무의 경우 계약에 동의할 수 없다는 유보적인 입장을 가진 사람들이 그 계약만으로 국가의 법에 복종하도록 강요당해서는 안 된다는 문제도 있다. 이러한 문제를 극복하는 과정에서 사회계약에서의 동의의 정신은 희석되고, 그 정당성도 잃게 된다. 만일 모든 사람이 해외로 이주하지 않는 것에, 또는 폭동을 일으키지 않는 데에 동의한다고 가정하더라도(그들의 이러한 행동이 사회적 동의라는 것을 깨닫지 못하더라도), 이러한 동의는 일단의 개인이 원하여 동의를 철회할 경우 그들의 자유로운 행동을 합리적이지 못한 것으로 만들어 버린다. 따라서 우리는 국가의 법에 복종할 의무는 그것을 자발적으로 이행했을 경우에 성립하거나, 아니면 우리가 국가에 대한 의무를 이행하는 데에 자발적인 동의 이외의 어떤 다른 논거가 필요하다는 결론에 도달하게 된다. 그러나 전자는 정당화 근거가 희박하다.

대부분의 사회계약이론은 개인이 자신의 자유를 제한하는 사회계약에 자발적으로 동의하는 것은 도덕적이며 합리적인 근거에 기초한다고 본다. 사람들은 이기적이면서 동시에 합리적이기 때문에, 타인의 경우와 동등하게 자신의 자유를 제한하는 것을 받아들이며, 이를 통하여 모든 개인은 부가적으로 사회적 안전이라는 혜택을 골고루 얻게 된다. 이러한 사회계약에 일단 동의하면 그들은 자신들의 약속에 따라 도덕적으로 구속된다. 그러나 계약이론에 대하여 지속적으로 제기되는 비판 가운데 하나는 약속을 지키는 도덕적 행위가 독립된 개체로서 전 사회적presocial이며 이기적인 개인이 온전하게 파악하고 준수할 수 있는 것이 아니라는 점이다. 약속을 맺고 이행하는 것은 도덕적 의무의 인식을 요구한다. 다른 사람의 이익을 위하여 특정한 방식으로 행동을 요구하는 도덕적 의무에 복종해야 한다는 생각에 익숙하지 못한 사람은 이렇게 번거롭고 불편한 약속이 왜 지켜져야 하는가를 이해하거나 받아들이지 못하는 사람이다. 만일 약속을 지킬 의무가 받아들여지지 않는 사람들에게 약속의 파기가 자신들에게 유리하다고 생각되면 곧 그 약속을 어길

것이고, 따라서 그러한 상황에서 그들에게는 포기할 자유마저 없는
셈이다.

자유와 고립된 개인

약속의 준수에 관한 논의는 사회계약이론에 대한 여러 가지 비판
가운데 중요한 측면을 보여준다. 이에 대하여 울프Robert Wolff는 다
음과 같이 지적한다.

> 고전적 자유주의자들은 개인간의 관계를 내재적이고 본질적으로 본 것이 아니
> 라 수단적이고 비본질적인 것으로 보는 오류를 범하였다.[12]

이어서 그는:

> 고전적 자유주의는 사회를 상호 이익이 되는 교환을 통하여 자신들의 도구적
> 이익만을 증진시키고 자신들의 사적 이익만을 추구하는 로빈슨 크루소들
> Robinson Crusoes의 집합체로 본다.[13]

자신의 자유를 제한하는 사회계약을 자유롭게 체결하는 개인에
대한 관념은 개인과 사회와의 관계에 대한 '자유주의적liberal'관점
을 전제로 한다. 이 관점에 따르면, 사회계약은 역사적 사건이 아닌
논리적 구성체이기 때문에 사회계약이 개념화된 이후에 사회계약이
개인간의 동의를 통하여 성립된다는 입장이다. 그 개념적 타당성에
도 불구하고 사회계약에서 개인과 사회의 관계를 토대로 정치적 의
무가 무엇인가를 설명하기 어렵기 때문에, 자유로운 개인이 사회에
논리적으로 우선한다는 이론적인 가정이 여전히 비판받고 있다. 사
회계약론자들은 근본적으로 자유롭고 사회로부터 고립된 인간으로

서 인식되는 개인이 별도로 존재하고 있다는 사실을 믿지 않는 경우에도 이러한 관점에서 성립하는 사회계약이 자유와 의무를 둘러싼 문제들을 논의하는 과정에서 하나의 해결책이 된다고 여긴다. 홉스가 '만인에 대한 만인의 투쟁과 무력의 권리'에 대한 유일한 대안으로서 '어떤 형태의 복종'을 인정한 것이나,[14] 혹은 롤스가 모든 사회적, 경제적 재화보다는 자유가 우선해야 한다고 믿었던 사실 중 어느 쪽에 있건간에 개인의 의무를 정당화하는 문제는 개인의 중요성과 개인의 자유에 근거한다는 점이다. 어떤 관점에서건간에 개인은 의무에 앞서 자유를 가지며, 자신이 더욱 원하는 어떤 것을 위해 자신의 자유의 일부를 포기할 것을 선택할 수 있는 존재로 보는 것이다. 그러나 인간은 본질적으로 사회적 존재이며, 또한 스스로를 고립된 존재로 남겨두는 선택을 하는 개인이 아니다. 이 점에서 인간의 자유는 논리적으로 현실적으로 사회적 의무에 우선하는 것은 아니며, 우리의 의무는 우리가 자유를 당연한 것으로 받아들이는 것과 마찬가지로 당연한 것이다.

계약에 근거하지 않는 의무

여러 가지 유형의 의무가 존재하고 있다는 것을 인정한다면, 거기에는 계약에 근거하지 않는 의무, 즉 비계약적 의무non-contractual obligation가 있다는 점은 분명해진다. 친구를 역에 태워다 줄 나의 의무는 아이를 보살필 나의 의무와 다르지만, 이 두 가지 의무는 부당한 정부에 반대할 나의 의무와 또한 다르다. 첫 번째는 개인들간의 자발적인 합의에 의한 것이고, 두 번째는 개인간에 성립하는 의무라는 점에서 유사하지만 자발적으로 합의한 것은 아니며, 세 번째는 자발적인 것도 아니지만 개인이 서로 알건 모르건간에 사회의 모든 구성원이 짊어져야 할 의무이다. 하지만 만일 세 번째 유형의 의무가 존재한다는 것을 받아들이지 않는다면 첫 번째 유형의 의무를 이행할 수 없다. 왜냐하면 개인간의 자발적인 계약을 이행하는 이유가 존재하려면, 다른 사람에 대하여 모두가 짊어지게 되는 비자발적인 일반적 의무가 적어도 하나는 인정해야 한다. 만일 우리의 모든 의무가 계약 등의 방식에 의하여 자발적으로 선택한 것이라면, 과거 우리의 부모들은 가족계획 없이 갖게 된 아이들을 돌볼 의무를 전혀 갖지 않아도 된다. 이와 유사하게 만일 친구의 생명을 구하는 일이나 심지어 동료들과의 거래에서 정직하게 대해야 할 의무가 자발적인 계약이나 합의에 의한 것이 아니라고 해서, 그것이 이러한 의무를 이행하지 않아도 되는 근거가 되지 못한다. 물론 우리가 스스로 이행하겠다고 자발적으로 동의한 것을 자의적으로 이행하지 못하는 경우를 제외하고 의무불이행에 대한 어떤 비난도 받지 않을 수 있다. 하지만 자식에 대한 부모의 의무 혹은 사회 구성원으로서 상호 의무는 단순히 개인 선택의 문제가 아니다. 우리가 사교 클럽에 가입했을 때 그 클럽의 규칙 준수에 복종할 것에 동의하는 것과 같이 개인이 자유롭게 동의한 의무는 우리가 선택할 여지가 없는 커다란 범주의 의무에 속하는 작은 부분에 한정된다. 사회는 자의적으로 가입하지 않아도 되는 사교 클럽이 아니다.

정치적 의무

의무는 불가피한 것이고 '의무 없는obligationless' 개인은 존재하지 않는다는 논점은 항상 '나는 정부에 복종해야 하는가?' 하는 문제를 야기한다. 그러나 이 질문은 자신의 자유를 총체적으로 포기하고 자발적인 의무에 따라 자신을 자의적으로 정부에 복속시키는 고립된 개인에 의해서가 아니라, 사회의 구성원들에 대하여 상호 의무를 가지고 있음을 인식하고 사회적 존재로서 그 의무에 대한 복종이 과연 그 의무의 진정한 이행인지를 물을 수 있는 개인만이 제기할 수 있는 질문이다. 권위에 복종할 의무가 존재한다면 그 의무는 통치자에 대하여 명시적이거나 묵시적으로 체결한 약속에 기초한 것이 아니다. 권위에 복종할 의무는 모든 이들이 난상 토론에 참여하여 결정하기 때문에 존재하는 것이 아니라, 공정한 법치 사회에서의 상호 협력을 위하여 그 사회의 시민들이 상호간 의무를 이행해야 하기 때문에 존재한다. 그러나 만일 권위에 복종할 의무가 통치자보다는 오히려 사회의 구성원들에 대한 의무에 기초한 것이라고 하더라도, 그 복종이 우리 사회의 복리를 추구하는 제도적 권위에 복종하는 것과 일치하지 않을 수 있다. 구성원간의 의무를 상호 인식한다고 해서 우리가 항상 시키는 대로만 순종하지 않으며, 때때로 우리가 반대해야 할 것이 무엇인가를 깨닫게 해 준다. 정부 혹은 여타의 통치기구에 대하여 의심의 여지없이 무조건적으로 복종할 의무는 없다. 왜냐하면 우리는 우리가 실제로 선택하여 체결한 계약인가 하는 여부를 알 수 있고, 또 그에 따라 우리가 준수해야할 의무가 어떤 것인지를 인지할 수 있기 때문이다. 이 점을 받아들인다면, 우리는 우리가 짊어져야 할 광범위한 사회적 책무를 포기하고 모든 일을 정부에 맡기지는 않을 것이다. 오히려 우리는 정의로운 사회를 조직하는 데에 참여할 의무를 수용한다. 상황이 이렇다면 우리는 '법은 선한 행동과 악한 행동의 척도'[15]라는 홉스의 관념을 받아들이지 않아도 된다.

주석 및 참고문헌

1) J-J. Rousseau, *The Social Contract*, p. 53.
2) Ibid, p. 54 ff.
3) Ibid, p. 55.
4) Thomas Hobbes, *Leviathan* p. 3ff *and Man and Citizen*, p. 123 ff.
5) Hobbes, *Leviathan*, p. 269.
6) John Locke, *Two Treatise of Government.*
7) Ibid, p. 347.
8) John Lawls, *A Theory of Justice*, p. 250, p. 302, pp. 541-48
9) Ibid, '자유를 제한하는 것은 단지 자유 그 자체를 위하여 정당화된다. 즉 자유의 침해가 더욱 악화되는 것을 막기 위해서일 때만 정당화된다.' p. 215.
10) Ibid, p. 203.
11) H. L. A. Hart, 'Rawls and liberty and its priority', in: Daniels (ed) *Reading Rwals*, pp. 239-40.
12) Robert Paul Wolff, *The Poverty of Liberalism*, p. 172.
13) Ibid.
14) Hobbes, *Man and Citizen*, p. 194.
15) Ibid, p. 172.

자유와 민주주의

- 스스로 제정한 법에 복종할 자유
- 참여와 민주주의
- 민주적 자유
- 지도자 선택으로서 민주주의
- 민의의 반영
- 민주주의와 자유의 제한
- 우리 자신이 스스로 고려해야 할 의무

자유와 민주주의

앞 장에서 사람들은 자신의 자유를 제한하는 것에 동의하는 사회계약을 자신의 통치자와 체결하지 않는다는 것을 살펴보았다. 그러나 설사 이 같은 사회계약이 대부분의 정치이론체제에서 사실로 여겨지더라도 실제 민주적으로 선출된 정부는 다른 양상을 보인다. 무엇보다도 투표는 공공시설을 사용하거나 해외 이주를 하지 않고 암묵적으로 저항하는 수단 이상을 가리키는 사회적 합의에 따른 의사 표현이다. 또한 민주주의에서는 대안이 상존하고, 또 그럴 경우에 진정한 의미에서 선택이 가능하다. 그러나 민주주의에서는 투표하지 않은 사람들도 여전히 국가의 법에 복종해야만 하고, 투표에 의해 채택된 대안은 반드시 이행되어야 할 규범이다. 민주주의 사회에서도 여전히 사람들이 사회체제 전반에 동의하거나 거부할 기회가 없고, 이러한 상황에서 우리가 민주적으로 선출된 권위에 복종할 의무를 갖는다는 것은 우리가 그렇게 하기로 자발적으로 동의했기 때문이 아니다. 이것이 사실이라면 민주주의와 자유 사이에 존재한다고 여겨지는 양자 관계의 본질은 무엇인가에 관한 의문이 제기된다. 다른 여건이 같다고 했을 때, 민주 시민은 자신의 지도자를 선택할 수 있고, 지도자가 인기가 없게 될 때 그들을 교체할 기회가 열려있기 때문에 다른 정치 체제의 시민들보다 더욱 자유롭다고 할 수 있는가? 혹은 민주주의에서 우리 자신이 만든 법에 복종함으로써 우리가 여전히 자유로워진다는 생각에 기초하여 민주주의와 자유의 더욱 밀접한 관계가 존재한다고 할 수 있는가?

스스로 제정한 법에 복종할 자유

개인으로서 우리는 때때로 미래에 향유할 자유를 제한하는 어떤 것을 선택하더라도 그 선택은 일반적으로 자유를 행사하는 것으로 인정한다. 우리는 엄격한 질서의 준수를 요구하는 수도원에 들어가거나 퇴근 후 일상생활에 부담을 주는 개방대학The Open University 과정에 등록할 수도 있다. 그렇게 되면 우리의 자유는 그렇지 않았을 때보다 줄어들 것이다. 그러나 만일 그러한 입학서류를 기재하고 서명했을 때 우리의 자유가 제한된다는 것을 미리 예견할 수 있고, 또 그것을 자유롭게 수용했다면, 새벽에 일어나 기도를 해야 하거나 텔레비전방송 강좌를 시청할 때, 우리가 자신을 위해 동의한 규칙에 복종한다는 측면에서 우리는 자유롭지만, 만일 똑같은 결과가 초래되었다 하더라도 누군가가 우리로 하여금 수도원 혹은 개방대학에 강제로 들어가도록 한 것이라면 우리는 자유로운 상태에 놓인 것이 아니다. 그러나 비록 민주주의가 '국민을 위한' 것일 뿐만 아니라 '국민의', '국민에 의한' 것이라고 가정하더라도, 개인 차원의 자율 문제를 사회적 차원의 민주주의 문제로 바꾸는 데는 문제가 있다. 우리는 '우리'가 만든 법을 '우리'가 따를 때 '우리'는 여전히 자유롭다고 할 수 없는 경우가 있는데, 그 이유는 복종하는 '우리'가 법을 만든 '우리'보다 훨씬 큰 집단이기 때문이다. 그리하여 민주주의의 법 혹은 민주적 제도의 규칙은, 우리 자신의 자유를 제한하지 않도록 우리 스스로가 제정한 규칙과는 전혀 다른 방식으로 입법에 참여하지 않은 모든 사람의 자유를 제한한다. 그럼에도 불구하고, 내가 보기에 사회적 차원의 민주주의와 개인적 차원의 자유 사이에 밀접한 상호관련이 존재한다 — 물론 그 상호관련은 지금까지 살펴본 것과 같은 단순한 관련과는 상이한 것이다.

참여와 민주주의

이미 우리는 자신의 선택에 의해서 사회로부터 벗어날 수 있는 존재로서의 개인이 아니며, 또한 개인 상호간의 계약에 의한 의무 이상으로 사회의 다른 구성원들에 대한 계약에 의하지 않은 의무, 즉 비계약적 의무를 짊어지는 사회적 존재임을 논의하였다. 따라서 우리는 사회에 대하여 그리고 그 사회에 살고 있는 모든 개인들에 대하여 사회계약이 없이도 성립하는 비계약적인 의무를 갖는다. 그러한 의무 중에는 정의 사회를 조직하고 운영하는 데에 공헌하는 것도 있음을 논의한 바 있다. 단지 의회 민주주의 체제 속에 사는 사람에게만 이 의무가 부과된다고 볼 필요는 없다. 내가 보기에는 이 의무는 민주 사회에서 가장 완전하게 부과될 수 있는 것이고, 진정으로 정의 사회가 민주 사회가 되는 데에 필연적으로 요구되는 것이다. 사실 정의 사회를 구성하는 데에 무엇이 요구되는가를 논의하고자 하면, 그 자체가 하나의 책 분량의 논쟁일 것이다. 이런 맥락에서 보면 정의 사회는 단지 사람들이 다른 사람의 권력 안에 있지 않는 사회이거나 어떤 사람이 다른 사람을 자의적으로 이용할 권력을 갖지 않는 사회를 가리킨다. 즉 모든 사람의 복리와 이익이 동등한 관점에서 고려되고, 기본 인권이 보호되는 사회가 정의 사회이다. 이런 사회가 가능하려면 통치자가 이상 사회에서나 볼 수 있는 성인聖人이 아닌 이상 모든 사람의 권력이 동등하게 분배되어야 한다. 그렇게 되면 사람들은 자신의 삶의 목표와 이를 실현할 수 있는 여건을 스스로 결정할 통제력을 가지게 된다. 이러한 자기결정이 이루어지기 위해서는 사람들이 자신의 이익을 대변하고 자신의 관점을 개진할 수 있는 기회가 제공되어야만 한다. 현실적 민주주의와 이상적 민주주의의 거리만큼 두 가지의 괴리는 분명하다. 모든 인간 사회는 그 사회가 그리는 이상적인 형태를 실제 상황에서 성취할 수는 없을 것이다. 그러나 한 사회가 완벽한 민주사회 혹은 완벽한 정의 사회가 될 수 없다는 그 사실만을 이유로 해서 우리가 그런 사회를 만들 의무에서 벗어나는 것은 아니다.

민주적 자유

우리에게 공공문제에 참여하고 공헌할 의무가 부여되었다면, 옳지 않다고 믿는 것에 반대하고 이의를 제기하며, 또한 그에 관한 개인적 의견이나 소수 의견을 개진할 능력이 우리에게 요구된다. 만일 우리가 의무를 충실히 이행한다면 이 같은 의사결정의 자유는 필수적인 것이다. 더불어 우리는 이에 필요한 지식을 갖추어야 한다. 자신에게 충분한 정보가 제공되지 않으면 사람들은 온전히 의사결정에 참여할 수 없다. 따라서 우리는 자신의 견해를 수립하는 데 필요한 정확하고 타당한 지식을 가져야 하고, 다양한 관점에 귀를 기울일 필요가 있다. 그렇지 않으면 우리가 도출한 결론은 쓸모없는 것이 된다. 물론 이 견해는 누구나 자신의 의사결정을 내리기 전에 관심사가 되는 모든 측면의 견해에 귀를 기울일 필요가 있다는 언론자유에 관한 밀Mill의 고전적 이론에 속한다.[1] 애석하게도 나는 진리가 항상 위선과 착오에 대하여 반드시 승리한다는 밀의 견해를 지지하진 않지만, 다른 사람의 견해를 귀담아 듣지 않거나 정보를 은폐 또는 왜곡한다면 사람들은 올바른 결정을 내릴 수 없게 될 것은 명백하다고 단언한다. 그러므로 민주주의는 정부 부문에서의 비밀을 최소화할 것을 요구하고, 동시에 정부의 통제로부터 자유로울 뿐만 아니라 편협한 시각 혹은 파당적 이익에 구속되지 않는 비판적 언론을 요구한다. 사람들이 더불어 살게 됨에 따른 제약이 있듯이 민주사회에서도 개인의 자유에 대한 일부 제약은 따르게 마련이다. 왜냐하면 사회 안에서 자기가 원하는 대로 멋대로 할 수 있을 만큼 자유로울 수 있는 사람은 하나도 없기 때문이다. 그러나 우리 모두가 사회생활에 참여하고 공헌할 의무가 있다고 인정한다면, 이러한 의무를 수행하도록 하기 위하여 개인의 많은 자유들이 증진되어야 하는 것은 당연하다.

이러한 자유는 민주정치에 요구되거나 자신들의 정치 지도자를 선출하는 데 있어서 필연적으로 요구되기 때문에 중요한 것만이 아니라, 민주주의의 존립을 위하여 필수적인 것이고, 우리가 정의 사회를 구현하는 데에 요구되는 의무를 충실히 이행하는 데 필요하기 때문에 중요한 것이다. 민주주의와 자유와의 관계는 민주주의 그 자체가 자유를 제공하거나 자유를 증진한다는 데에 있는 것이 아니라, 개인이 향유하는 일체의 자유가 없다면 민주주의를 실현하지 못한다는 데에 있다. 교육과 정보가 없다면 우리는 의사결정에 참여할 수 없다. 그리고 비판하고, 거부하고, 저항하고, 우리의 의견에 동조하는 사람들과 연합하고, 의견을 달리 하는 사람들을 설득하려 할 권리가 없다면 우리 사회가 어떻게 되어야 하는가에 대한 우리 자신의 견해를 자유롭게 개진할 수 없으며, 또한 우리 자신의 이익도 실질적으로 고려할 수 없게 된다. 여기서 내가 지칭하는 '민주주의'는 오늘날 사용되는 의미, 즉 우리를 위한 정치 지도자를 선출하는 것과 같은 의미보다 더 많은 것을 포함하는 광의의 의미이다. 이를테면 국가 중대 사안에 대하여 국민투표를 하거나 다수의 의견에 따르는 것 이상의 의미를 갖는다. 민주주의는 정의 사회를 구현하기 위한 공공문제에 참여하는 것을 가리키며, 이 점에서 사회의 모든 구성원의 관점이 심각하게 고려되지 않는 사회는 정의 사회라고 할 수 없다.

비록 서구 민주주의 사회에서 민주주의의 가치가 입에 발린 구호로서 높게 평가되기도 하지만, 사회 안에서 권력의 원천으로서 개인의 역할과 인간 관계에 대한 논거와 신념에 일치된 견해는 없다. 민주주의의 특성을 흔히 시민이 정치적 결정과정에 참여하는 것으로 정의한다. 그러나 슘페터Schumpeter[2]와 같은 민주주의 이론가들은 이러한 참여가 정치 지도자를 선택하는 행위 등으로 제한되고 최소화되어야 한다고 주장한다. 그는 시민의 일차적인 주요 역할은 경쟁을 통하여 권력을 획득하여 정책을 입안하고 실행하는 지도자를 선출하는 것에 국한되어야 한다고 주장한다.

지도자 선택으로서 민주주의

슘페터에 따르면:

> 민주주의의 원칙은 … 단지 경쟁하는 개인이나 집단 중에서 가장 많은 지지를 받은 사람에게 정부의 지배력이 이양되어야 한다는 것을 의미한다.[3]

만약 그의 주장이 맞는다면, 민주시민이 할 수 있는 것이라고는 단지 몇몇 소수의 사안만을 선택하는 것에 불과하고, 이 점에서 민주사회에서 자유의 의미가 성립한다고 지적한 바 있다. 이론상으로는 모든 시민들이 개방된 상태에서 권좌를 자유롭게 획득하는 것이 가능하지만 실제로는 아주 극소수의 사람만이 그렇게 할 수 있다.

비록 특정한 개인이나 집단이 모든 이들의 입장을 모두 대변하지 않더라도 모든 시민들이 특정한 개인이나 집단을 지지하는 투표를 할 기회를 갖고 있으며, 또한 모든 사람들이 선거에 의해 인기 없는 정부를 추방하려고 할 수 있지만, 선거 기간이 아닌 동안 그들이 할 수 있는 것은 거의 없으며, 단지 한 발 뒤로 물러서서 정부가 하는 일에 속수무책일 수밖에 없을 것이다. 일반 시민들은 스스로 정부와 입장을 알릴 수 있는 효과적인 방법도 갖고 있지 못하고(슈페터는 통치자에게 송부하는 청원과 소장訴狀조차 통치의 판단을 왜곡할지도 모른다는 이유 때문에 찬성하지 않는다), 특정 사안에 대하여 자신의 입장을 결정하는 데 활용하기 위하여 필요한 정보도 갖고 있지 못하다. 루소가 말한 것처럼, 그들은(여기서는 '우리'라고 해야만 할 것 같다) 4년에 한 번씩만 자유롭다.[4] 슈페터는 이를 민주주의의 폐해로 보지 않는다. 그에게 있어서 민주주의는 기본적으로 우리의 삶에 영향을 미치는 의사결정을 하는 자유에 관한 것이 아니라, 권력의 획득에 관한 것이고, 누가 권력을 쥐게 되는가 하는 선택에 관한 것이다.

민의의 반영

정치지도자이건 대표자이건간에 특정 인물의 선출이나 국민투표 참여로 민주주의를 규정할 경우 일반 시민들이 당하는 불이익을 루카스Lucas가 잘 설명하고 있다. 그에 따르면:

> 투표는 민의voice를 제대로 반영하기 어려운 제도적 장치이다. 우리가 특정한 문제에 당면하여 그 문제에 제대로 대처하기에 선거만으로는 불충분하다. 우리는 온전하게 문제를 파악할 능력을 갖추고 실질적으로 대안을 제시할 수 있어야 한다. 그러기 위하여 중요한 것은 단지 선거권을 갖고 있는 것이 아니라 주도권을 잡을 기회에 있는 것이다.[5]

민주주의에 대한 요구 이면에 항상 작용하는 실질적인 원동력이 되어 왔던 것은 민의의 반영이다. 비록 슘페터가 '민주주의'를 우리를 대신하여 의사결정을 할 지도자를 선출하는 것이라는 국한된 의미로 사용했더라도, 지도자 선택이 곧 자기결정은 아니다. 시민들의 민주적 요구를 기민하게 대변할 수 있는 지도자를 선택하기를 원하는 것만큼 민의를 반영하는 것은 중요하다. 초기 민주주의 신봉자들은 그들의 삶에 영향을 미치는 결정과 규칙이 만들어지기만 하면, 그들이 건설하고자 하는 민주사회가 어떤 것이라고 말할 수 있을 때 그것이 곧 정의 사회가 요구하는 것이 된다고 생각하였다. 이러한 기대는 전혀 변화하지 않았다. 규모가 큰 집단의 경우 모든 개개인이 바라는 모든 것을 만족시키는 규칙을 만들고 결정을 하는 것은, 서로 상충된 입장과 이익을 추구하는 사람들이 역시 똑같은 정도의 영향력을 행사하기 때문에 불가능하다. 그러나 개인 혹은 공동체 구성원으로서의 우리에게 영향을 미치는 결정이 내려졌을 때, 우리의 경험과 견해를 존중하는 방향으로 의사결정이 이루어지도록 영향력을 행사한다는 것이 바로 우리가 지향하는 민주화 열망이다.

논점은 내가 이제까지 민주적 참여를 의무로 본 것과 달리 권리로 보는 견해로 귀결된다. 사실 민주적 참여는 의무와 권리 두 가지를 모두 포함한다. 우리는 자신의 이익을 보호하고 자신의 삶과 목표를 스스로 책임지고 다른 사람들의 권력에 종속되지 않도록 하기 위하여 개인 자격으로 정치에 참여한다. 그러나 우리는 단지 개인적인 차원에서 자신의 이익만을 추구하는 것이 아니라 정의 사회 실현에 공헌하기 위하여 공공문제 결정에도 참여한다. 비록 이러한 민주적 참여가 의무이긴 하지만, 이를 정당화하는 첫 번째 근거는 강력한 정부에 의한 부당한 강압에 시달리고 이러한 정부를 적절하게 대항할 수 없는 이들이 존재하는 상황에 비추어 성립한다. 이들에게 부과된 의무는 자발적 참여가 아니라 복종하도록 강요된 것이기 때문에, 이러한 상황에서 민주주의는 의무가 아니라 권리로 받아들여지는 것은 당연하다. 물론 우리의 삶에 영향을 미치고 우리의 삶을 규제하는 결정들, 그리고 우리의 자유와 자기결정을 규제하는 결정들은 중앙집권적 전제 정부에 의해서만 만들어지는 것이 아니라 민주 정부를 지향하는 사회에서도 만들어진다. 그러한 규칙은 여러 가지 차원에서, 그리고 구성원들에게 그들의 삶과 그들의 행동을 지배하는 규칙 형성에 영향을 미치는 의사결정에 참여하도록 하는 다양한 민주적 조직을 통하여 사람들에게 영향을 미친다. 민주사회에는 국회나 지방의회와 같은 헌법기구만이 아니라, 직장, 학교, 가정, 테니스 클럽, 세입자 조합, 노동조합과 같이 사람들의 삶에 영향을 미치는 실질적 의사결정을 위해 참여해야 하는 제도적 장치가 많이 있다.

대부분의 사람들이 의사결정에 능동적으로 참여하기를 진정 원하는가에 의문이 제기될 수 있다. 또한 그러한 참여를 원하지 않는 사람들은 끊임없는 논쟁과 회합에 자신의 삶을 개입시키기 원하지 않는다는 상식적인 견해에 입각해 있다고 판단할 수도 있다. 그러나 사람들이 국가 정책에 무관심하더라도 그들은 자신에게 더욱 직접적으로 영향을 미치는 것에 대하여는 결코 무관심한 편이 아니다. 이를테면 거주지역 내 학교 혹은 우체국의 폐쇄 등에 대한 반응은 결코 냉담하지 않다. 만일 사람들이 사건에 영향을 미칠 실제적 기회를 갖는다면, 현안이 그들에게 중요한 문제라면, 그리고 그들이 사회의 운영에 공헌할 의무를 이행하도록 사회화되거나 교육받아 왔다면, 그들의 무관심은 훨씬 덜했을 것이다. 우리 사회가 지닌 공통의 관심사에 우리가 참여할 의무가 있다고 널리 인식된 상황이라면, 우리는 아이들에게 참여의 가치를 가르치고, 참여에 대한 그들의 긍정적 태도를 고취하게 하여 우리의 관심 사안 결정 모임에 매번 빠짐없이 참여토록 반영하지 않더라도 참여의 수준을 높일 수 있다. 현재 정치에 아무리 무관심한 사람이라도 자신의 견해가 충분히 반영되지 않은 상황을 파악하여 자신의 입장을 진지하게 숙고할 수 있다면 그는 보다 적극적인 태도를 취하게 될 것이다. 아마도 정부에 영향을 미칠 수 있는 사람보다 자신이 처한 현재의 상황을 훨씬 더 정확하게 인식할 수 있다. 그간의 자신의 무관심은 현실 상황에 운명론적으로 반응한 것이 아니라 현재 권력의 배분에 대한 반감에 따른 합리적인 반응일 것이다. 사람들이 드러내는 집단적 무관심을 운명론적인 것으로 받아들여서는 안 된다.

민주주의와 자유의 제한

우리의 삶에 영향을 미치는 의사결정에 참여할 기회를 갖게 될 때, 우리는 무엇이 행해져야 하는가에 대하여 우리 자신의 의견을 표현하고 우리 자신의 이익을 대변하며 여기에 영향을 주는 다른 사람들의 권력 행사를 제한할 수 있어야 한다. 그러나 여전히 우리가 마음 내키는 대로 하지 못하고, 선택과 행동의 자유가 제약받는 상황은 존재한다. 아무튼 우리가 참여를 통하여 영향력을 행사하는 상황에서도 우리는 여전히 소수파일 수 있으며, 우리의 반대 의견과 이의 제기가 무효화된다면, 우리가 기대하는 법을 만들었다고 할 수 없다. 우리의 입장을 표현할 기회를 갖고 있음에도 불구하고 우리가 하고자 하는 것이 마음대로 잘 되지 않는다면, 우리의 자유는 결과적으로 제한을 받는 것이 된다. 이 경우처럼 우리가 선택하지도 않았고 동의하지 않는 정부에 우리 스스로가 복종할 의무가 있는지에 대하여 살펴볼 필요가 있다.

민주적 참여의 목적은 개인이 하고 싶은 것을 마음대로 할 수 있게 하는 것이 아니라, 사회의 공동 이익을 반영하도록 결정을 내리는 데 있으며, 그리고 가능하다면 그것이 개인의 이익에 합치하도록 하는 데에 있다. 어떤 민주적 집단에서도 집단 구성원 모두가 공헌한 바가 가치롭게 평가되어야 하며, 비록 자신이 소수 의견을 가지고 있으며 다수와 상이한 의견을 가진 사람이라 하더라도 최종적인 결정은 개인이 각각 짊어져야 할 몫이다. 자신의 뜻과 상이하더라도, 개방된 토론에 참여하였다면, 비록 그 결과에 실망스럽기는 하더라도 사람들은 최종결정에 대하여 순종하고 사회공동 이익을 위하여 공헌하여야 할 것이다. 특정한 개인이나 집단이 계속적으로 소수자로 취급받는 사회가 아니라면, 이러한 사회에서 공동 이익에 대한 결정에 영향을 주는 개인의 자유가 비민주적 사회에서보다 더 가치롭다. 비록 도출된 결정이 모든 사람을 만족시키지는 못하지만, 그 결정이 어떻게 도출되었는가에 대하여 누구에게나 이해를 구할 수 있을 것이다. 결정에 영향을 주는 보다 큰 자유, 그리고 우리가 동의하지 않은 민주적 결정을 수용한다 하더라도, 문제는 우리가 동의하지 않거나 그릇된 것으로 여겨지는 정책을 추구하는 민주 정부에 복종할 의무를 계속 짊어져야 하는가이다. 내가 보기에, 이 문제에 대한 답은 정부가 무엇을 하고 있는가에 달려 있다.

우리 자신이 스스로 고려해야 할 의무

우리가 현재의 정부를 인정할 것인가 여부에 비추어 과연 정부에 복종할 것인가를 결정할 권리를 가졌다면, 우리는 무정부 사회에 살게 되거나, 아니면 어떤 사회도 결코 유지할 수 없게 된다. 그렇게 되면 내가 이미 잘못된 것이라고 비판한 자유주의 이론에 근거한 고립된 개인주의자들의 집합에 사는 것에 불과하다. 그러나 사회구성원에 대한 의무와 함께 정부의 명령의 이행 여부를 결정하는 자율적 도덕 행위자와 단지 자신의 개인적 의무만을 선택하는 개인 사이에 존재하는 중요한 차이 때문에 개인이 정부 인정 여부를 결정할 수 없다는 것이 아니다. 정부가 지게 되는 의무와 마찬가지로 우리의 의무는 사회를 구성하는 타인에 대하여 지는 것이다. 종종 우리는 당대의 정부가 입법한 법에 복종함으로써 의무를 이행하기도 하지만, 어떤 경우에는 정부에 반대하거나 정부가 입법한 법에 불복종함으로써 민주시민으로서 의무를 이행하기도 한다.

일반적으로 알고 있는 바와 같이 자율적이고 도덕적 행위자들을 통치한다는 것이 온순하게 복종하는 시민들을 통치하는 것처럼 쉽지 않다 하더라도, 자율적 도덕 행위자로 구성된 사회가 혼돈스러울 것이라는 가정은 하등 근거가 없다. 첫째, 정의 사회를 구현할 의무를 인식하고 있는 사람들은, 법이 없다면 정의 사회의 구현이 실패할 것이기 때문에, 법에 복종하는 것은 일견 자명한prima facie 의무로 받아들인다. 둘째, 사회가 완전히 민주적 사회라 하더라도 법을 준수할 도덕적인 의무가 추가적으로 부여된다. 왜냐하면 정부는 토론을 하고 이의를 제기하고 항의를 받아들이며 결과적으로 숙의된 다수 의견을 대변하도록 운영되기 때문이다. 물론 항상 다수가 옳은 것은 아니고, 사람들은 무엇이 자신들에게 최선의 이익이 되는지 항상 아는 것도 아니다. 그러나 만일 정의 사회의 준거가 사회구성원 모두의 이익을 위한 사회를 조직하는 것이라면, 다수결이 매우 존중되어야 한다. 셋째, 우리가 법에 복종했음에도 불구하고 다른 사람에 대한 의무 이행이 불가능한 경우에 그 법에 대하여 불복종할 권리가 있다는 것을 기억할 필요가 있다. 이 경우는 우리가 법을 좋아해서 법에 복종할 수 있다거나 우리가 소수의견을 냈기 때문에 마지못해 법에 복종하는 경우와는 매우 다르다. 우리는 종종 오히려 하고 싶지 않은 것, 선택하지 않은 것, 혹은 스스로가 동의하지 않은 어떤 것을 수행해야 하는 경우에 직면한다. 그러나 우리가 법에 복종하는 것이 타인에 대한 우리의 사회적 의무를 저버리지 않는 한, 우리는 법을 어겨서는 안 된다.

일견 자명한 준법 의무가 있고, 또한 정의롭지 못한 법에 직면했을 경우라도 정의로운 민주사회를 구현하는 데 헌신하고자 하는 사람은, 법 자체의 결함으로 사회 전반에 걸쳐 나쁜 결과를 야기하여 사람들이 법을 존중하지 않는 경우가 아닌 한, 법 자체만을 따로 떼어내서 그것을 파기할 것인가를 고려해서는 안 된다. 예를 들어, 우리가 납부한 세금의 일부가 핵무기 제조에 사용될 것임을 알고, 이것이 우리의 납세 의무에 상반되는 것이라고 믿는다면, 우리는 납세의무를 보류해야만 한다고 결정할 수도 있다. 그러나 거기에는 우리의 납세가 단순하게 핵무기 제조에 사용되어도 좋은가 하는 일차적인 문제 이상의 복잡한 문제가 포함된다. 자신의 납세가 학교나 병원을 짓는 데에 사용되길 원하지 않는 사람들의 입장도 시민의 다수가 과연 무기 제조를 실지로 원하는가 여부를 결정하는 것과 같은 맥락에서 고려되어야 한다. 물론 이외에도 법을 준수하지 말아야 할 논거를 제공하는 경우는 많다. 비록 법을 준수하지 않는 행동을 통해 우리가 특정한 법이 불공정하여 개정되어야 한다는 점을 세상에 알린다 하더라도 국민이 필요로 하는 것과 소망하는 것에 가장 민감하게 대처해야 하는 민주 정부조차도 법이 합의에 의하여 개정될 때까지, 정부가 존속하는 한, 법을 준수하도록 조치할 것이다. 법을 어기는 것이 옳은 경우가 상황에 따라 종종 있지만, 어떤 대가를 치르더라도 도덕적 의무를 준수해야 하는 것처럼, 어떤 합당한 명분도 제공하지 않으면서 법을 함부로 어겨서는 안 될 것이다.

　도덕적 자율성을 행사하는 일은 단순한 문제라기보다 여러 요소를 폭넓게 고려해야 할 일에 속한다. 그래서 정부가 일시적으로 우리를 대신하여 특정한 권리를 가지게 될 경우에는 이러한 도덕적 자율성을 행사할 권리를 인정하지 않는다. 그렇지만 사회의 다른 구성원들에 대한 계약에 의하지 않은 자연적 의무의 이행 여부는 당대의 정부에 복종하도록 결정해야 할 경우도 있다. 흔히 언급되듯이,6) 정부에 복종함으로써 도덕적 자율성을 포기하는가, 아니면 도덕적 자율성을 유지함으로써 비록 민주 정부라 하더라도 정부가 개인에게 명령할 권리를 거부하는 이분법은 성립하지 않는다. 내가 생각하기에, 이 이분법이 가정하는 그릇된 전제는 우리는 우리 자신을 위하여 도덕적 사고를 대신 수행하는 정부를 가지고 있다고 생각하는 데에 있다. 그러나 이는 사실이 아니다. 우리는 정의 사회를 구현하기 위하여 정부를 가지고 있으며, 이 점에서 정부는 통치자가 아니라 동반자이다. 때때로 민주 정부는 다른 사람들의 이익 증진을 위하여 우리의 자유를 제한하기도 한다. (우리 자신의 이익을 위해 민주 정부가 우리의 이익을 제한해야 하는가의 문제는 뒤에서 고려할 것이다.) 그러나 민주 정부는 동시에 사회를 어떻게 조직하며 사회구성원들에 대하여 어떤 의무를 부여해야 하는가의 문제를 결정하는 데 있어서 우리가 행사할 중요한 자유를 보호해 준다. 민주 정부가 자유를 제한하는 정당성을 갖는 것은 우리가 자유의 제한을 수용하기로 계약했기 때문이 아니며, 또한 우리가 그것을 진정으로 바란 것이 아니라, 그러한 제한들이 사회의 모든 구성원들의 이익을 증진하기 위한 사회를 구성하는 데 요구되는 필수적인 수단이 되기 때문이다. 비록 이 말을 타당한 것으로 받아들인다 해도 이 말은 자칫 개인의 자유에 대하여 국가가 위험한 수준의 간섭을 하도록 허용할 수 있는 것처럼 들린다. 그러나 내가 주장하는 것은 흔히 생각하는 것처럼 개인의 자유에 대한 관심을 무방비 상태에 두는 것이 아니다. 정부와 다양한 국가 기관들이 정의 사회를 구현하려고 노력하고 있는 상황이라면, 이러한 상황에서 자유를 제한하는 것이 정당화되는 조건이 성립할 수 있다는 것이다. 공공 이익이 된다는 이유만으로 정부가 시도하는 자유의 제한이 모두 정당화되지는 않는다. 정부가 공공 이익이 아님에도 불구하고 그것이 정의 사회를 구현하는 데에 부정할 수 없는 필연적인 것이라는 이유에서 개인의 자유를 침해할지도 모른다. 그러나 이러한 방식으로 자유를 제한하는 것은 공공 이익이라는 명분에도 불구하고 그 정부의 위선과 이중성을 드러내는 것이며, 정치 원리상으로 수용할 만한 가치가 없다. 그럼에도 불구하고 정부가 공공선의 이름으로 혹은 사회의 다른 구성원의 이익이라는 명분으로 개인의 자유를 제한하는 일에 대한 구체적인 한계가 무엇인지 의문을 제기할 수 있어야 한다. 정부가 보다 큰 공공의 선이라는 이름으로 제한하려 할 때 도저히 침해할 수 없는 자유에 대한 개인적 권리를 우리는 과연 갖고 있는가? 우리는 자유권을 가지고 있지 않는 것인가?

주석 및 참고문헌

1) J. S. Mill, '의견을 개진하지 않고 침묵하는 죄의 포악성은 침묵이 인류에게 중요한 것을 강탈한다는 데에 있다. … 비록 견해가 옳다 해도 진실 탐구를 위한 착오를 상호 교환할 기회를 박탈하는 것이다. 만약 견해가 그르다 해도 진리에 접근하는 명확하고 생생한 경험을 박탈하는 것이다.' On Liberty, p. 85.

2) Joseph Anthony Schumpeter, (ed) 'Two Concepts of Democracy', in Quinton, Political Philosophy.

3) Schumpeter, Ibid, p.177.

4) J-J. Rousseau, The Social Contract, p. 141.

5) J. R. Lucas, Democracy and Participation, p. 46.

6) Robert Paul Wolff, In Defence of Anarchism.

자 유 권

자 유 권

우리가 과연 천부적 자연권으로서 자유권을 가지는가 여부는 '우리가 어떤 것에 대해 권리를 가진다'라고 말할 때 그 의미를 살펴보는 데서 확인할 수 있다. 자연권, 인권, 인간의 권리 등과 같이 다양하게 표현되는 이 권리에 관한 여러 가지 이론들이 있다. 자연권이 엄연히 존재한다는 가정이 있기는 하지만,[1] 자연권은 우리가 행사하는 권리가 팔과 다리를 가지고 있듯이 명백하고 구체적인 것이 아니라는 점에서 절대적으로 성립하는 것이 아니며 자연권에 관한 다양한 해석이 있는 한, 자연권은 난센스라는 주장이 상존한다.[2]

권리란 무엇인가?

우선, 가장 논란이 되지 않는 '권리'의 의미는 실정법의 맥락에서 찾을 수 있다. 우리는 우리가 할 수 있는 것과 할 수 없는 것을 법이 허용한 범위 내에서 실행할 수 있는 소정의 실정권을 가지고 있으며, 이에 따라 특정한 개인이거나 집단이건간에 상대방은 우리의 권리에 상응하는 의무와 우리의 권리를 방해해서는 안 되는 의무를 가지고 있다. 그러나 가끔 '권리'라는 용어는 실정법적인 맥락에서 벗어나, 비록 그 사회의 실정법에 의하여 견지되지도 못하고 또한 다수의 사람들에 의해 논쟁의 대상이 되기도 하는 도덕권*의 맥락

---

* (역자 주) moral rights. "번역판 해설"에서 간단하게 소개했듯이 실정법에 의하여

에서 사용된다. 그래도 '권리'라는 말이 사용되는 외연에는 한계가 있게 마련이다. 그것은 비록 권리가 소수의 계몽된 사람들에게 인지되는 바와 같이 실정법적 언어영역을 뛰어넘어 존재할 수 있다 하더라도, 권리가 인간 사회의 실제와 동떨어져 존재하는 것이 아니기 때문이다. 이제까지 실정법에서 인정받지 못한 도덕권을 주장하는 소수의 개혁론자들은 도덕권이 권리의 형이상학적 논거로서가 아니라 권리가 특정 지역과 세대를 뛰어넘는 어느 현실 세계에서든 존재한다고 호소한다. 권리는 사회를 초월하여 존재하는 것이 아니라 사회적 맥락 속에서 존재하며, 실제 상황 속에서 개인이 인지하지 못하거나 수용할 수 없을 때 존재하는 것이 아니다. 이러한 도덕권을 권리로 인정하는 데에 얼마나 많은 사람들이 얼마나 많은 시간을 소요했는가 하는 점을 인정한다 하더라도, 권리는 그 자체의 개념적 속성상 청구한 것을 받아들여줄 때 존재하는 것이다. 개인의 권리 청구 행위는 재산 목록을 작성하여 일방적으로 제시하는 것과 같은 행위가 아니라, 우리가 상호간에 어떻게 대우하고 행동해야 하는가에 대한 합의가 가능할 때 성립한다.

권리와 기대

권리를 소유하는 것과 인지된 권리를 소유하는 것 사이에 모종의 관련이 있어야 한다는 생각은 권리와 '기대된 것'*은 동일하다는

보장된 권리가 아니라 도덕적 근거에 의하여 성립된 권리. 도덕권 논의가 중요한 것은 아동을 포함하여 실정법의 보호를 받지 못하는 사각지대에 놓은 이들의 권리를 성립시키기 때문이다. 이를테면, 이슬람 근본주의 율법에 따라 부당한 대우를 받는 여성들의 권리는 도덕권에 비추어 성립한다. 그렇기는 해도, 저자가 이어서 인정하듯이, 모든 주장이 도덕권에 비추어 성립하는 것이 아니다.

* (역자 주) expectation. '기대되는 것'은 곧 '당위'를 의미한다. 사람들이 권리로 기대하고 있는 것은 결국 '~ 해야 한다', '~ 되어야 한다'는 당위를 가리키는 것이다. 여

실재론적 이론에서 찾아볼 수 있다. 이 이론에 따르면, 사람들이 어떤 것을 타당한 방식에 의하여 향유하거나 행사하도록 기대할 수 있다면, 이는 그것을 향유하거나 행사할 권리를 소유한다는 것이다. 그러나 애석하게도, 우리가 도덕적으로 온당하게 우리의 권리라고 여기는 것은 종종 우리가 현실적으로 권리로서 기대하는 것과 매우 다르다. 하지만 '기대'라는 말에는 존재하는 사실이 아닌 도덕적 당위를 가리키는 용법이 있다. 학교 조회 시간에 '우리가 이 학교에 재학하는 어린이라면 자신이 먹은 과자 봉지를 쓰레기통에 버릴 것을 기대한다'는 교장선생님의 훈화를 들을 수 있다. 비록 교장선생님의 경험으로 보아서 실지로 아이들이 과자 봉지를 마루바닥에 마구 버릴 것을 기대하는 것도 역시 사실이지만 말이다. 사람들은 '기대'라는 말을 현실적으로 전혀 그렇지 않음에도 불구하고 당위적으로 일어나야 할 일이나 또는 다른 한편으로 일어날 개연성이 있는 일에 적용하여 사용한다. 학교 조회 시간에 교장 선생님의 훈화에 담긴 '기대'처럼, 사람은 정부가 자의적으로 자신을 체포하거나 고문하지 않고 적법하게 자신들을 대해 줄 것을 기대한다. 비록 실제로 자의적인 체포나 가혹행위가 전혀 일어나지 않는 것은 아니지만, 사람들은 이러한 폭력으로부터 벗어나고자 하는 당위성과 함께 실제로 벗어나게 할 개연성을 상정한다.

권리와 도덕 명령

비록 '기대'와 '권리'라는 말이 모종의 당위에 관하여 언급한 것이라 하더라도, 당위의 속성을 포함하지 않는 권리의 개념적 속성이 무엇인가 하는 문제가 제기된다. 우리가 '당신은 내가 이것을 하지

기서 권리를 소유한다는 것은 어떠한 것이 이루어져야 한다는 기대를 가리킨다.

못하도록 해서는 안 된다', '당신은 그것을 해서는 안 된다'라는 당위적 표현과는 무관하게 '난 이것에 대해 권리를 갖는다' 혹은 '당신은 그것을 행할 권리가 없다'라는 표현에 담겨있는 권리의 추가적인 의미는 무엇인가? 내가 보기에, '권리'라는 말이 사용될 때 '권리'에 관한 엄격한 법리적 의미를 갖는 경우를 제외하고는 도덕 명령 이외에 더 추가할 또 다른 의미가 없다. 만약 정부가 우리를 감금시킬 권리가 없으면서도 우리가 재판 없이 수감된 경우 우리는 석방될 권리를 가진다고 주장한다면, 우리는 정부가 재판 없이 우리를 감금해서는 안 되며 따라서 우리를 즉시 석방해야 한다는 도덕적 당위성을 갖는 것이다. 만약 자신의 직업에 대해 의심을 품고 있는 한 고문 경관이 스스로가 고문을 해서는 안 되는 이유를 묻는다면, '사람은 고문 받지 않을 권리를 가지기 때문이다'라는 대답은 그럴 듯하게 들릴지도 모르지만, 사실 진짜 이유는 고문을 해서는 안 된다는 당위성을 재진술한 것에 불과하다. 이와 같이 사안에 대하여 '권리'를 연관시키는 것은 인권 또는 '인간의 권리'를 고무시키고자 하는 요구를 진부하게 표현한 것에 불과하다. 이처럼 권리를 통한 모든 주장들은 사람이 어떻게 취급받아야 하며 우리 아닌 타인들이 어떻게 우리를 대하여야 하는가에 관한 근본적인 진술이라고 생각한다.

만약 내가 이렇게 말하고 있는 것이 옳다면, 우리가 왜 하필이면 권리를 통하여 문제를 해결하려는가 하는 의문이 제기될 수 있다. 첫째, 우리가 권리를 언급하는 이유는, 권리가 타인을 설득하는 효력을 가지고 있기 때문이다. 우리가 권리를 주장할 때, 그러한 권리 주장이 단지 우리의 요구를 단순히 주장하는 것이라기보다는, 권리를 통하여 얻으려고 하는 것을 확보하거나 자신들의 주장을 시인받고자 하는 논거를 제공하기 때문이다. 둘째, 보다 합당한 표현인

'당위'보다는 '권리'라는 말을 사용하는 것이, 의무 이행 측면보다 권리 소유 측면에서 당사자를 부각시키기 때문에 더욱 설득력이 있어 보이기 때문이다. '적법한 재판 없는 자의적인 체포와 구류는 금지되어야 한다'는 강제적 의무를 표현하는 것보다는, '그들은 공정한 재판을 받을 권리를 가진다'라는 표현이 공정한 재판을 받지 못할 처지의 사람에게 명백하게 더 많은 관심을 끌게 한다. 분명히 정부가 시민에게 해서는 안 되는 것과 시민이 해서는 안 되는 것으로 정부가 금지한 것이 실제적으로 동일한 것을 지칭한 것이라 하더라도, 개인의 권리에 초점을 맞추는 것이 개인의 중요성을 더욱 잘 부각시키는 방법이다. 권리를 통하여 개인을 강조하면 권력을 가진 사람이 자신의 권력을 행사함으로써 발생할 수 있는 오해, 마치 자신이 시민의 입장에 서 보이게 함으로써 시민의 고귀한 영혼을 위협한다는 것과 같은 오해를 불식시킬 수 있다. 따라서 X라는 사람이 Z에 대한 권리를 가졌다는 것은 타인의 정신건강을 위한 것이 아니라 X가 향유하는 복리 또는 바로 X 자신에게 공정하게 대우했다는 것을 의미한다. 그러나 이것이 X가 Z를 향유하거나 행사할 권리를 어째서 갖게 되는 것인가를 밝혀준 것은 아니다.

누가 권리를 갖는가?

권리 청구는 대부분 성인을 위한 것이며, 종종 아동, 동물과 태아 같은 생명체를 위한 것이기도 하지만 막대기나 돌멩이와 같은 무생물에 해당하는 사안은 아니다. 어떤 존재가 권리를 가질 수 있는지에 관한 논의는 많다. 하트는, 권리를 갖는 것과 의무 이행으로부터 이익을 얻는 것 사이에는 차이가 있다고 주장한다.[3] 즉 아이와 동물은 우리가 그들을 적절하게 보살필 의무로부터 이익을 누리지만 그렇다고 그들이 나쁜 대접을 받지 않을 권리를 갖는 것은 아니라는 것이다. 하트에 따르면, 만약 어떤 사람이 권리를 가지고 상대방이 이에 상응하는 의무를 가진다면, 그들의 관계는:

> 동일한 족쇄에 묶인 두 사람의 관계가 아니라, 한 사람의 선택에 의하여 상대방이 또 다른 사람의 관계에 매일 수 있는 관계이다.[4]

이 생각에 따르면, 권리를 가진 사람은 권리를 행사할 것인지 여부를 선택할 능력을 가진 사람임에 틀림없다. 이 점에서 권리가 적용되는 대상에는 아기와 동물뿐만 아니라 정신적인 장애를 가진 사람, 정신병이 있는 사람, 그리고 중병에 든 사람과 의식이 없는 사람이 배제된다. 나의 애완용 햄스터가 적절한 보살핌을 받을 권리를 가진다고 주장하는 것은, 권리의 관념을 과도하게 확대 해석하는 것임에 틀림없지만, 내가 보기에 이러한 견해는 자신의 권리를 포기함으로써 다른 사람의 의무 부담을 덜어줄 수 있는 건전하고 명석한 판단 능력을 가진 사람만이 권리를 행사할 수 있다는 해석과 다를 바가 없다.

그렇지만 하트의 논점은 건전하고 명석한 사람에게만 권리가 제한적으로 부여된다고 주장하는 것이 아니라, 만약 도덕권이라는 것이 정말 존재한다면 우리 모두가 천부적 자연권으로서 자유권을 갖고 있다는 것을 보여줄 수 있어야 한다는 데에 있다. 권리는 자의적으로 증여되거나 창출되는 것이 아니기 때문에 자연적인 것이다. 모든 사람이 권리를 소유한다는 것은 사람들이 특정 사회에 소속되어 거기서 특별한 관계를 맺고 있기 때문이 아니라 사람 개개인이 모두 인간이기 때문에 성립한다. 그러나 하트는 권리가 자연적으로 부여된 것이기 때문에 그로 인하여 특별한 지위를 부여받아 권리가 양도할 수 없고 불가침의 것이라고 보지 않는다. 자연권*은 여타의 특정권에 대해 반드시 우위를 차지하는 것은 아니다. 실지로 특정권이 천부적 자유권에 우선하는 도덕적 정당성을 갖는다. 예를 들어, 어떤 사람이 타인의 물건을 점유하기 위하여 자신에게 천부적으로 부여된 자유권을 행사하고자 할 때, 그의 자유권은 물건의 소유자가 물건의 점유를 보장하는 특정권에 의하여 기각된다. 이 경우 소유자의 권리는 자신의 재산에 대하여 타인이 함부로 할 타인의 자유를 제한하는 도덕적 정당성을 갖는다. 특정권은 타인의 자유를 제한하는 것을 정당화한다. 하지만 그 정당성이란 천부적 자연권으로서 자유권이 존재하지 않는다면 더 이상 필요한 것이 아니다. 하트에 의하면,

> 선택능력이 있는 모든 성인은 (1) 다른 사람을 강압하거나 자유를 제한하는 것을 삼갈 권리를 가지며 (2) 자유롭게 행동할 수 있다. (즉, 강요, 제한, 혹은 타인에게 위해가 되지 않는 한 어떤 행동을 삼가야 할 하등의 의무가 없다).[5]

그러나 드워킨Ronald Dworkin은 자유는 옳은 행위와 그릇된 행위를 마음대로 선택할 수 있는 면허증을 가리키기 때문에 우리는 자연권적 의미에서 자유권을 가질 수 없다. 그릇된 행위를 할 권리는 자연권에서 배제되기 때문이다.[6] 드워킨에 따르면, 모든 법이 자유를 침해하는 것이어서, 우리는 자유권이 어떤 특정한 상황 속에서만 제한되도록 노력해야 한다. 사소한 자유를 빈번히 제한하는 것은 전혀 심각하게 여겨지지 않을 수 있지만, 만약 제한되는 대상이 자유 그 자체라고 한다면 이에 대한 사소한 어떤 제한도 마땅히 심각하게 고려되어야 한다. 드워킨은 일방통행도로의 신설에 따른 제

---

* (역자 주) 이 경우 '일반권'을 말한다. "번역판 해설" 참조.

한과 언론자유의 제한이라는 두 가지 예를 통하여 자유를 제한하는 경우를 예시하였다. 두 가지 모두 자유를 제한한 조치이지만 후자의 경우에는 자유를 제한했다는 불평이 허용된다. 그는 언론의 자유가 명백히 기본적 자유라는 이유와 아울러 다음을 지적하였다.

> 하지만 만약 기본적인 자유와 여타의 자유간의 구분이 이런 방식으로 이루어진다면, 목하 자유에 관한 전반적인 권리는 전적으로 유기될 것이다.[7]

분명, 언론의 자유는 중요하고 일방통행로를 양방향으로 운전하는 자유는 중요하지 않다고 말한다면, 그것은 자유와 자유를 청구할 권리를 일반적으로 평가하는 것이 아니라 어떤 특정한 상황에서 구체적인 자유를 평가하는 것을 가리킬 뿐이다. 드워킨의 논의처럼, 자유권에 대한 전반적인 관념은 자유와 여타 가치 사이에서 갈등이 일어난다고 하는 그릇된 생각을 야기하기도 하지만 자유언론을 억압하는 것이 왜 그릇된 것인가 하는 질문에 대해 명백한 대답을 가져다준다. 만약 우리가 이와 같은 자유권의 중요성을 모른다고 한다면, 자유언론이 얼마나 중요하고 왜 자유롭게 허용되어야 하는지 심도 있게 숙고해야 할 것이다.

개인의 권리와 공공 이익

다른 자유를 제쳐두고 어떤 특정한 자유를 제한하는 것은 그 제한에 대한 강력한 정당화를 요구하는 것이지만, 자유를 제한하는 정당화의 논거는 자유 그 자체에 포함된 가치에서 찾아지는 것이 아니다. 일방통행이 공공의 이익이 된다는 단순한 사실이 일방통행도로 설치의 이유를 제공하지만 동시에 개인의 자유를 제한한다.

하지만, 드워킨에 의하면, 어떤 이가 자유언론에 대한 권리를 가진다고 말하는 것은 비록 그것이 공공 이익이 되지 않을지라도 그 사람은 여전히 모종의 권리를 갖고 있는 것이다. 그는 개인의 권리를 '개인이 행하는 정치적인 도박political trumps'[8]이라고 부른다. 이 입장은 천부적 자연권을 주장하는 마가렛 맥도널드Margaret MacDonald의 다음과 같은 견해와 유사하다.

> 평범한 시민은 자기 자신을 정치적 게임에서 힘없는 조무래기가 아니며 자신이 정부나 통치자의 소유물이 아니라는 확신을 가지고 이를 명문화함으로써, 모든 정치적 게임이 자신의 목적에 부합하며 자신을 위하여 정부가 구성된다는 신념에서 존엄하면서도 저항력 있는 개인으로 스스로를 인식하도록 해야 한다.[9]

개인이 가장 중요하게 고려되어야 하며, 개인이 통치자나 정부가 소유한 존재가 아니라는 점에 대해 동의하지만, 내가 이미 지적한 바 있듯이, 개인은 비록 그 사회의 소유물은 아니라 할지라도 특정한 사회에 속한 존재이다. 나는 개인의 권리가 공공 이익에 부합되지 않는 경우조차도 개인의 권리가 존재한다는 드워킨의 주장에 언뜻 동의할 수 없다. 왜냐하면 개인의 권리는 향유하거나 행사할 수 있는 것으로 무엇이 있는가에 따라 그렇게 하도록 허용된 것이고, 또 공공 이익, 일반 이익, 그리고 타인의 권리 등의 몇 가지 주요 개념에 비추어 결정되어야 하기 때문이다. 개인의 권리가 어떻게 향유되고 행사되어야 하는가의 문제는 그들이 자신의 권리를 향유하고 행사한 결과가 사회의 나머지 모든 성원들에게 어떠한 영향을 미쳤는가에 비추어 그 허용 여부 등이 결정되어야 한다. 그러나 이 말은 사회의 공공 이익을 증진시킨다는 이유로 해서 개인을 불편하게 하는 모든 행위가 합법화된다는 것을 의미하지는 않는다. 때때로 개인의 권리는 연방정부나 주 정부, 또는 일반적으로 사회가 요구하는 만큼 부합되는가 하는 점에서 서로 갈등하기도 하지만, 사회가 필요로 하는 것이 반드시 개인의 권리에 앞서 공공 이익을 증진시켜야 한다는 것을 의미하지 않는다. 권리는 개인이 전횡하는 소유물이 아니라 '모든 사람'이 유사한 상황에서 특정한 방식으로 행위하도록 허용된 개별적 규범 사례들이며, 이 점에서 모든 사람은 타인의 권리를 보호해 줄 수 있는 한도 내에서 자신의 이익을 추구할 수 있다.

　드워킨이 비록 자유언론이 공공 이익에 부합되지 않더라도 추구되어야 할 권리라고 주장한 것과 관련하여 볼 때 당면한 현안을 넘어서는 공공 이익이 무엇인가에 관한 심층적인 논의가 필요하다고 본다. 비록 어떤 사람이 언급한 내용이 당장은 공공 이익에 부합되지 않을지라도 그것을 억압하는 것도 역시 장기적인 안목에서 볼 때 공공 이익에 반할 수도 있다. 인기 없는 견해를 묵살하는 선례는, 그것이 일단 형성되면, 인기 없는 견해를 경청하는 것이 공공 이익을 증진할 수도 있는 사실을 묵살하는 데에 악용될 수도 있다. 그러나 언론의 자유처럼 중요한 자유도 양도할 수 없는 절대적 권리로 여겨져서는 안 된다. 왜냐하면 언론도 하나의 행위이며 행위는 타인에게 영향을 미치기 때문이다. 위급한 상황에서 '부주의한 말이 생명을 해친다'라는 경구의 이면에는 타인의 생명이 곤경에 처해 있을 경우 언론의 자유에 지나치게 집착하지 말라는 합당한 교훈이다. 평상시에 천부적 권리로 받아들이는 언론의 자유를 포함하여 여타의 자유조차도 상황이 급격하게 변화하게 되는 경우에는 달리 파악될 수도 있는 것이다.

양도할 수 없는 권리와 최소 국가

'자연권'이라고 부르게 된 연유는 권리와 의무가, 사람들이 자의로 동의했기 때문이 아니라 그들이 인간이기 때문에 자신들에게 부여되었다고 믿는 데서 비롯된다. 그러나 이 점에서 천부적 자연권의 존재를 인정하는 것이, 반드시 권리가 양도할 수도 묵살할 수도 없고 불가침적인 것이라는 점을 인정하는 것은 아니다. 그러나 이 점에 관하여 노직Nozick은 더 극단적인 견해를 피력한 바 있다.

> 개인은 실지로 권리를 소유한 존재이며, 다른 개인 혹은 집단도 그 개인의 권리를 침해할 수 없는 것이다. 국가와 정부 관료들이 할 수 있는 일이 무엇이든지간에 그것에 관하여 개인이 의문을 제기할 수 있을 만큼 개인의 권리는 강력하면서 광범위하게 적용되는 것이다.[10]

노직의 입장은 천부적 자유권에 선행하는 특정권은 타인에게 복종할 것을 요구하는 규칙에 합의했을 경우에 한정된다는 하트의 주장과 일치하지 않는다.[11] 하트의 주장에 의하면 특정권은 사회의 구성원들이 인간관계 속에서 다른 구성원들에 대해 가질 수 있는 권리의 일종이다. 그러나 노직은 한 개인이 타인과의 정당한 사회관계 속에서 이익을 얻는 경우에 타인이 기여한 것에 대하여 보상해야 할 권리를 가질 수 있는지에 대하여 부정적이다. 또 노직은 타인이 이익을 얻지 못하는 경우에 타인이 그 개인에게 무엇을 요구할 권리가 성립하는지에 관해서도 의문을 제기한다. 그리고 다음과 같이 결론을 내린다.

> 공정성의 원리를 논거로 이러한 경우의 권리를 주장할 수는 없다. 당신이 나에게 무엇인가를, 예컨대 책 한 권을 준다고 하고 이에 대한 대가로 나에게서

무엇을 요구할 권리가 있다고 판단해서는 안 된다. 만약 나에게 책을 주는 당신의 행위가 당신에게 역시 이익을 준다 해도, 당신이 그에 대한 대가를 지불하라고 나에게 요구할 하등의 이유가 없다.[12]

노직은 개인의 권리를 침해하지 않고 국가가 할 수 있는 일은 거의 없기 때문에 개인을 보호하는 한정적 기능만을 수행하는 최소국가가 정당화된다고 주장한다. 비록 나는 그러한 방식으로 정당화되는 국가를 옹호하는 노직의 주장에 동의하지 않지만, 하트의 입장을 비판하는 그의 입장을 보다 심층적으로 검토할 필요가 있다고 본다.

공정성의 원리

하트는 천부적으로 부여된 자유권과는 달리, 자발적 행위로부터 야기되는 특정한 권리와 이에 상관된 의무가 존재하며, 정치적 의무는 이에 근거하여 사회관계 속에서 타인에게 복종할 의무가 발생하는 것과 유사하게 자신의 권리를 제한하는 것에 동의함으로써 성립한다고 주장한다. 노직은 자발적으로 그러한 사회관계를 수락하지 않는 사람들은 그 규칙을 따를 의무가 없다고 주장한다. 그의 예를 다시 들자면, 책 한 권이 자신의 의사와 관계없이 주어질 때 그들은 그 책값을 지불할 의무가 없고, 어느 누구도 그들에게서 돈을 받을 권리는 없다. 하트에 대한 노직의 비판은, 의무가 자발적인 의사에 기초하여 성립한다는 하트의 주장 때문에 타당한 것처럼 보인다. 그러나 내가 이미 지적한 바와 같이, 의무가 반드시 자발적인 것이 아니며 단지 우리가 마땅히 따라야 하는 것이라면, 그리고 의무를 회피할 수 없이 따라야 하는 이유가 정의로운 사회를 구현하

는 데 요구되는 사회적 협력이라고 본다면, 노직의 비판은 정당화
되지 않는다.

국가의 기능

나와 노직의 견해 사이에 일치할 수 없는 논점이 갈등으로 남는
다. 그 갈등은 국가가 외부의 공격에 대하여 개인을 보호하기 위해
서만 국가의 강제적 장치를 합법적으로 동원할 수 있다는 주장과
국가의 중요한 기능들 중의 하나는 국민들의 복리를 증진시키는 데
에 있다는 주장이 상반되기 때문이다. 재분배로 볼 수 없는 배상제
도는 제외하더라도 재분배는 그것이 어떤 형태를 띠더라도 여전히
개인의 권리를 침해하는 것이라는 주장과, 중요한 재화는 합당한
근거에서 평등하게 재분배하는 것이 정의 사회를 구현하는 중요한
요소가 된다는 주장은 상반된다. 이러한 견해 차이는 인간관, 사회
관, 그리고 권리를 이해하는 입장이 근본적으로 상이하기 때문에
야기된다. 그러나 한편에서 보면 노직이 주장하는 자유권을 소유한
개인이 존재할 수 있지만, 그런 개인이 자신의 목적을 달성하기 위
하여 타인과 자발적으로 연대하여 사회를 구성할 수도 없고, 그 사
회로부터 시혜施惠받을 수 없기 때문에, 어떤 권리도 존재하지 않는
다. 타인의 자유를 존중하는 계약을 통하여 사회를 구성하지 않기
때문에 사회로부터 어떤 시혜를 받을 수도 없다. 노직에 반대되는
견해는 사람을 사회적 존재로 보는 전제에서 자신들이 향유하는 자
유와 권리가 자신들이 복종해야 하는 의무처럼 정당화된다. 내가
보기에 개인의 불가침적인 절대적 권리를 논거로 하여 인간의 사회
적 상호의존성 때문에 개인적으로 합의에 근거하지 않더라도 필히
이행해야 하는 사회적 의무를 무시하는 노직의 입장은 동의하기 어

렵다. 그럼에도 개인의 권리가 아동 부양 의무를 이행했을 경우 성립한다는 역사적 사실을 통해서 개인의 권리가 과소평가되는 것이 아님을 알 수 있다.

권리가 갈등할 때 야기되는 문제

개인의 이익이 우선시되지 않는 경우가 있을 뿐만 아니라, 직관적으로 성립하는 많은 개인의 권리가 서로 갈등하는 상황이 발생하기 때문에, 개인의 권리가 절대 양도불가하고 절대 침범불가한 것일 수 없다. 벤Benn과 피터스Peters는, 기아상태에서 한 개인의 생존권이 타인의 재산권과 갈등하는 예를 들고 있다. 이를테면 파업권과 노동권, 대중이 거리에서 시위할 권리와 안전하게 장보러 가거나 평화롭게 공원을 산책할 권리간의 갈등은 공식적으로 인정된 논쟁이다. 벤과 피터스에 따르면,

> 사회적 규칙은 갈등상태의 주장들을 지속적으로 조정하는 과정 속에서 만들어진다. 절대적 자연권에 관한 이론은 그 과정을 현실적으로 불가능하게 만들 수 있다.[13]

절대적 권리가 성립한다는 것을 입증하기 위해서라면 권리가 적용될 수 없는 모든 예외적인 상황을 미리 명시해야만 할 것이다. 이런 맥락에서 우리가 절대적 생존권이나 자유권을 갖지 못한다는 주장을 하려는 것이 아니라, 이러이러한 경우 혹은 저러저러한 일이 생겨나는 경우를 제외하고 권리를 가질 수 있다는 점을 말하려는 것이다. 그러나 그러한 상황이 어떤 것인지 우리가 단지 그것을 미리 예측할 수 없을 뿐이다. 우리가 일반적으로 자유권을 갖는다고

주장할 수 있을지 모르지만, 좀 더 자세히 들여다보면 자유권이라고 하는 것이 우리가 법을 위반하고 우리의 자유가 타인의 자유와 상충될 때를 제외한 경우에만 성립하는 것임을 알 수 있다. 권리는 우리가 행사하거나 향유하도록 허용된 것이지만 우리가 향유하고 행사하는 내용이 상황의 변화에 따라 다양해지기 때문에, 우리가 그러한 구체적인 상황과 관계없이 권리가 무엇인지에 미리 선행적으로 일반화하여 명시할 수는 없다.

결   론

만약 '권리'가 사람들이 자신의 처지에 따라 어떻게 대우받는가를 가리키는 것이고, '보편적'이라는 의미가 어떤 특정한 사람이 아닌 모든 사람들을 위하여 고안된 것을 가리킨다면, 우리는 천부적 자연권을 가진다고 말할 수 있을지 모르지만, 같은 이유에서 자유권을 갖는다고 말할 수 없다. 자유는 선악을 마음대로 택할 수 있는 일종의 면허이기 때문에, 그리고 우리는 악한 행위를 할 권리가 없기 때문에 자연권으로서 자유권을 가졌다고 할 수 없다. 그러나 사람들은 자신의 행위를 제한할 정당한 이유가 없는 상황이라면 스스로 무엇을 할 것인가를 자유롭게 결정하도록 해야 한다는 전제는 성립한다. 자유를 제한하는 정당한 이유는 목하 문제가 되는 자유의 성격과 그 자유를 행사하는 구체적인 상황에 비추어 다양하게 변한다. 이 문제는 자유에 관한 많은 논쟁거리가 되어 왔으며, 사회의 구성원으로서 개인은 그 논쟁의 결과에 영향을 받을 것이기 때문에, 우리가 해야 할 것과 허용해서는 안 될 것이 무엇인가에 관한 논쟁에 참여할 권리를 갖는 것이라는 점을 지적하고자 한다. 개인은 중요한 존재이며, 자유와 권리를 논의하는 과정에서 개인의 견해와 이익은 타인의 것들과 마찬가지로 심각하게 고려되어야 한다. 그러나 우리가 일반적 토론에 참여하여 우리의 견해와 이익이 무엇이어야 할 것인가를 심각하게 고려할 권리를 갖는다고 해서, 이것이 곧 우리의 권리가 천부적 권리로 인정되는 이유를 제공하지 못한다는 점을 염두에 두어야 한다. 단지 우리의 견해를 개진하고 우리의 이익이 심각하게 고려되도록 허용되어야 한다고 말하는 것과, 그것이 우리의 권리라고 말하는 것은 단지 동일한 것을 말하는 두 가지 방식에 불과하다.

주석 및 참고문헌

1) 예를 들어, 스피노자에 따르면(정치학에 관한 논문, p. 16), '모든 자연물과 종국의 모든 개체가 갖는 자연권은 그들의 힘이 확장되는 만큼 확장된다. 그래서 어떤 개인이 무엇을 하든지 그것이 자연법에 따른 것이라면, 인간은 가장 최선의 자연권에 의해 행동할 수 있으며 단지 그의 힘이 뻗을 수 있는 만큼 자연에 대하여 권리를 갖는다.' 그리고 홉스에 의하면(인간과 시민, p. 115), '모든 사람이 올바른 이성에 따라 자신의 천부적 능력을 이용하기 위해서 가져야 하는 자유를 더 이상 권리라는 말 이외에 어떤 말로도 강조할 수는 없다.'

2) 예를 들어, 벤담에 따르면(*Collected Works*, p. 501), '자연권은 단지 난센스이다. 인간에게 천부적으로 부여된 절대적 권리는 수사적인 난센스이다. 허장성세로서의 난센스이다.'

3) H. L. A. Hart, 'Are There Any Natural Rights?' *Philosophical Riview* 64, p. 180.

4) Ibid, p. 181.

5) Ibid, p. 175.

6) Ronald Dworkin, *Taking Rights Seriously*.

7) Ibid, p. 271.

8) Ibid, Intro, p. xi.

9) Magaret MacDonald, 'Natural Rights'. in *Proceedings of the Aristotelian Soc.*, ⅩLⅧ, p. 225.

10) Robert Nozick, *Anarchy, State and Utopia*, Intro, p. ix.

11) Hart, op. cit, p. 185.

12) Nozick, op. cit, p. 95.

13) S. I. Benn and R. S. Peters, *Social Principles and the Democratic State*, p. 96.

아동의 자유권

아 / 동 / 의 / 자 / 유 / 와 / 민 / 주 / 주 / 의

아동의 자유권

앞 장에서 나는 우리가 천부적으로 부여된 절대적 자유권을 갖지 않는 반면, 우리 삶에 영향을 미치는 중요한 결정과 우리 사회를 어떻게 운영해야 하는가 하는 논쟁에 참여할 권리를 — 이러한 일에 참여하도록 허용되었다는 의미에서 — 가진다고 주장하였다. 하지만 이러한 논의에서 논쟁에 참여하는 '우리'가 누구인지 구체화하지 않았다. 이 장에서 권리소유자로서 아동이 과연 포함될 수 있는지, 만약 포함된다면 아동의 권리가 성인의 권리와는 어떠한 중요한 차이가 있는지에 대하여 고찰할 것이다. 아동의 권리는 혼선을 초래하고 의견의 일치를 보기 어려운 주제이며, 이는 권리에 관한 상이한 해석과 함께 아동이 어떤 처지에 놓인 존재인가에 관한 상이한 견해로 인한 것이다. 논점은 대체로 세 가지로 정리된다. 첫째, 권리 일반에 관한 문제로서 이는 이미 앞 장에서 살펴본 바 있다. 둘째, 아동이 권리를 가질 수 있는 존재로 볼 수 있는가에 관한 문제이다. 셋째, 아동이 권리를 갖는 존재라고 한다면, 아동이 어떤 권리를 가지는가에 관한 문제이다.

아동이 권리를 소유하는가 하는 질문에 대한 대답은 분명히 존재하지만, 그 권리가 무엇인가는 '권리'의 해석에 따라 다양하다. 만약 '권리'의 실체를 파악하는 일이 난센스여서 그 결과 권리가 실재하지 않는다면, 아동은 어떤 권리도 가질 수 없다. 하트의 말처럼,[1]

권리 소유의 전제가 권리 행사에 요구되는 선택 능력을 소유하는 데 있다고 한다면, 나이 어린 영유아는 권리를 가질 수 없으며, 기껏해야 좀 나이든 아동만이 권리소유자로서 배제되지 않는다고 할 수 있을지 모른다. 권리가 법적 요건을 갖추어야 하는지, 도덕적 명령을 가리키는지 아니면 이상적 열망에 관련된 진술인지에 관한 논쟁은 곧장 아동의 권리에 관한 논쟁으로 옮겨간다. 아동이 목하 문제가 되는 한, 권리를 향유하는 것과 권리를 행사하는 것(라파엘에 따르면 향유권과 행위권)2) 사이의 구분이 특히 중요하다.* 전자를 강조하는 사람들은 사랑, 가정, 장난감, 무상교육, 국적권 부여 등과 같은 일정한 복지 혜택을 아동의 권리로 파악한다. 아동에게 수여되는 복지혜택이 어떤 것이어야 하는가는 천차만별일 수 있으나 아동에게 필요한 재화를 공급하는 문제는 아동에게 정언적으로 요구되는 것을 강조한다는 점에서 차이가 없다. 하지만 후자를 강조하는 견해는 아이들이 자유롭게 투표하고, 실제로 돈을 벌 수 있고, 집을 떠나서 살 수 있으며, 실제로 성관계를 가져도 되는가 하는 문제에 관심이 있다. 이 관점을 받아들여도 실질적으로 어떤 것을 아동이 행사할 수 있는가 하는 견해 역시 천차만별이지만 아동을 자유롭게 행동하도록 한다는 점에서 별 차이가 없다. 그러나 예를 들어, 아동 권리에 관한 유엔헌장은 아동 권리를 향유권에 집중시켜 아동에게 어떤 행동을 하도록 허용할 것인가에 관해서는 전혀 언급하지 않았다.3) 웨어Where 4)에 수록된 아동권리의 기초헌장은 실정법상 권리를 벗어난다는 점에서 유엔헌장의 권리와 유사하지만, 유엔헌장보

---

* (역자 주) 라파엘Raphael이 향유권rights of recipience과 행위권rights of action 으로 구분한 논거는 본문에서 저자가 논의하는 논점과 다르다. 라파엘은 자연권의 맥락에서 홉스가 주장한 자유권의 성격으로 부각시키기 위하여 '행위권'을 설정하고, 이와 대비되는 '향유권'을 설정하였다. 이 구분을 흔히 수동적 권리passive rights와 능동적 권리active rights의 구분과 동일시하지만 반드시 일치하지 않는다. 역자의 "번역판 해설" 중 '권리' 부분을 참조하라.

다는 훨씬 더 행위권에 관한 아동의 권리가 많이 포함되어 있다. 이 두 선언은, 권리를 이상적인 열망 상태의 실현과 동일시하여 권리의 가치를 폄하한다는 주장에 의해 비판받을 수 있다. 논점은, 권리가 모든 상황에서 최우선적으로 존중되어야 하는 것이긴 하지만, 그 실체에 있어서 명백하고 한정된 것이라는 점이다. 권리는 언제 어디서든지 향유할 수 없는 것으로 인식되거나 혹은 미래의 불특정 시점의 개연성에 대비해야 할 바람직한 것이지만, 그렇다고 본질적으로 중요하지 않은 막연한 것으로 혼동해서는 안 된다.[5] 웨어지誌의 초안에 '권리'가 이와 같은 방식으로 확실하게 해석되고 있지 않음을 알 수 있다. 즉:

> 권리헌장은 법적 문서가 아니다. 권리헌장은 내일 일어나거나 일어날 수 있는 사건의 기록도 아니다. 그것은 세상이 어떻게 되었으면 하고 바라는 우리의 이상의 진술이다.[6]

물론 아동의 권리를 논의하는 많은 사람들은 이와 같은 방식으로 권리를 규정하지는 않는다.

나는 이미 앞 장에서 사람들이 권리를 가진다고 말하는 것은 그들이 어떻게 대우받아야 하는가 혹은 어떤 행동이 허용되는가에 관한 진술이라고 지적한 바 있다. 더욱이 개인이 특정한 대우를 받는 것은 그러한 대우를 받을 합당한 입장에 처해 있기 때문이지, 결코 그 개인이 남에게 어떤 결과를 야기할 입장에 처해 있기 때문이 아니다. 그리하여 만약 A가 고문 받지 않을 권리를 가진다고 말하는 것은, 그가 모종의 특혜를 향유하고 있다는 것을 말하고 있는 것이 아니라, 그가 단지 고문 받아서는 안 된다는 것을 말하는 것이다. 한편 B가 A를 고문할 경우, 그러한 고문을 해서는 안 되는 이유는

A가 지닌 특성, 이를테면 A의 인간존엄성이나 A가 고통을 견디어낼 수 없는 인간의 한계와 같은 특성 때문이다. B가 A를 고문해서는 안 되는 이유는 고문이 B가 A에게서 정보를 수집하는 데 고문 말고는 신뢰할 만한 방법이 없기 때문도 아니며, 고문하는 B가 더욱 냉혹한 인간으로 비추어지거나 고문 자체가 제3자인 C에게는 허용될 수 없는 성가신 일이기 때문도 아니다. 이하에서 아동의 권리를 언급할 경우, 아동의 권리는 아동의 중요한 몇 가지 중요한 특성과 이로 인하여 아동에게 미칠 영향을 고려할 때 아동이 어떻게 대우받아야 하는가 또는 어떠한 행위가 허용되는가 하는 방식에 비추어 언급이 되어야 한다. 이 책은 권리보다는 자유에 더 초점을 맞추고 있기 때문에, 저자는 아동의 향유권보다는 행위권, 즉 자유권에 집중할 것이다. 물론 향유권과 자유권이 완전히 동떨어진 것은 아니다. 때로는 행위권은 향유권이 존중되지 않는다면 공허한 무용지물이 된다. 또 어떤 경우에는 아동의 결정권이 보호받아야 할 권리와 갈등상태에 놓이게 된다. 그렇지만 특별한 경우를 제외하고는 내가 아동의 권리를 언급할 때, 아동이 무엇을 받도록 허용되었는가에 관한 것보다는 무엇을 하도록 허용되었는가에 대하여 고려할 것이다.

아동은 권리를 갖는가?

일반적인 의미에서가 아니라 아동의 권리에 관하여 한정될 경우 야기되는 첫 번째 질문은, 과연 아동이 권리를 가지는가에 관한 것이다. 성인의 권리와 아동의 권리 사이에 드러나는 차이를 인정하고 지나칠 것이 아니라 그것이 무엇인지 밝혀야 할 문제이기 때문에, 아동이 권리를 갖는가 하는 문제는, 성인은 권리를 갖는 데 반하여 아동은 왜 권리를 갖지 못하는가의 의문을 제기함으로써 접근할 수 있다. 이미 지적한 바 있듯이, 이 문제에 대한 해답은 '권리'의 용법을 어떻게 해석하느냐에 따라 판이하게 달라진다. 아동을 어떠한 방식으로 대우할 것인가를 보는 나의 권리 이해 방식은 그 자체가 아동 자신에게 모종의 영향을 주기 때문에 아동이 권리를 갖는다는 것은 명백하다는 것이다. 만약 아동의 권리가 성인의 권리와 다르다면, 그리고 아동의 자유가 성인에게 적용되는 자유와는 다른 방식으로 제한된다면, 그것은 아동과 성인 사이에 존재하는 합당한 차이에 기인한 것이며, 성인들의 편의에 따라 자의적으로 아동을 다르게 취급할 수 있기 때문이 아니다.

권리와 의무

이미 언급한 바와 같이, 하트의 이론은 어린 아동을 권리의 소유자로 보는 견해를 원천적으로 배제한다. 이와 유사한 또 다른 견해는, 권리는 책임과 의무를 이행할 수 있을 때 성립하는 것이며, 따라서 아동은 책임과 의무를 이행할 수 없기 때문에 권리를 주장할 수 없다는 견해이다. 그러나 비록 권리와 의무가 짝을 이루는 상관개념이라 할지라도, 단지 의무를 이행하는 자만이 권리를 가질 수 있다는 의미에서 상관개념이 성립하는 것은 아니다. 그 관계는, 우리가 의무를 이행했기 때문에 권리를 수혜받는 것이 아니라, 어떤 사람의 권리가 타인의 의무와 상관이 있기 때문에 성립한다. 자신의 권리를 존중받기 원하는 사람은 타인에 대한 의무를 이행함으로써 자신의 권리를 존중해야 하지만, 자신의 의무 이행에 대한 보상으로서 권리가 주어지는 것이 아니다. 물론, 주말 근무자가 주말 수당을 받을 권리 등과 같이 특별한 의무를 이행함으로써 파생되는 특정권이 있다. 이 권리를 갖지 못한 사람은 수당을 받을 자격이 없다. 아동은 의무를 이행하지 않기 때문에 권리를 가지지 못한다는 주장은, 아마도 아동이 성인과 똑같은 의무 이행 책임이 없기 때문에 이에 상응하는 성인의 특정권을 갖지 못한다는 주장보다 훨씬 뒤떨어진 주장이다. 이를테면 만약 아동이 집세, 주거관리비, 생계 유지 등에 대한 지불능력이 없다고 하면, 해리스Harris가 주장한 것과는 반대로,[7] 아동은 법적인 일체의 소유권이 없는 것이다. 그러나 아무리 그렇다 하더라도, 우리가 확실하게 알 수 있는 것은, 특정권을 수혜하는 것은 관련된 특정 사안에 대한 의무 이행에 상응하는 것임을 가리키며, 이러한 특정권 소유 여부가 아동이 권리를 전혀 갖지 않았다는 것을 보여주는 것은 아니다. 아동이 책임과 의무를 짊어지지 않는 것이 비록 사실이라 하더라도, 그것이 곧 아동이 권리를 소유하지 않는다는 것을 의미하지 않는다.

아동의 권리: 가족의 일원으로서 공유하는 권리

아동이 개인으로서 권리를 가지는 것이 아니라, 가족 구성원간의 이해 갈등이 없다는 가정 아래서 가족의 한 구성원으로서 아동이 권리를 갖는다는 주장이 종종 대두된다. 이 견해를 받아들인다고 해서 부모를 반드시 중요한 가족의 구성원으로 여긴다거나 부모에게 아동의 권리를 양도하는 견해가 반드시 성립하는 것이 아니다. 그러나 아동을 양육함에 있어 부모에게 외부의 간섭을 배제한 최대한 자유를 허락함으로써 아동의 복리福利가 증진된다면, 구성원간의 이해 갈등이 없는 가족이라는 전제 속에서 부모에게 많은 권한을 부여하게 된다. 가족의 이익이 남편과 아버지의 이익과 동일하다고 여기는 가족관은 한때 여성해방에 반대하는 사람들에게 인기가 높았다. 가부장이 연약한 가족 구성원을 보호한다는 논리는 그들의 독립성을 부정하고, 기껏해야 가족에 대하여 경제적이고 교육적인 우위를 점하고 있을 뿐인데도 여타의 법적 권리를 가족 구성원에게 행사하는 데 적용되었다. 한 개인에게 타인의 가치good에 전적으로 의존하기보다는 적절하고 인간적인 대우를 더 많이 하게 되면 자립의 기회가 더욱 보장되는 것이 명백하기 때문에, 가부장의 연약한 가족 구성원 보호 주장은 요즈음 가장 미약한 논거이다. 아동이 필요로 하는 것을 가족이 충족시켜 주지 못하는 경우와 또한 필요에 따라 부모로부터 적절한 보호를 받게 하거나 반대로 부모로부터 격리시켜야 한다는 데에 대한 명백한 증거가 있는 경우에도 불구하고, 가부장의 연약한 가족 구성원 보호 논거는 아동 문제에 있어서 여전히 유효하다. 예를 들어, 아동은 권리를 필요로 하지 않는다는 견해를 가진 버트Robert Burt는 다음과 같이 말한다.

> 국가 공권력이 부모를 강제할 경우 아동에게 '권리'를 부여하게 되면 아동은 적절한 보호를 온전하게 받을 수가 없게 된다. 제 권리를 부모에게 부여함으로써 아동은 비로소 보호를 받을 수 있게 된다. 오늘날 아동 권리 운동은 이와 같이 가정의 명백한 진실을 무시하고 아동 최선의 이익에 오히려 해를 주는 위험에 빠져 있다.[8]

버트의 주장은 아동의 권리를 주장하는 것은 개별 아동을 보다 융통성 있고 온정적으로 대할 수 있는 상황을 법적이고 경직되게 한다는 것이다.

가족과 국가

버트의 '국가 공권력' 언급은 다른 차원의 논쟁을 일으킨다. 즉 아동과 성인 두 집단간의 권리와 의무 논쟁이 아니라, 성인이 부모와 국가로 나뉘게 된다는 점이다. 부모와 국가는 모두 아동 최선의 이익을 위하여 행동할 권리를 주장할 수 있다. 부모는 외부의 간섭 없는 자유로운 상태에서 할 권리를 주장하고, 국가는 방임과 학대로부터 아동을 보호하고 아동에게 교육받을 권리를 보장해야 한다고 주장할 수 있다. 버트가 보기에, 아동이 만약 법적 실행력이 있는 권리를 가진다면, 그 권리는 부모를 대신하여 국가가 실행할 수 있는 것이지만, 이것은 필경 아동이 가장 필요로 하는 부모와의 친밀한 관계 유지를 파괴한다. 이렇게 말하면서, 버트는 '그는 항상 자신의 권리를 대변한다' 혹은 '그녀는 자신의 권리를 안다' 등의 일상적인 진술 속에 암시되어 있는, 즉 권리를 아는 것과 권리 주장은 다소 공격적이고 어색한 상황 속에서 연출된다는 권리에 관한 일반적인 인식임을 강조하고 있다. 행복한 가족과 좋은 친구를 얻는 것은 권리 청구에 의존하지 않기 때문에, 권리를 언급할 때 반드시 파악해야 할 핵심은 인간관계가 붕괴되는 상황이 연출되는가 하는 점이다.

아동의 권리를 인정하는 것이 가정생활에 대한 법정 소송과 국가 개입으로 이어진다는 우려가 있지만, 종종 사람들이 자신의 입장에서 권리를 청구하는 일은 주로 마지막 수단으로 강구된다. 여성의 권리를 수용하는 것이 과거 자신의 권리를 지각하던 선구자들이 모험을 감행하였던 영역을 이제 거북스럽지 않은 일상으로 여겨지는 것과 같은 방식으로, 아동의 권리를 일반적으로 인정하는 것은 강압에 직면하여 행동하는 예외적인 현상으로 여겨질지도 모른다. 이상적인 세계에서는 성인의 권리를 선언할 필요도 없고, 심지어 살인에 대한 입법도 필요 없다는 점을 염두에 둘 필요가 있다. 그러나 좋은 가족관계 속에서는 아동의 권리 주장이 필요 없다는 것을 근거로 아동을 권리소유자로서 배제해서는 안 된다는 점이다. 애석하게도 세상의 모든 가족이 행복한 것은 아니며, 비록 가족분쟁에 국가가 개입하는 것이 가장 바람직한 상태는 아닐지라도, 이것이 아동이 억압당하는 그 자체보다 더 나쁘지는 않다는 것은 명백한 사실이다.

아동은 권리를 필요로 하지 않는다는 버트의 주장 이외에도, 내가 언급하고자 하는 권리소유자로서의 아동을 부정하는 또 다른 주장은 '권리 소유'에 관한 독특한 해석에 기인한다. 이 주장은 '만약 권리를 소유하는 것이 X를 필요로 한다면, 아동은 권리를 소유하지 않는다'의 형태의 진술로 정확하게 문장을 재구성되는 바, 내가 비판하고자 하는 논점은 '권리 소유'는 그러한 전제를 필요로 하지 않는다는 점이다. '권리'에 대한 나의 입장은 아동을 어떻게 대우하는가 여부가 다른 사람이 아닌 바로 아동 자신에게 영향을 주기 때문에 아동이 권리를 소유한다는 점이다. 그러나 권리의 의미가 광범위하고 다양하기 때문에 아동이 권리의 소유자라고 말하는 것은 거의 아무것도 말하지 않는 것과 같다. 고려해야 할 중요한 질문은 아동이 어떤 권리를 갖는가 하는 것이며, 이에 답하기 위하여 성인이 아동에 대해 어떤 권리를 가지는가를 우선 살펴볼 필요가 있다.

성인이 아동을 위하여 의사결정을 할 권리와 아동의 자유를 제한할 권리를 소유하는가에 관한 질문은, 성인이 부모와 그 이외의 사람들(대개 국가와 국가기관들)로 나누어진다는 사실에 의해 보다 복잡한 양상을 띠게 된다. 부모건 국가건간에 양자는 아동을 위한 의사결정을 할 권리와 어쩔 수 없는 경우에는 아동의 자유를 제한할 수 있는 권리를 청구할 수 있다. 종종 누가 그러한 권리를 가지는가에 대해 논쟁이 벌어지긴 하지만, 가장 먼저 고려해야 할 문제는, 부모가 그 아동을 위한 결정권을 가지는가에 있다. 이 문제의 초점은 권리 주체가 국가보다 부모가 우선하는지 여부에 있는 것이 아니라,

부모는 이러한 권리를 소유하고 이에 따라 자녀인 아동은 부모에게 복종의 의무를 가지는지에 대한 여부에 있다. 부모 자신 혹은 타인을 위해 아동의 권리를 제한하는 경우가 아니라고 할지라도, 부모가 자녀의 권리를 제한하는 행위는 도덕적으로 아무 문제가 없을 수 있지만, 좋은 결과를 야기한 경우조차도 부모에 의해 금지되었다는 사실 때문에 나쁜 것으로 평가될 수도 있다. 아동의 자유를 제한하는 부모의 권리는 본드를 흡입하는 행위나 새벽에 트럼펫을 연주하는 것과 같은 반사회적 행위에만 적용되는 것이 아니라, 공원에서 축구를 하거나 오케스트라 단원으로 가입하는 것과 같은 사회적으로 전혀 해가 되지 않는 행위에까지 적용된다. 심지어 부모는 자신이 자녀에게 취한 조치에 대하여 이유를 댈 필요조차 없는 경우도 있다. 즉 부모의 요구라는 단순한 사실만으로도 부모의 제한은 정당화될 수 있다. '내가 아이에 대하여 이런 말을 했기 때문에'라는 말 자체만으로도 아동의 자유를 제한하는 좋은 이유가 될 수 있다.

아동의 도덕적 지위

린지Colin Wringe에 따르면, 아동의 도덕적 지위가 무엇인가에 관한 물음은, 성인이 아동에 대하여 어떤 권리를 가지는가의 문제에 답하기 위하여 근본적으로 요구된다. 그에 따르면 이 문제는 다음과 같다.

> 아동이 독립적인 존재로서 순전히 실제적인 이유에서 상당기간 타인의 통제를 받고 보호 상태에 있어야 함에도 어느 정도 자율적인 존재로 허용되어야 하는가 하는 문제, 이것이 아니라면 아동이 어떤 의미에서 보면 성인의 권위에 본래적으로 종속된 존재인가 하는 문제이다.[9]

그는 전자의 입장을 취하는데, 그 이유는 아동이 스스로 선택한 행위(그 행위가 그릇된 경우를 제외하고는)를 영위할 자유와 권리를 갖는다는 것에 반대하는 기존의 전통적인 주장들이 설득력을 갖지 못하기 때문이다. 왜 부모가 아동으로 하여금 자신에게 복종하도록 할 권리를 가져야만 하는가에 관한 이전의 낡은 생각은, 부모가 아동에게 생명을 주었다는 논거에 기인한 것이었고, 심지어 이 논거는 부모가 자녀의 생명을 빼앗을 권리를 가졌다는 주장을 성립시키기도 하였다. 로크는 무엇인가를 제공하는 행위는 이를 다시 되돌려 받을 권리를 논리적으로 전제하지 않는다는 이유에 근거하여 이러한 낡은 아동관을 비판하였으며, 또한 만약 생명을 제공하는 것이 자녀들로부터 복종을 받을 권리를 아울러 수반한다면, 그것은 부모가 생존하는 한 지속될 것이고, 그러면 아마도 그 자녀가 성인이 되어 자신의 자녀들에게도 똑같은 주장이 이어질 것임을 지적하였다. 하지만 이러한 맥락에서 보더라도 자녀가 부모가 된 경우에도 자신들은 여전히 자신들의 부모에게 예속된 존재이기 때문에 어느 누구도 자신들의 자녀에 대하여 절대적인 권위를 가질 수 없게 된다.[10] 로크는 자녀로부터 존경받을 부모의 권리를 인정했지만 이 권리가 곧 자녀에게 힘을 행사할 권리와 동일한 것은 아니라고 하였다.

> 당신의 부모를 공경하는 것이 전제적인 힘에 대한 절대적인 복종을 의미하는 것은 아니다. 하지만 … 어떠한 실정법이 아동에게 자신의 부모를 공경하지 않을 자유를 줄 수 있겠는가? 이는 순수하게 부모와 아동의 관계에 있어서 영속적으로 성립하는 도덕률이며 여기에는 어떤 실정법의 영향이 미칠 수는 없다.[11]

오늘날 부모는 자녀의 생명을 빼앗을 권리를 가지고 있다고 주장하지 않는다(비록 부모가 자녀의 생명에 위협을 주는 어떤 의학적 치료를 거부할 권리를 과연 가지고 있는가에 관한 논쟁들이 있긴 하지만). 자녀에 대하여 자신에게 복종할 부모의 권리문제로 종교, 교육, 취업 및 결혼과 같은 중요한 문제가 가장 빈번하게 제기되기도 하지만, 때로 심한 경우에는 아동 자신의 복리 증진과 관련 없는 맥락에서 부모의 취향에 따른 자녀의 복종 문제가 제기되기도 한다. 내가 보기에 부모가 자녀의 삶을 결정하거나 자녀의 자유를 제한하고 순종을 기대하는 것과 같은 권리들은 존재하지 않는다. 그러나 부모가 자녀의 이익을 증진하기 위하여 자녀를 대신하여 사안을 결정한다는 것은 이치에 맞는다. 부모가 자녀에게 복종하도록 할 권리를 갖는다는 것을 주장하려면 자녀들이 스스로의 힘으로 사리에 맞는 결정을 내릴 능력이 없다는 것을 입증할 필요가 있다. 즉 스스로의 힘으로 사리에 맞는 결정을 할 수 없는 사람들은 자신 이외의 타인이 그들을 위해 현명한 결정을 내리도록 해야 한다는 것과, 그 결정을 내려야만 하는 타인이 곧 아동의 부모라는 것을 함께 입증할 필요가 있다.

성인의 능력에 견주어 아동의 능력을 가늠하는 문제는 이어지는 두 장에서 권위적 간섭주의paternalism에 관한 논의가 이루어질 때까지 잠시 접어두기로 하고, 내 입장을 말하자면 이상에서 언급한 견해는 부모의 권리에 속하는 문제가 아니라 무능한 사람이 복종해야 할 식견 있는 사람의 권리를 전제로 해서 끌어낸 논점이다. 명백히 이런 경우가 아니라면, 자녀가 자신에게 복종해야 할 부모의 권리는 아동이 비합리적이거나 무지하기 때문에 정당화되는 것이 아니라 그들이 단지 아동이기 때문에 정당화되는 것이라고 생각할 수 있다. 그렇다면 이 경우 아동은 가장 어리석은 형태의 성인과도 구분되는 별개의 존재로 인식되어야 한다.

아동은 인격체인가 소유물인가?

어떤 의미에서든 아동이 인격체가 아니라는 관점은 종종 아동을 부모의 소유물로 보는 믿음을 동반한다. 이러한 견해는 아동의 자유와 권리, 가족문제에 대한 국가의 개입에 대한 적대적인 태도에서 찾아진다. 이러한 태도는 차분하게 논의되지도 않은 채, 기정사실로 받아들여져 왔다. 그러나 만약 이 주장에 대한 반증이 요구되는 상황에서, 사람은 소유물이 아니라는 직관적인 반론만으로는 충분하지 않다면, 부모가 자녀를 지배할 권리를 갖는다는 주장을 비판한 로크조차도 부모를 소유물로 보는 견해에 동조한 꼴이 된다. 만약 자녀를 생산하는 일이 자녀를 소유하는 것을 가리킨다면 부모의 소유권은 부모가 사망할 때까지 또는 부모가 이를 자발적으로 포기할 때까지 지속된다. 따라서 노령의 부모가 중년이 된 자식을 소유하는 경우가 어색한 것처럼 부모는 자신들보다 어리다는 이유로 자식을 소유할 수 있다는 견해도 어색하기 짝이 없다. 아동을 소유한다는 태도는 다음과 같이 언급한 밀에 의하여 비판받는다.

> 사람은 자신의 자녀가 비유적인 의미에서가 아니라 문자 그대로 자신의 일부분이라는 가정에 거의 동의하기 때문에, 자녀에 대한 법적 간섭을 최소화하려는 부모의 경계심이 자신의 절대적이고 배타적인 통제력과 함께 증가한다.[12]

밀은 아동권리를 우선시하는 선봉장이 아니었고 아동이 성인의 자유를 공유해야 한다고 생각하지도 않았다. 하지만 그는 자녀의 삶을 통제하는 부모의 자유가 기본적 자유로 보장되어야 한다고 생각하지 않았다.

아동을 부모 또는 국가의 소유물이 아니라, 스스로 의사결정을 할 수 있는 인격체로 대하여야 한다는 신념은 1960년대 출현했던 아동권리운동의 중요한 신조 중 하나였다. 아동을 소유물로 대하는 것에 대하여 린지는 다음과 같은 수사를 들어 비판한다. 그에 의하면 비록 우리가 소유하고 있는 재산에 대하여 어떤 제재를 가하는 법이 존재할지라도, 이러한 법적인 제한은 소유권자의 이익이 되기 때문이 아니라 타인의 이익을 도모하기 때문에 부과된다.[13] 같은 맥락에서, 우리 아동에게 부과하는 제한은 아동의 이익에 부합된다고 주장하지만, 사실은 그렇지 않기 때문에 린지가 내린 결론은 아동을 소유물로 취급해서는 안 된다는 것이다. 그러나 비록 아동이 텔레비전이나 애완견과 같은 소유물로 취급되어서는 안 된다고 인정하더라도, 문제는 여전히 남는다.

부모에게 자녀를 부양할 것을 규정한 초기 입법은 아동의 이익을 위해서가 아니라, 아동의 양육을 담당하던 교구parish의 부담을 덜어주기 위하여 취해진 조치였다. 비록 우리가 현재 학대, 방임으로부터 아동을 보호하고 그들을 교육하기 위한 입법을 추진하여 왔지만, 이러한 법들이 처음에 도입되었을 때 가정사를 침범하고 부모의 자녀에 대한 통제를 무력화시킨다고 비판받아 왔다. 부모가 자녀에 대한 자유를 제한하는 경우는 자녀의 행동이 자녀의 이익을 증진시키고 타인에게 해를 주는 경우를 막는 경우에만 국한되는 것이 아니라 자녀의 자유로운 행동을 어른들이 용납하지 않는 경우에도 해당된다. 이 경우 부모의 자의적인 금지나 통제 행위는 '아동의 이익'과 '타인의 피해를 방지하기 위해'라는 표현을 통하여 포괄적으로 받아들여질 수도 있다. 따라서, 자녀가 부모의 소유물에 불과하다는 극단적인 견해가 거부된다 하더라도, 자녀가 스스로의 생각에 따라 자율적으로 스스로의 삶을 이끌어 가는 개인으로 보기보다는 부모의 애정 속에서 부모에게 응석을 부리는 소유물에 버금가는 존재로 자녀를 보는 견해가 인정되는 것은 사실이다.

부모의 권리

확고한 자유주의자였던 밀도, 부모는 자녀의 교육과 양육 이상의 자유를 가지지 못하며 또 자녀에 대하여 부모의 권리보다는 의무를 더 강조하였다. 그렇다 하더라도, 당시에 국가는 가정사에 간섭해서는 안 된다는 주장이 우세하였고, 오늘날에도 이 논점은 자유주의 맥락에서 유효하다. 자유주의자들은 자신들이 인식하지는 않지만, 사실은 딜레마 상황에 빠져 있다. 그 딜레마 상황이란 자유주의자들이 한편으로는 타인의 강요 없이 스스로의 통제에 의하여 결정된 삶을 선호하면서도, 다른 한편으로 성인인 부모가 자신의 자녀를 국가의 간섭 없이 양육하는 것이 자신들이 가치롭다고 여기는 자유의 실현이라고 보는 것이다. 자유주의자들은 부모의 자유가 결국 억압의 형태로 자녀들의 자유를 실질적으로 제한한다는 것을 인정하지만 국가 개입이 실질적으로 아동의 자유를 신장시킬 수 있다는 점을 인정하지 않는다. 부모와 국가 중에서 누가 아동 최선의 이익을 결정할 권리를 가지는가에 대한 논쟁이 이루어지는 동안 정작 아동 자신의 의견은 항상 간과되어 왔다.

아이를 출산하여 양육할 권리는 가장 기본적인 권리이며 이는 아동 최선의 이익이라는 관점에서 간과되어서는 안 된다.[14] 그러나 나는 우리가 아이를 출산하고 양육할 권리를 가졌다는 사실을 이해하는 두 가지 방식간에 혼선이 있음을 지적하고자 한다. 우리는 아이를 출산하고 양육할 권리를 가졌지만, 그 권리는 결혼할 권리를 갖는 것과 동일한 방식으로 정당화되는 권리가 아니다. 우선 우리가 결혼하고자 한다면, 국가는 우리의 결혼을 방해해서는 안 된다. 결혼과 마찬가지로 아이를 갖는 것은 이에 대한 권리를 가진 타인(배우자, 국가)과 관련이 있다는 사실에 비추어 결혼할 권리와 출산·양육할 권리는 동일한 방식으로 이해될 수 있다. 하지만 어느 누구도 우리가 결혼하고자 하는 상대방의 의사와 관계없이 그 상대방과 결혼할 권리를 가진다고 주장할 수 없다. 이와는 달리 부모는 자신이 원하는 대로 국가의 간섭 없이 자녀를 양육할 수 있을 뿐만 아니라 이 관계에서 당사자인 아동의 의사를 묻지 않아도 된다는 주장을 한다. 이혼이 증가하고 이에 따른 양육의 문제가 대두되면서 자녀가 어디서 누구와 함께 살아야 하는가를 결정하는 것과 같은 중요한 문제는, 자녀에 대해 누가 권리를 갖는가가 아니라, 자녀가 실질적으로 무엇을 원하는가 아니면 자녀에게 최선의 이익이 되는 것은 무엇인가에 관련된 것이어야 한다. 만약 자녀가 부모의 이혼 문제에 대하여 이해할 수 있고 자신의 합당한 견해를 밝힐 수 있는 충분한 연령에 도달했다면, 부모 중 한 사람 또는 다른 친권자가 그 자녀에 대한 권리를 가진다는 이유로 해당 아동의 견해를 파기해서는 안 된다. 아동의 복리는 한 사회의 혹은 당사자 개인의 유일한 관심사는 아니지만, 가장 우선적으로 고려되어야 할 문제이다. 이혼과 같은 불행한 사건의 해결을 위하여 당사자인 자녀와 부모 중 어느 한 쪽에서 결정을 내려야 한다면, 이 경우 자녀에 대한 부모의 권리를 근거로 하여 일방적으로 성인 쪽의 편을 들게 해서는 안 된다.

보호, 생활지도, 그리고 아동의 이익

성인이 아동의 의사를 무시하고 자신이 아동을 대신하여 결정하는 것을 정당화하는 논거가 아동을 보호하고 생활지도를 통하여 통제함으로써 그것이 아동의 이익이 증진된다는 데에 있다고 한다. 만약 그렇다면, 성인이 아동에 대하여 갖는 어떠한 결정권도 아동의 이익을 실질적으로 증진시키는 범위에 국한되어야 하며, 이 범위 안에서 생활지도와 보호도 불가피한 필수요인으로 제한되어야만 한다. 성인의 권리가 아동의 이익을 증진시키는 것과 상관없이 아동에 대하여 마구잡이로 확대되어서는 안 된다. 그렇기 때문에 아동 최선의 이익이 무엇인가, 그리고 아동이 자기결정과 관련된 문제를 완전히 이해할 수 있는 능력을 가지고 있는가 하는 문제는 면밀하게 검토되어야 한다. 이와 관련된 상황이 아무리 복잡하게 전개되더라도 이를 해결하는 원칙은 간단하다. 만약 아동이 위험한 상황을 파악하지 못하고 또 그 해결책을 인식하지 못하기 때문에 성인이 아동을 대신하여 아동을 위한 결정권을 가진다면, 그것은 성인이 아동 최선의 이익을 도모하도록 하는 것이어야 한다. 이러한 경우, 성인의 경우도 마찬가지이지만, 두 가지를 만족시켜야 한다. 첫째, 아동이 당면한 문제를 이해하고 자신의 이익이 무엇인지를 정확하게 파악할 수 있게 된다면, 아동에 대한 성인의 권리 행사는 즉시 중지되어야 한다는 것이다. 둘째, 아동을 위한 성인의 결정이 당연히 아동의 이익을 증진시켜야 한다는 관점에서, 그것은 결코 성인의 편의를 위하여 자의적으로 이루어져서는 결코 안 된다는 점이다.

아동은 성인과 동등한 권리와 자유를 가져야 하는가?

아동이 소유물이 아니라 자신만의 목적과 그에 따른 계획을 수립하는 인간이라면, 성인처럼 자유롭게 자신들의 계획을 실행하는 데에 어떤 제약이 따르는가에 대한 근거를 댈 수 있어야 한다. 앞서 언급한 바와 같이, 아동의 권리가 성인의 권리와 다르다면, 거기에는 아동과 성인간에 합당한 차이가 있어야 하는 것이며, 이 경우 먼저 어떤 연령을 기준으로 하여 그 차이를 합당한 것으로 볼 수 있는가 하는 문제이다. 일견 연령의 차이만이 아동과 성인간에 차별적 대우를 정당화할 것 같지 않다. 성별 혹은 인종과 마찬가지로 연령은 개인이 통제할 수 없는 특성이긴 하지만, 연령은 여타의 영역에서도 상호간의 차이에 동의할 수 있는 중요한 특징이다.

성인이 아동의 자유를 제한하고 아동의 권리를 성인의 권리와는 상이하게 제한하는 논거는 아동의 연령이 적다는 데에 있는 것이 아니라 아동이 의존적이고 책임을 질 능력과 합리적인 판단능력이 결여되어 있다는 데서 정당화된다. 하지만 성인들도 모두 다소간 타인 의존적이다. 특히 노인과 장애인의 경우는 매우 의존적이다. 그렇지만 노인과 장애인의 자유권이 다른 성인의 권리와 달라야 한다고 주장하지는 않는다. 오히려 무책임하고 비합리적인 특성은 종종 성인에게서도 발견된다. 이런 맥락에서 무책임하고 비합리적인 특성이 자유를 제한하는 합리적인 근거가 된다면, 자유를 제한받아야 할 성인은 무수히 많다. 해리스의 말에 의하면:

> 만약 통제받지 않을 자유와 완전한 정치적 지위의 획득이 일정 정도 이상의 능력을 획득하는 것에 따라 규정된다면, 어떤 사람은 일정한 능력을 소유하는 순간부터 바로 정치적인 지위와 자유를 획득하게 되며, 그러한 능력을 획득하지 못한 사람들은 그 순간부터 어떤 자유와 정치적 지위도 획득할 자격이 없게 된다.[15]

해리스의 결론은 우리가 가진 능력 때문에 정치적 자유를 포함한 여타의 자유를 향유할 자격을 가지는 것이 아닌 것과 같이, 아동의 능력 결핍을 근거로 하여 아동이 통제로부터 벗어날 자유가 없으며 아동을 대신하여 투표할 권리를 갖는다고 할 하등의 이유가 없다는 것이다. 만약 우리가 이와 같은 능력기준을 성인에게 더 엄격하게 적용하지 않으려면 우리는 오히려 선거연령을 더 낮추거나 연령제 한을 폐지해야 하는 것은 아닌지 고려해야 한다.

아동이 선거와 여타의 성인 활동에 참여할 능력을 갖추고 있는 경우,[16] 심지어 그 능력의 검증 여부에 관계없이 아동 자신이 감당할 수 있다고 스스로 판단하는 경우에, 아동도 당연히 성인 활동에 참여토록 허용해야 한다는 주장이 제기된 바 있다. 이러한 견해를 반박할 결정적인 논거는 없지만, 성인에게 적용하지 않는 제한들을 아동에게도 마찬가지로 적용하지 않고 아동을 자유롭게 해야 한다는 주장에도 고려해야 할 몇 가지 긍정적인 논점이 있다. 만약 아동이 실제로 선거에 참여하고, 성인처럼 성생활을 누리며, 경제적인 이유에서 노동에 참여하고 등교여부를 스스로 선택하도록 허용된 상황이라 하더라도, 아동의 그러한 선택이 성인의 조종이나 강요에 의하여 이루어지지 않았는가를 먼저 고려해야 한다. 아동은 적어도 성인보다 열세이고 자기 의견을 제대로 개진할 수 없다는 그 이유 때문에, 아동은 성인에 의해 강요당하거나 조종당하기 쉽다. 아동에게도 성인의 권리를 공유할 수 있도록 허용해야 된다고 주장하는 홀트Holt는, 아동에게 선거권과 성인이 누리는 여타의 자유를 허용하는 사회는 성인이 아동을 조종하거나 강요하지 않는 사회이어야 한다고 주장한다.[17] 하지만 저자가 보기에 이 주장은 만족할 만한 주장이 아니다.

사회가 아동을 매우 불공정하게 대우한다는 근거에서 그 사회를 혁신적으로 새로 조직해야 하며, 이에 따라 새롭게 조직된 사회에서 모든 성인의 사고방식이 근본적으로 변화되어야 한다고 주장하는 것은 어리석은 일이다. 오히려 루소가 권고하는 바와 같이 인간을 존재하는 그대로, 법을 인간이 존재해야 할 형태로 이해하는 것이 더 현명하다. 애석하게도 어떤 성인은 아동의 이익에 반하는 방식으로 아동을 이용하며, 이러한 상황을 개선하는 실정법을 만든다고 해도 이들이 개선될 수 있는 것은 결코 아니다. 우리는 이미 사형제도를 폐지했지만 사람들은 여전히 살인범을 재판하는 과정에서 피고인을 비난하면서도 사형제도의 폐지가 살인범의 범행 동기를 필연적으로 낮추지 못했음을 알고 있다. 이와 유사하게, 우리가 성인의 의결권과 여타의 권리를 아동에게 확대한다 해도, 이것이 곧 필연적으로 성인의 아동관을 아동이 성인과 동등한 선택권을 가진 개인으로 취급해야 한다고 보는 관점으로 변화시키지 못한다. 홀트의 보고에 의하면, 많은 수의 부모가 여전히 자녀를 잔인하게 대하고 또 악의적으로 대하거나 살해 또는 유기한다고 한다. 또 홀트에 따르면 자녀에게 선거권과 노동을 허용할 경우 선거에서 특정인 지지를 강요하며 부모가 자녀의 노동력을 착취하는 것에 대한 성인들이 드러낸 반감은 '건성으로 반응하거나 위선적인'snobbish[18] 감정의 표출에 불과했다는 것이다. 부모의 반응에는 일관성이 없다. 아동의 권리와 자유가 확대되는 것을 진정으로 원한다는 부모가 정작 하고 있는 일은 아동을 실질적인 자유가 보장되지 못한 상황에 내버려두어선 안 된다고 하면서 공공연하게 아동들에게 자신의 영향력을 행사하는 것이다. 아동에게 행사하는 성인 권리의 전반적인 확대는 아동이 스스로 이해할 수 없는 몇 가지 자유를 아동에게 실질적으로 제공해야 하는 경우와 아동을 악의적으로 착취하기를 원하는 성인으로부터 아동을 안전하게 보호할 수 있을 경우에만 정당화된다.

이해 능력과 행위권

'이해'의 개념이 아동의 권리문제와 관련하여 의미를 갖는 것은 우리가 X를 할 권리를 갖는다고 할 때 그것이 우리가 인지적인 능력을 통하여 X를 선택하여 X를 하도록 허용된 상황을 지칭하는 경우에 한정된다. 즉 우리가 어떤 행위의 의미와 그 행위를 선택했을 때 수반되는 의미를 전혀 이해하지 못한다면 그 행위를 합당한 절차에 따라 선택했다고 할 수 없다. 만약 아동이 성인처럼 권리를 도맡아서 우리 사회가 나아갈 방향에 대하여 논의를 자유롭게 할 수 있다면, 아이들은 성인이 행사하는 권리가 무엇이며 이와 관련된 사회적 쟁점이 무엇인지를 정확하게 이해하여야 할 것이다. 아이들이 가출이나 투표의 여부, 그리고 성인들과 성관계 여부를 자발적으로 결정하는 것은 임의적인 선택행위가 아니라는 점을 이해할 필요가 있다. 예컨대, 투표라는 것이 단순히 후보자 이름에 기표하는 무작위 선택 행동이 아니라는 것을 반드시 인식하여야 할 것이다. 투표는 어떤 의미를 지닌 행위이다. 투표의 모든 정치적 의미를 반드시 알 필요는 없지만, 만약 어떤 사람이 기표행위의 진정한 의미를 이해하지 못한다면 그들은 투표를 하고 있는 것이 아니다. 그래서 우리가 아이들을 투표소에 입장할 권리를 임의로 주어 아이들이 붓 뚜껑을 잡는 순간 이를 기표행위라고 할 수 있을지 모르지만, 아이들이 하고 있는 기표행위의 의미를 알 때까지는 그들은 투표를 하는 것이 아니다. 나는 가끔 초등학교 저학년 학급에서 학기말 음악회 때 어떤 노래를 부를 것인가를 결정하기 위해 아이들에게 투표를 시행한 바 있는데, 그 행위는 매번 혼돈 그 자체일 수밖에 없었다. 많은 아이들이 대안들 중 자기들이 선택해야 하는 의미를 전혀 이해하지 못한 채 자기들이 좋아하는 음악이 거론될 때마다 매번 손을 들었고, 이 경우 투표의 잘못된 점을 지적하여 투표과정을 단속할라치면 아이들은 늘 아무런 생각 없이 목록 중 첫 번째 노래를 선택하곤 하였다. 또 최종적으로 채택된 노래를 선택하지 않았던 아이들은 우리가 자신들의 노래를 선택했을 것이라 생각했기 때문에 영문도 모른채 슬퍼하였고, 자신들이 선택하지 않은 노래가 왜 가장 좋아하는 노래로 선정되었는지를 이해할 수 없었다. 이렇게 단순한 사례에서 알 수 있듯이 투표는 7세 미만의 아동에게 섣불리 시행하기 어렵다. 따라서 이 연령대의 아이들에게 투표권을 확대하는 것은 아이들이 투표할 장소에 부모를 모아 놓고 부모들에게 아이들이 무슨 선택을 할 것인지를 지도하도록 하는 것에 불과하다.

그럼에도 불구하고 나는 어린 아동에게도 성인의 권리를 전반적으로 확대하여 부여해야 한다고 주장해왔다. 그러나 논지는 자신의 행위를 이해하고, 부모나 다른 성인에 의해 거의 강요당하지 않는 연령층의 아이들의 권리 신장에 있는 것이 아니다. 물론 사람들이 성인의 권리를 어느 연령부터 인정해야 하는가를 결정하는 방법에 대해 여전히 문제가 야기된다. 결정해야 할 문제는 어느 연령 미만의 아동에게 권리 부여를 하지 말아야 하는가, 또는 소정의 검증절차를 거친 아동에게 허용해야 하는가, 그도 아니면 이해력과 실행력도 없는 모든 아동에게 성인의 권리를 허용할 것인가 하는 문제이다. 만약 연령이 준거가 된다면, 그 준거에 따라 정해진 어떤 연령은 자신의 권리를 현명하게 행사할 능력을 가진 그 연령 아래의 아이들을 부당하게 차별하는 결과를 낳는다. 이에 관하여 해리스는 다음과 같이 언급한다.

어떤 사람에게 자신의 삶을 통제할 능력을 부정하는 것은, 그들이 세워놓은 희망을 좌절시키고 그들 자신이 세워놓은 계획을 무시함으로써 상처를 안겨주는 것은 물론이고 그들에게 인격적으로 가장 큰 모욕을 안겨주는 것이다. 아마 우리는 어린 연령의 아이들을 상대로 이와 같은 해로운 행위가 가능한 한 발생하지 않도록 매년 모종의 검사를 실시하여야만 할지도 모른다.[19)]

그렇기는 해도, 내가 판단하기에, 모종의 검사를 거쳐 행사능력이 없다고 판단할 때 받는 모욕감과 상처가 나이가 어리다고 판단하여 받는 상처보다 훨씬 더 클 것임에 틀림없다.

성인의 권리를 획득할 자격

만약 정치 지식을 묻는 시험이 치러진다면, 그 시험은 투표에 의해 결정될 정치적 이슈에 관하여 충분히 잘 알고 있는 사람을 찾아내고자 하는 시험이 되어서 사회의 가난한 자 또는 배우지 못한 자를 차별 대우하는 장치로 이용될 위험이 있다. 이는 또 다른 불공정한 상황을 야기하는 경우이다. 만약 어느 개인이 성인의 권리를 향유할 자격을 갖추었는지 검증하고자 한다면, 그 시험이 여태까지의 어떤 시험보다 더 정확하고 인간의 실수와 편견이 개입하지 못하도록 고안된 것이 아닌 한, 그 시험은 오히려 오용되어서 정의롭지 못한 사태를 야기한다. 아무리 검사기법이 고도로 발달하여 혼돈의 가능성을 제거할 수 있다 해도, 특정 개인과 집단은 여전히 그러한 검사 체계 내에서는 불공정하게 취급되어질 것이다. 왜냐하면 검사를 받아야 하는 사람은 사회의 다른 구성원이 부여한 기준과 가치에 따라 자신의 역할이 결정됨으로써 자신의 실질적인 권리가 배제되기 때문이다. 타인이 선택한 것에 기초하여 당사자가 거부할 수 없는 상황에서 사람들을 매우 중요한 공·사 생활 영역에서 배제시키는 것은 분명 정의롭지 못하다. 만약 사회의 모든 구성원이 자신의 사적 생활에 관하여 스스로 결정할 수 있고 공적 생활에 실질적으로 참여할 수 있는 동일한 기본 권리를 가져야만 한다면, 아동에게도 역시 이와 동일한 권리가 허용되어야 한다. 그러나 이러한 주장은 권리 행사의 의미를 제대로 이해하지 못하는 몇몇 아동에게도 권리를 허용해야 한다는 논점을 포함한다. 이 주장은 아동에게 어떤 권리가 허용되어야 하는가를 규정한 실정법을 다소 무력화시킴으로써 반대로 아동을 통제하는 위치에 놓인 성인 개인의 힘을 필요 이상 강화시킬 현실적인 위험도 동시에 수반한다.

불공정한 것을 공유하면 불공정은 감소하는가?

성인보다 아동의 권리를 더 제한하는 것은 아동이 장래에 성인이 되어 똑같이 성인의 권리를 향유하기 때문에 불공정한 것이 아니라는 논거는 많은 비판을 받아왔다.[20] 이 비판의 초점은 수감된 사람이 장차 석방되기 때문에 모든 사람이 일정 기간 동안 감옥에 수감되어야 한다는 주장이 정당화될 수 없는 것과 같다. 부당한 개별사례를 모든 이가 공유한다고 해서 그 사례의 부당성이 잠식되는 것은 아니다. 그러나 일정한 권리의 박탈을 사회적 필요로 여기고 모든 이에게 적용하는 것은, 그것이 몇몇 개인과 집단에게 적용하는 것보다 공정하다고 할 수 있다. 국민개병제도는, 이를 이행해야 하는 젊은이들이 싫어한다고 해도, 베트남 전쟁 때 실직자와 대학교육을 받지 않은 사람들에게만 엄격하게 적용되었던 미국의 모병제도보다는 덜 불공정한 것으로 여겨졌다. 마찬가지로 아동을 보호할 필요성 때문에 아동의 자유를 제한하는 것은, 그 제한이 아동의 능력에 따라 이루어진 경우보다 모든 아동에게 적용되었을 경우에 덜 불공정하다고 여겨진다.

　연령에 따른 차별은 그 정연한 근거를 대기 어렵지만 이미 시행되고 있다. 연령에 따른 차별은, 이를테면 이성적이고 성숙한 판단을 내리는가, 음주를 절제하는가, 성관계를 맺고 책임을 지는가, 자신을 착취하지 않는 부모를 가진 행운아인가, 성인의 보호를 받을 필요가 있는가, 사회적 경험이 있는가를 판단하는 데에 있어서 차이를 드러내지 못한다. 이런 점에서 연령에 따른 차별은 특정한 개인의 입장에서 보면 공정한 것이 아니다. 그러나 법의 엄격성이 아동의 권리 문제에만 적용되는 것은 아니다. 법은 일반적이어서 차별에 있어서 세세한 문제까지 모두 고려할 수는 없다. 비록 어떤 특별한 상황에서, 정상 참작을 해야 하는 경우가 종종 있지만, 그럼에도 불구하고 법의 장점은 일반적인 적용에 있다. 법의 일반성은 편파성과 자의적인 판단을 배제한다. 적어도 법은 우리가 어떻게 해야 하는가 하는 문제에서 균형감을 알게 해 주는 장점을 지녔다. 비록 법이 연령에 근거하여 우리의 자유를 제한하는 어떤 효력을 가진다 해도, 법은 법에 의하여 제한한 연령 이후에는 제한했던 행위를 자유롭게 할 수 있음을 천명하고 있다. 우리가 원하는 방향으로 특정사안을 인식하고, 그러한 방향으로 판결을 내릴 만큼 전지전능하지 않지만, 우리가 성인으로서 권리를 갖는 것은 일정 기간 이상 세월을 살아왔기 때문이다. 성별과 인종에 근거한 차별과는 달리, 연령에 근거한 차별은 어떤 한 집단이 다른 결속된 집단에 가하는 차별이 아니다. 우리가 언젠가는 벗어나게 될 인생의 특정한 단계에 이르기까지 우리 모두에게 부과되는 제한은 사회적으로 존재하기 마련이다. 이러한 성격의 제한들이 만약 아동을 나쁜 해악으로부터 보호하기 위해 필요한 것들이라면, 그 제한들은 정당한 것으로 간주되어야 한다. 따라서 결정적인 문제는 성인에게 부과되는 제한과는 달리 아동의 권리를 제한하는 것이 정작 아동을 위한 것인가에 달려 있다.

아동의 보호받을 권리

성인의 일체 보호 없이 생존·성장한 아이들이 종종 있다는 놀라운 사실에도 불구하고, 아동은 여전히 체격, 무경험, 미성숙한 판단력 등으로 인하여 성인보다 여러 면에서 취약한 상황에 있기 때문에 성인의 보호와 지도가 필요한 것이 사실이다. 아동의 이러한 상황을 어느 누구도 부정하지 않지만, 아동 문제 중 가장 중요한 것은, 아동이 성장하면서 성인의 권리를 행사할 만큼 경험이 축적되고, 성인의 속임수에 합당하게 대처할 이해능력이 있는가 하는 점이다. 홀트는 아동이 필요로 하는 것은 아동의 특정권으로서 보호받는 것이 아니라, 성인과 마찬가지로 동일하게 권리를 부여받고, 보호받는 것이라고 주장한다.[21] 즉 성인이 누리는 법의 보호와 자신의 이익에 해를 가하는 사람을 소송할 권리를 똑같이 가져야 한다는 것이다. 하지만 이러한 권리가 아동 보호를 위해 때때로 필요하다고 동의하지만, 아동 착취의 경우 아동 자신의 권리 요구는 여러 면에서 아동이 여전히 취약한 존재로 남아 불가능하고 불이익이 고스란히 아동에게 돌아오기 때문에, 아동에게 부가적인 보호additional protection가 요구된다. 아동은 성인이 실제로 행사하는 권리를 그들만큼 효율적으로 행사할 가능성이 희박하다. 만약 아동이 자신의 연령으로 인하여 특별한 보호를 받을 필요가 있다면, 그 필요는 장애인이 특정한 장애로 인하여 보호받을 필요가 정당한 것과 마찬가지 이유에서 충족되어야 한다. 합리적 선택능력의 결핍은, 사람들로 하여금 자신의 삶의 목표를 추구할 수 있는 동등한 기회를 박탈하는 결점이 되므로, 이러한 결점을 가진 사람들의 자유 제한은 부담으로 그들에게 부과되는 데 그치는 것이 아니라 그들을 보호하고 그들이 자립하여 스스로의 이익을 증진하도록 지도함으로써 정당화된다.[22]

따라서 성인의 자유를 제한하는 것과 다른 방식으로 성립하는 아동의 자유를 제한하는 것은 아동의 필요를 충족할 때 정당화된다. 물론 '필요'의 개념은 그 자체로 논란의 대상이 된다. 대부분의 성인이 가하는 아동의 자유제한이 아동 자신의 이익을 위하여 필요한 것이라고 하면서 아동의 고유한 권리를 제한하기 때문이다. 아동의 삶을 결정하는 중요한 사안이 개별적으로 고려되는 상황에서 그 결정은 늘 성인의 몫으로 남는다. 왜냐하면 법의 일반성 때문에 모든 아동의 개별적 사안이 선별적으로 고려될 수 없기 때문이다. 이러한 상황이 아동 권리를 제한하는 기준을 모호하게 할 소지가 있고, 더욱이 개인적 편견이 개입될 가능성도 존재한다. 그럼에도 불구하고 아동의 행위를 규정한 법은 개별 아동의 성숙도와 능력을 모두 고려하여 제정된 것이 아니다. 이러한 상황에서 불가피하게 아동의 자유를 제한하는 경우를 인정해야 할 때 논란이 되는 것은 제한의 정당화 논거에 대한 합의가 이루어지지 않는다는 점이다. 결과적으로 아동의 자유를 제한하는 데 동원되는 논거인 아동의 필요, 이익, 합리적 판단능력에 관한 결정은 주관적이 될 수밖에 없다.

아동은 현재의 시점에서 스스로의 삶을 이끌어가는 독자적인 계획과 목적을 수립할 수 있는 합리적인 개인이 아니다. 그러나 아동은 점진적으로 합리적인 개인으로 성장하고, 다른 분야보다는 자신이 선택한 분야에서 무엇이 보다 현명한 선택인지 알 수 있다. 아동이 스스로 겪은 시행착오로부터 배울 기회가 있다는 교육적 가치를 인정하지만, 동시에 아동 스스로 내린 결정이 지대한 과오를 범할 수 있다는 위험 또한 인정해야 한다. 따라서 아동 권리에 관한 많은 논의는 아동이 태어나면서부터 성인에게 복속되어 있는가의 문제와 아동이 자유롭게 행동할 권리를 가지는 집단인가 하는 문제가 아니라, 아동은 어느 연령에서 자유롭게 확실한 결정을 할 수 있는가에 관한 문제에 집중되어 있다. 12세 아동부터 귀 뚫기, 문신, 흡연, 등교 여부를 선택하도록 허용해야 하는가? 아니면 14세 아동부터 수강과목선택권을 부여하고 나아가 등교여부결정권을 부여해야 하는가? 이런 문제들은 아동의 권리에 관한 전형적인 문제들이며, 아동권리운동가들은 오늘날 '아동기'는 1-2세기 전보다 훨씬 더 연장되어 있어 문제가 더욱 복잡하다는 점을 강조한다. 그렇다고 아동의 취로연령이 12세, 7세, 심지어 3세라고 못박은 이전 세대들의 주장을 정당한 것으로 여기지 않듯이, 현재 제기된 상이한 연령기준들은 아동이 자기결정을 내리는 데에 요구되는 자유를 보다 많이 허용해 주는 방향으로 결정되어야 한다.

결   론

만약 아동의 절실한 필요와 이익 증진에 기초하여 아동의 자유가 제한되어야 한다면, 아동 자유의 제한은 현 시점에서 더 이상 확대되어서는 안 된다고 본다. 일반적으로 인식되는 것보다 아동 스스로가 전적으로 선택한다 해도 아동에게 전혀 해가 되지 않는 선택의 영역이 있으며, 이러한 종류의 선택은 자기 자신의 표현력을 가졌다면 보다 어린 아동에게까지 확대될 수 있을 것이다. 예컨대, 자신의 용모에 관한 선택이 이에 해당한다. 한편 12세에서 18세의 아동은 어린 아동보다는 성인들과 더 많은 인식을 공유하기 때문에 이들이 행사하는 권리는 성인의 권리로 확대될 수 있을 것이다. 그럼에도 불구하고 아동은 자신이 보호받고 또 자신의 행동의 결과로부터 보호받을 필요가 있을 수 있으며, 오직 이 점에 입각하여 성인은 아동의 자유를 제한할 근거를 갖는다. 한 사회를 구성하는 성인 개개인이 아동 권리에 관한 한 완결한 해결책이 없다는 점을 인식한다면, 성인은 아동 권리에 관한 새로운 법이 도입되어야 하며, 또 기존의 법이 본래의 목적에 부합되지 못하여 대체되어야 한다는 근거에서 그 정당성을 인식해야 한다. 만약 아동이 대부분의 성인들이 인식하는 것 이상의 보호와 지도를 필요로 한다면, 그리고 성인이 이러한 보호와 지도의 의무를 가진다면, 아동은 자신의 자유가 제한받을 경우와 함께 보호받을 권리가 있다고 말할 수 있다.

주석 및 참고문헌

1) H. L. A. Hart, 'Are There any National Rights?' *Philosophical Review* 64, 1955.
2) D. D. Raphael, *Problems of Political Philosophy*, p. 68.
3) U.N., U.N. Declaration of the Rights of the Child. in: Onora O'Neill, *Having Children*, p. 112.
4) A.C.E., *Where* No. 56, p. 105.
5) See Maurice Cranston, 'Human Rights real and supposed'. in: Raphael, *Political Theory and the Rights of Man*, pp. 43－53.
6) A.C.E., op. cit.
7) John Harris, 'The Political Status of Children', in: Graham, *Contemporary Political Philosophy*, p. 53.
8) Robert A. Burt, 'Children as Victims'. in: Vardin and Brody, *Children's Rights: Contemporary Perspectives*, p. 51.
9) C. A. Wringe, *Children's Rights*, p. 98.
10) John Locke, *1st Treatise of Government*, Para, 64, p. 224.
11) Ibid.
12) J.S. Mill, On Liberty, p. 174.
13) Wringe, op. cit, p. 94.
14) See for example Rene K. Ulliver, 'Children versus Parents: Perplexing Policy Questions for the ACLU' in O'Neill op. cit, p. 128.
15) Harris, op. cit, p. 37.
16) See for example, Harris, op. cit. and John Holt, *Escape from Childhood*, p. 15.
17) Ibid, p. 114.
18) Ibid, p. 185.
19) Harris, op. cit, p. 49.
20) See for example Julia Rosenak, 'Should Children Be Subject to Paternalistic Restrictions on Their Liberties?', *Journal of the Philosophy of Education* vol. 16, pp. 89－97.
21) Holt, op. cit, p. 178 ff.
22) Laurence D. Houlgate, 'Children, Paternalism and Rights to Liberty', in: O'Neill, op. cit, p. 273.

권위적 간섭주의

권위적 간섭주의

밀에 따르면:

> 문명사회 일원으로서 자신의 의지에 반하여 힘이 정당하게 행사될 수 있는 유일한 목적은 타인에게 위해危害를 입히는 것을 막기 위해서이다. 물리적이든, 도덕적이든 자기 자신의 이익 추구는 충분한 이유가 되지 못한다. 어떤 행위로 인하여 자신이 더 나아지기 위하여, 더 행복해지기 위하여, 심지어 타인의 이익을 도모하는 데 현명하거나 혹은 올바른 판단이라는 논거는 타인의 행위를 제한하는 데 정당한 이유가 되지 못한다.[1]

이 장에서 나는 위해 원리를 검토하고자 한다. 종종 우리는 타인의 이익에 입각하여 타인을 강제하거나 타인의 행위를 제한하는 것을 정당화하며, 타인을 설득하거나 타인을 혼자 내버려두고자 하는 행위에 대하여 책임을 느껴야 한다고 주장한다. 모든 도덕적인 판단들과 마찬가지로 이는 입증할 수 없다. 그러나 권위적 간섭주의가 항상 틀렸다고 입증된 것도 아니다. 다음의 행위를 정당화하지 않는 어떤 사회를 상상해보자. 3세 아이가 표백제를 마시지 못하게 막는 것, 12세 아이들이 모여서 환각 파티를 못하게 막는 것, 술에 취했거나 몹시 화가 난 상태에서 친구가 사직서를 내지 못하도록 막는 것, 정신 지체 장애인이 자신에게 위해가 되는 계약서에 서명하지 못하도록 막는 것을 상상해 보자.

사실, 밀은 타인에 대한 위해를 막는 것이 간섭하는 행위가 정당화될 수 있는 위해 원리의 유일한 목적이라고 주장했지만, 아동문제와 후진국의 경우처럼 몇 가지 예외를 인정했다. 일반 원칙에 예외가 인정된다면, 예외가 적용되는 방식을 규정할 필요가 있으며, 그래야 차후에 유사한 사례가 같은 방식에 따라 예외로 적용될 수 있는지 여부를 수용할 수 있게 된다. 내가 다음 장에서 언급할 이러한 세부 사항에 대하여 밀은 언급한 바 없지만, 소수자와 약자들은 외부의 위해뿐만 아니라 자신의 행동에 대한 보호가 필요하기 때문에 밀은 그들에게 권위적 간섭주의가 정당화된다고만 언급하였다.2) 밀이 '문명화'된 국가 출신의 사람이나 21세 이상의 모든 사람에 비하여 '후진국' 출신의 사람이 합리적으로 자신의 삶을 선택할 능력이 없다고 판단했을 리는 없다. 밀의 ≪자유론≫은 언제 사람들이 합리적인가 또는 합리적이지 못한 소수를 어떻게 대우할 것인가에 초점이 맞추어진 것이 아니라 합리적 판단을 하는 대부분의 성인의 자유를 간섭하는 근거가 무엇인가를 밝히는 데 그 목적이 있다.

이렇게 권위적 간섭이 결코 문명화된 정상적 성인들에게 적용될 문제로 본다고 해서 밀의 주장이 담고 있는 문제가 해결될 것이 아니다. 간섭의 한계를 확정적으로 규정하지 않은 밀에게 이 말은 이상하리만치 단정적인 것이다. 나는 권위적 간섭이 한 개인이 스스로 선택한 결과를 확정적으로 예견할 수 있어야 성립한다고 생각한다. 제1장에서 논의한 바와 같이, 자유롭게 선택한 것으로 보이지만, 그 실상은 무지에 따른 교묘한 술수와 부당한 영향력의 결과인 경우도 있다. 하트는 밀의 시대 이후 변화를 다음과 같이 지적한다.

개인들이 자신의 이익이 무엇인지 가장 잘 알고 있다고 하는 믿음이 전반적으로 쇠퇴하는 대신에 자유로운 선택이 왜 중요한가를 희석시키는 요인들에 대

한 자각이 증대한다.[3]

그는 밀의 잘못을 다음과 같이 지적한다.

> 밀은 중년의 사람들은 그들이 가진 욕망이 상대적으로 안정되어 있어서 외부
> 의 영향에 의하여 별다른 자극을 받지 않으며, 자신이 원하는 것이 무엇이며,
> 자신에게 만족과 행복을 가져다주는 것이 무엇인지를 알고 있을 뿐만 아니라
> 가급적 이를 추구하는 사람이라고 하였다.[4]

사실 우리는 자신을 불행하게 만드는 일을 스스로 찾아 행하는
사람이 없다는 것을 잘 알고 있다. 만약 그러한 사람들이 있다면,
밀과 같은 공리주의자는 불행을 막을 수 있는 어떤 종류의 간섭에
동의해야 한다. 그러나 밀은 이 점에서 일관성 있는 공리주의자가
아니다. 자유에 대한 관심이 워낙 커서 그는 강압이 사람들을 더 행
복하게 만든다고 해도 그것은 정당화되지 않는다고 보았다. 권위적
간섭주의를 인정하지 않으면서 공리주의를 일관되게 주장하려면 자
신이 택한 악을 통해 얻는 행복이 권위적 간섭에 의한 강제로부터
나오는 어떤 행복보다 항상 더 커야 한다고 논리적으로 전제해야
한다. 그러나 이와 반대되는 경험적 증거를 어렵지 않게 발견할 수
있다. 예를 들어 자동차 안전벨트 착용을 법으로 의무화한 다음날,
벨트를 맨 채 전복된 사고가 보도되었다고 하자. 보도에 따르면, 운
전자는 난생 처음으로 안전벨트를 매고 있었으며, 만약 안전벨트
착용에 대한 법적 의무가 없었다면 그는 확실히 죽었거나 중상을
입었을 것이다. 자연스럽게 그는 법의 강제로 인하여 얻어진 이익
증진에 매우 만족했을 것이다. 그의 경우처럼 모든 사람들이 법의
제재에 의해 생명을 구했다고 확신하고 약간의 자유와 자존심을 유
보하는 것은 삶의 이익을 위하여 지불해야 할 대가라고 여긴다.

하지만 사람들이 항상 자신에게 무엇이 최선이며, 또 권위적 간섭이 자신을 행복하게 만든다는 것을 잘 알지 못하는 경우에는 그들의 이익을 위하여 자유를 제한하고 간섭한다는 것은 더욱 어렵다. 권위적 간섭주의를 이해하는 데 있어서 평등과 자유의 개념을 잘못 적용하였다는 점에 우리는 세심한 주의를 기울여야 한다. 내가 보기에 권위적 간섭이 그릇된 것이라는 논거의 일부는 타인에게 부당한 압력을 허용하는 것의 객관적 근거를 확보하기 어렵고 대개는 자신의 주관적인 판단에 기인하기 때문이라는 점이다. 실제로 A가 B의 행복이 무엇인지 아는 것 또는 A가 무엇이 B를 행복하게 하는 것인지 확실하게 아는 것과, A가 B의 행복이 어떠해야 한다고 간주하는 것은 구분하기가 쉽지 않다. A 자신의 말로는 B의 이익을 위한다고 하지만 실제로 권위적 간섭을 동원하여 A 자신의 이익을 도모할 수 있다는 위험이 도사린다. 그래서 자신이 추구해야 할 최선의 이익이 무엇인가에 대하여 개인이 그릇된 판단을 하게 될 경우(사실 이러한 실수가 권위적 간섭주의의 합리화 논거가 된다는 것이 인정되기 때문에) 권위적 간섭주의자들의 주장이 합당함을 인정해야 한다. 스트레스 혹은 불법적 설득을 당하는 종속적인 상태에 놓여서 권위적 간섭을 받아야 할 사람은 단지 B만이 아니라 A도 해당된다. 마치 우리의 차를 기술자에게 맡기고, 수술을 외과의사에게 맡기듯이 우리가 살면서 삶의 전반을 내맡길 만한 전문가는 없다. 진실된 권위적 간섭과 허위의 권위적 간섭의 구분이 어렵다고 하여 권위적 간섭주의를 모두 잘못된 것으로 여겨서는 안 된다. 하지만 A가 그릇된 근거에서 판단을 하거나, 위선적이거나, 불순한 의도를 가졌다고 할 경우, 만약 그의 행동이 B를 돕고 싶다는 의도와 B의 실질적 이익을 위한 판단에 따른 것이라 할지라도 A의 행동은 잘못된 것이다. 권위적 간섭이란 타인에게 힘을 사용하는 것이어서 권위적 간섭에 잠재적으로 내재된 힘의 남용을 늘 우려해야 한다. 그러나 권위적 간섭을 하는 사람이 힘을 남용한다는 것을 경계한다 할지라도, 최선의 이익에 관한 실질적 판단을 그들 자신이 아닌 제3자가 선택하도록 강제하는 것의 정당화 여부가 늘 문제로 남는다.

서로 대립하며 상이한 두 종류의 사고유형이 있지만, 양자간의 갈등을 해결하는 방법은 없어 보인다. 하나는, 개인이 자신만의 선택을 할 때, 그것이 자신의 선택이기 때문에 가치 있다는 신념으로, 아무리 현명한 선택일지라도 타인에 의하여 이루어지는 것은 추구할 만한 가치가 떨어진다고 보는 생각이다. 사실, 종종 어리석은 선택을 하였지만 시행착오를 통해 현명한 결정을 할 수 있음을 알고 있다. 그래서 배울 기회가 주어진다면 거기에는 스스로 실수할 수 있는 기회가 포함되어야 한다. 한편, 대부분의 사람들은 심지어 밀조차도 당사자의 진정한 이익을 위하여 그들을 강제하는 것이 정당화되는 몇몇 상황이 있다고 믿으며, 그들의 복리福利를 걱정하는 사람은 늘 그들을 방관해서는 안 되며 그들의 위해를 예방하고 방지해주어야 한다고 믿는다. 객관적으로 인정될 만큼 필요로 하는 권위적 간섭의 원칙은 어떤 것이며 그 정당화 조건은 무엇인지를 규정하여, 권위적 간섭주의를 몇 가지로 제한하여 그 위험은 피하거나 최소화해야 한다. 권위적 간섭 행위에 제한이 가해져야 함은 의심의 여지가 없다. 사람들을 강제하면서 그들의 선이 증진된다고 하는 간섭적 사고가 항상 정당화된다고 여겨지지 않는다.

밀의 원칙은 다음과 같다.

독재는, 삶을 증진시켜주는 목적에 어떤 수단도 정당화된다고 보는, 야만인들을 다루는 합법적 통치방식이다.[5]

실제로 삶의 '증진improvement'이 받아들여지기만 하면, 그것은 분명히 권위적 간섭을 지지하는 원칙으로 간주된다. 밀의 지적처럼 실제로 누가 누구를 야만인이라고 지칭해야 할 문제가 없는 것은 아니지만, 이 견해를 받아들이면 권위적 간섭은 쉽게 자리 잡는다. 이 외에 권위적 간섭을 정당화하는 조건으로 다음과 같은 것을 들 수 있다.

1) 같은 목적을 달성하기 위한 별다른 대안이 없다.
2) 간섭을 받는 사람이 권위적 간섭에 동의할 만한 타당한 이유가 있다.
3) 간섭받을 사람이 자기 자신이 세운 목적을 실현시키는 데 도움을 받는다.
4) 무지, 비합리성, 정서적 스트레스, 경험 부족 또는 기타 이유로 자신이 소망하는 바가 무엇인지 인식하는 판단이 흐려진다.
5) 피해야만 할 해악의 정도가 심각하다.
6) 권위적 간섭이 현재의 자유를 제한하긴 하지만 미래의 선택 가능성을 넓혀준다.
7) 선택된 사안의 가치가 그렇게 중요하지 못하다.

이러한 조건들이 과연 권위적 간섭주의를 정당화하는지 좀 더 자세히 살펴볼 필요가 있다.

권위적 간섭과 성공 기회 제공

권위적 간섭만이 좋은 결과를 가져오고, 이 밖에 다른 대안이 없는 유일한 수단이라는 주장은 권위적 간섭주의가 정당화되는가를 고려하는 준거로 적합하지 않다. 왜냐하면 그러한 주장은 실제적으로 좋은 결과를 낳았는가만을 토대로 한 것이기 때문이다. 물론 실제적으로 좋은 결과를 낳는다는 조건은 중요하다. 그러나 간섭받는 사람의 이익을 증진한다는 실제 결과는 경험적 사실에 불과하기 때문에 권위적 간섭의 정당성 여부를 판단하는 것과 무관하다. 권위적 간섭주의의 목적은 간섭받는 사람에게 이익을 가져다주는 것이다. 만약 A의 권위적 간섭의 결과가 B에게 재앙을 가져다준다는 것을 누구라도 예측할 수 있다면 '그것이 최선의 것을 의미한다'라는 주장은 어떤 정당성도 지니지 못한다. 이 경우 특정한 목표 달성을 위하여 대안적인 방법이 존재하는지가 관건이다. 만약 권위적 간섭이 간섭받는 사람에게 불이익을 가져다주었다면 우리는 권위적 간섭이 간섭받는 사람의 이익을 보장할 수 있는지 다른 대안에 의하여 고려할 수 있기 때문이다. 드워킨*은 이를 자신의 제시한 두 가지 원리 중 하나로 보았다. 만약 동일한 목표를 달성하는 데 간섭하지 않는 다른 방법이 존재한다면, 그것이 아무리 값비싼 대가를 치르더라도 우리는 그 방법을 사용해야 한다는 것이다.[6]

권위적 간섭이 유일한 방법인 경우

권위적 간섭에 따른 도덕적 망설임과 강압이라는 실제적 부작용이 존재하기 때문에, 가급적이면 간섭의 결과가 이익을 증진하도록 하는 여러 대안을 탐색하는 것이 바람직하다. 그러나 상당히 값비싼 대가가 치러지더라도 대안을 모색해야 한다는 드워킨의 원리는 과도하다. 논점은 비용이 많이 들더라도 대안적 방법이 간섭의 위해를 막을 만큼 충분한 가치가 있는가에 달려있다. 예를 들어, 드워킨의 원리에 따르면, 안전벨트 착용을 의무화하고자 하는 정부는 모든 운전자 개개인들과 일일이 접촉하여 벨트를 착용하지 않을 경우 증거를 들어 위험을 지적하고, 간섭적 입법과 집행 이전에 운전

---

* (역자 주) Gerald Dworkin. 권위적 간섭주의에서 언급되는 인물은 제4장에 소개된 권리이론가 Ronald Dworkin과는 다른 사람이다.

자들에게 안전벨트 착용의 장점과 그 증거를 설명해야만 한다. 만약 이러한 노력이 젊은 층에게 설득력을 얻지 못한다면 교통부 장관은 법 집행을 강제하기 이전에 이러한 노력을 기울여야만 한다. 드워킨의 원리를 배제하지 않고 존중한다면, 그러한 노력에 소요되는 시간과 재원을 효과적으로 사용할 수 있는 방안을 강구해야 할 것이다.

권위적 간섭주의와 동의

권위적 간섭주의가 자신이 선택하지 않은 것을 선택하게 만드는 것이라고 한다면, 일견 권위적 간섭주의와 동의는 서로 상관없는 것으로 보인다. 그러나 드워킨은 '동의는 내가 보기에 정당화된 권위적 간섭 영역의 한계를 설정하는 유일한 방법인 만큼 매우 중요하다'고 주장한다.[7] 권위적 간섭주의와 동의가 양립한다는 것을 보이기 위하여 드워킨은 동의의 개념을, 권위적 간섭의 구체적 사례에 대한 사전 및 사후 동의, 간섭을 입법화하는 정부에 대한 동의, 권위적 간섭을 통하여 달성하고자 하는 목표에 대한 동의로 확장하여 설명한다. 그는 사전 동의로서 아무리 나중에 자신의 마음을 바꾼다고 애원한다 할지라도 들어주어선 안 된다는 눈과 귀를 막은 오디소스Odysseus의 예를 들고 있다. 그러나 미래를 예견하고 사전적 간섭에 동의하는 경우가 적으므로 이 경우 권위적 간섭주의는 이례적이다. 반면, 당장은 원하지 않았지만 돌이켜 생각하여 프랑스어를 배우거나 안전벨트 착용이 결과적으로 이익을 가져다준다고 여겨 이로 인한 간섭이나 제한을 받아들인다. 그러나 우리는 이미 행하여진 강압을 인정한다 하더라도 그것에 동의한 것이 아니다. 왜냐하면 동의와 강압은 상호배타적이기 때문이다. 또한 우리가 이

전의 강압을 시인한다 하더라도 그 시인하는 행위나 강압의 좋은 결과를 인정하는 것 자체가 반드시 권위적 간섭주의가 정당화됨을 의미하는 것은 아니다.

첫째, 비록 강압당한 사람이 사후에 결과적으로 그 강압에 동의한다 할지라도, 그 결과 얻어진 이득은 여타의 비강압적인 방법에 의해서도 얻어질 수 있다. 둘째, 내가 보기에, 더 중요한 것은 사후에 강압에 동의한 사람도 결과적으로 그 이외의 어떤 것도 할 수 없는 불능 상태의 강압에 의하여 동의한 것에 불과하다는 점이다. 만약 달라진 것이 있다면 강압에 의한 동의를 거절할 능력이 없는 사람이 되었다는 점이다. 예를 들어, 세뇌 혹은 교화당한 사람들은 자신이 당한 강압이 스스로를 '진리'에 이르도록 하는 정당한 방법이라고 믿을지 모른다. 그러나 그들은 자신이 시인한 것 이외에 대안을 제시할 능력이 없기 때문에 자신이 지닌 신념에 따라 동의한 것이 아니다. 덜 극단적인 경우조차 우리는 불필요하거나 명백하게 해가 되는 강압에 결과적으로 동의할 수도 있다.

인간은 강압적이고 불쾌한 경험으로부터 가치 있는 것 또는 가치 있다고 스스로 생각하는 것을 추출해 낼 만큼 유연하게 대처하지만, '가치 있는 것'을 만들기 위해 강압적인 상황이 반드시 요구된다는 주장은 권위적 간섭주의를 정당화하는 논거가 되지 않는다. '현재의 나'를 최선으로 만들어준 여러 요인들이 이와 같은 방식으로 이루어져 있어 이를 사후에 인정한다고 하더라도, 이는 결과적으로 득보다는 해가 많았다는 점을 파악할 수 없도록 하는 요인일 수도 있다. 우리가 권위적 간섭주의를 고려할 때 강압 당한 사람이 나중에 강압을 승인한다는 점이 권위적 간섭의 정당성 여부를 결정하는 중요한 요인이 되지만, 자신에게 가해진 강요를 사후에 승인할 개연성, 가능성 그 자체가 결코 강압을 정당화하는 논거가 될 수 없다.

자신의 '가치the Good'를 강요하는 것

교화와 세뇌를 하는 사람은 교화와 세뇌를 당하는 희생자들에게 자신들 스스로의 선에 대한 개념을 갖도록 하기 위해 행위를 제한하고 강압한다. 따라서 그릇된 가치를 고쳐주고, 간섭 당하는 사람의 이익을 실현하도록 모종의 강압 조치가 필요하다는 주장이 정당화될 수 있다고 여긴다. 그러나 어떤 '유용한helpful' 권위적 간섭도 항상 정당화되지 않지만, 자신의 가치 개념을 부과하는 것이 항상 틀렸다고 보지 않는다. 내 딸은 약간의 강제가 없다면 연주할 수 없다는 두려움을 다소 갖고 있기 때문에, 시험이 임박했을 때 종종 나에게 자신이 음악 실습을 할 수 있도록 압력을 넣어달라고 요청한 바 있다. 이 점에 나는 대체로 동의하지만, 딸 아이가 시험에 합격하는 것과 같은 성취를 하기 위하여 필요한 강제는 최소한의 것이 되어야 한다. 그러나 강압이 이보다 더 많았을 경우, 특히 딸 아이의 장기적인 이익을 고려하여 학습의 자기 동기 부여와 자기도야와 같은 나 자신의 가치관을 딸 아이에게 부여해야 한다는 이유로, 나는 집을 전쟁터 같은 삭막한 분위기로 만들어 딸 아이의 목표를 강제하는 독재자 역할을 삼가야 할 것이다.

권위적 간섭주의가 가장 두드러지게 발생하는 상황은 대개 간섭하는 사람들이 자신의 가치 개념을 상대방에게 용이하게 부과하는 경우이다. 매우 나이 어린 아동, 치명적인 질환이나 혹은 정신병을 앓는 사람을 다룰 경우 두드러진다. 우리는 강압 당한 사람들이 나이가 더 들거나 병이 나을 때 우리의 제재를 이해해 줄 것이라고 변명할 수 있을지 모르지만, 이는 그들 자신이 인정하는 목표를 달성하도록 그들을 돕는 것이 결코 아니다. 우리가 그들이 권위적 간섭을 필요로 한다고 판단하는 것은 그들 스스로의 가치 판단에 치명적인 과오가 있다고 믿기 때문이다. 사이렌 소리 듣기를 원하지 않았던 오디소스에 대한 예견된 제재는 그가 자신이 원하는 바대로 강제된 경우이다. 그러나 대개의 경우 타인들이 성취하고자 원하는 것이 무엇인지 확증할 수 없으며, 그들 자신의 이익을 위하여 자신들에게 제재와 강압을 실지로 했는지도 확인할 수 없다. 따라서 우리는 그들이 바라는 바, 성취하고자 하는 바가 무엇인지 스스로 이성적으로 파악하여 알게 될 경우만 가정해야 한다. 물론 이와 같은 가정을 하는 경우에도 실수할 위험을 감수해야 한다. 또 권위적 간섭의 상당 부분은 타당한 면이 있다. 사람들이 자신의 얼굴이 자동차 창문에 부딪혀 다치는 것을 원하지 않으며, 대부분의 사람들은 우리가 안전벨트를 착용해야 한다는 법에 입각한 제재를 수용한다. 이처럼 법은 우리의 자유를 제한하지만, 우리 자신이 세운 목표를 성취하도록 돕고, 우리가 자동차 사고를 당하지 않기를 바라는 소망에 부응하도록 도와준다. 그러나 어떤 사람이 자살하는 것을 막는 것은 그의 목표 달성을 돕는 것이 아니며, 그에게 삶을 계속 영위해야 한다는 우리 자신의 가치 개념을 부과하는 것임에는 틀림없다.

권위적 간섭주의, 무지와 비합리성

실수의 가능성은 항상 다른 사람들의 원하는 바를 우리가 안다고 가정할 때 존재한다. 문제의 복잡성은 비합리적이거나 무지한 이들이 무엇을 원하는가를 추측하거나 그들에게 어떤 것이 바람직한가를 자의적으로 추정할 때 드러난다. 시시때때로 상황에 따라 달리 판단되는 합리적인 것이 있기는 해도, 만약 그것을 지혜롭고 지식이 많은 사람들이 무지하고 어리석은 사람들을 강제하는 것이 항상 정당하다고 여긴다면 개인의 자유는 실종된다. 마찬가지로 개인과 개인의 취향은 매우 다양하기 때문에 개인의 소망이 합리적인가를 판단해 줄 수 있는 전문가는 없다.

개인이 자신의 소망과 취향에 따른 선택이 비합리적인 경우, 이 문제를 시도하려는 시도로 허드슨John Hodson은 방해받지 않는un-encumbered 결정과 합리적인 결정을 구분하였다.8) 방해받지 않는 결정은 완벽하게 합리적인 사람의 선택과 동일하지 않다. 그것은 개인이 무지, 감정적 스트레스, 과도한 외부 영향, 정신 질환 등과 같은 요소에 의해 방해받지 않고 내린 결정이다. 이 구분이 갖는 장점은 어느 누구든 합리적인 사람이 내린 선택을 존중한다는 고정 관념보다 개인의 실질적 선택을 보다 강조한다는 데 있다. 그래서 우리는 가파른 산등성이를 오르다 죽고 싶지 않다는 등산가의 결정을 단순한 고정 관념이 아니라 방해받지 않은 결정으로 수용할 수 있다. 방해받지 않는 결정은 한 개인의 사적 결정이고, 각 개인은 자기가 원하는 것과 자신이 스스로 중요하다고 여기는 것에 있어서 다양하다.

그러나 내가 보기에, 방해받지 않은 결정이라는 관념은 당초 생각했던 것보다 유용하지 못하다. 왜냐하면 자신이 원하는 바가 합리적인지 여부에 관한 가치 판단이 결과적으로 그 판단이 방해받았는지 여부에 대한 또 다른 가치 판단으로 대체된 것에 불과하기 때문이다. 간명한 예로 무지한 상태에서 합당한 결정을 방해하는 경우를 보면 된다. 보다 구체적으로, 만약 흡연이 해롭다는 사실을 몰랐다면, 담배 피우기로 한 결정은 합당한 결정이 아니라 방해받은 결정이다. 그러나 다른 상황에서 무지가 결정을 방해하는지 여부에 대한 판단은, 그 판단을 내린 사람 자신의 가치에 의하여 결정되어야 할 것이다. 만약 나와 의견이 같지 않은 사람이 내 의견에 대하여 알고 있다면 그들은 해당 문제에 대해 내가 생각했던 방식으로 생각하게 될 것이라는 사실은 나 혼자만의 독단적인 판단이 아님을 알 수 있다. 다른 사람들이 나의 행동을 부당하게 방해하는 것은, 단지 그들이 내가 하는 행동에 대하여 무지하기 때문이다. 힘을 가지고 간섭하는 사람이 자신의 결정이 제한되었다는 점에 동의하지 않고 자신의 판단을 자연스럽게 철회할 수도 있다. 그릇된 결정은 다 무지나 부당한 근거, 또는 두 가지 모두에 의하여 방해받기 마련이다. 우리 중 어느 누구도 완전한 지식을 가지고 있지 않기 때문에, 우리의 모든 판단은 어느 정도 제한받을 수밖에 없다. 따라서 파기되어야 할 선택이나 판단이 제한받아 마땅하다는 사실은, 권위적 간섭주의를 정당화하는 충분조건이 될 수 없다.

권위적 간섭주의와 심각한 해악의 회피

지금까지 권위적 간섭주의에 관한 정당화 논의를 전개하면서, 주로 자유를 제한받는 사람의 어떤 특징, 이를테면 그들이 그 제한에 동의하는지 여부 혹은 그들이 합리적 판단 능력을 가졌는지 여부에 초점을 맞추었다. 그러나 권위적 간섭주의의 정당화 논의의 초점은 자유를 제한받는 사람이 아니라, 금지되고 방해받는 행위의 위해 harm의 정도가 얼마나 심각한지를 우선 살펴보는 데 있다. 회피하고자 하는 해악disaster의 정도에 따라 간섭의 원칙이 정해져야 한다는 것은 수긍하기 어렵다. 이는 사소한 거짓말이나 사소한 약속 파기는 그 결과에 비추어 용납되기 때문에 어마어마한 약속은 반드시 지켜야 하고, 또 마찬가지로 큰 거짓말은 해선 안 된다는 이치와 비슷하다. 권위적 간섭주의는 진실을 말하는 것, 약속을 지키는 것과는 성격이 다르기 때문에 결코 바람직한 것이 될 수 없고, 다만 대안적으로 용인될 수 있을 뿐이다. 권위적 간섭은 결코 높이 평가해야 할 문제가 아니라 부득이한 경우에 해야 할 대안적인 임시방편에 불과하다. 권위적 간섭이 다른 대안보다 더 바람직한가의 여부는 그 대안이 무엇인지에 따라 결정된다. 그 결과로 간섭이 심각한 위해를 예방하는 것인지 경미한 착오를 막는 것인지가 권위적 간섭을 정당화하는 관건이 된다.

우리 자신의 결정은 그 결정의 내용과 관계없이 오로지 그 결정이 우리 자신이 내린 것이기 때문에 특별히 가치를 가진다는 밀의 말은 옳다. 우리에게 영향을 미치는 결정을 내리는 것은, 우리의 자아존중과 여러 가지로 밀접하게 연관이 있기 때문에 우리 자신의 결정을 기각하는 데에는 중요한 이유가 반드시 따라야 한다. 그러나 상해, 사망, 경제적 파탄은 누구에게나 가능한 한 피해야 할 심각한 불행이다. 따라서 만약 우리가 스스로 판단하기에 자아 존중이라는 현란한 관념에 대하여 생명의 가치가 절박한 상황이라면, 생명을 존중하는 결정을 해야 한다. 그러나 그러한 결정은 자아 존중이 가치 없거나 다른 여타의 이유가 가치 없다는 것을 의미하지는 않는다. 생명을 구하는 일과 치명적이지 않은 실책 혹은 사소한 불편함을 예방하는 일은 별개의 문제이다.

미래 자유를 증진하는 권위적 간섭

권위적 간섭을 정당화하는 데 고려되는 여러 요인들은 상호 분리된 것이 아니라는 사실에 주목해야 할 것이다. 예를 들어 죽음 혹은 심각한 질병이 발생하면 대부분의 사람들은 이를 불행으로 여기기 때문에 이러한 불행을 막는 간섭은 간섭받는 사람이 하고자 하는 일을 도와서, 결과적으로 사후에 이들로부터 간섭에 대한 동의를 얻을 수 있다. 마땅히 회피해야 할 위해의 심각한 정도는 미래의 자유를 증진시키는가를 가늠하는 준거가 된다. 드워킨은 이 준거가 권위적 간섭을 정당화하는 매우 중요한 것으로 본다.[9] 분명 살아있고 건강하고 합리적인 판단을 하는 사람들은 죽은 사람이나 환자, 무지한 사람들보다 장차 자신의 선택에 대한 기회가 많다. 따라서 생명을 보존하거나 건강과 지식을 증진하기 위한 현재의 제한들은 미래의 보다 나은 선택을 가능하게 할 수 있을지 모른다. 그러나 미래에 보다 나은 선택을 할 가능성이 곧 권위적 간섭을 정당화해 주는 충분조건이 될 수 없다. 우리의 삶에서 돌이킬 수 없는 변화를 가져오고 미래의 자유로운 삶을 제한하는 것은 매우 많다. 우리가 직업선택여부, 결혼과 출산여부는 미래의 보다 나은 선택을 위하여 무한정 지연시킬 수 있는 일이 아니다. 어떤 결정을 한다는 것과 피할 수 없는 결과를 받아들인다는 것은 합리적이고 책임감 있는 삶의 한 부분이다. 개연적인 미래의 나은 선택을 위해 현재의 결정을 막는 일이 항상 정당화될 수 없다. 왜냐하면 현재의 그 선택의 결과는 필연적으로 또 다른 선택을 할 가능성에 영향을 미치기도 하지만 또한 그것을 제한할 수 있기 때문이다.

주관적 가치에 대한 포기

권위적 간섭을 정당화하는 결정과 관련된 마지막 요인은 특정 행위를 절대적으로 강요하거나 금지하는 경우가 자신의 선택이 기각당하거나 방해받은 사람의 경우를 넘어서, 특정 행위를 포기하도록 강요당하는 사람에게 얼마나 가치 있는가 하는 문제이다. 당사자가 자율적 선택을 스스로 포기했어야 하는가와 선택된 사안이 결과적으로 포기되었는가 하는 두 가지 논점이 있다. 전자는 선택의 자유에 있어서 결정적인 요인이며 이 때문에 사안의 선택과 관계없는 후자는 고려할 필요가 없다. 선택된 사안의 내용이 아니라 선택 자체가 가장 중요하기 때문에 어느 세제洗劑를 선택하는가는 어떤 정부를 선택하는 것만큼 중요하며 잔인한 드릴러 킬러Driller Killer 영화 관람 금지는 특정 해변의 방사선 물질 오염 사실을 통제하는 것만큼 심각하다. 선택되는 내용의 가치가 권위적 간섭을 정당화하는 적합한 논거를 제공한다는 것은 사실이 아니다.

만약 우리가 자동차 경주자들이 대개 죽기를 원하지 않는다는 사실을 인정한다면, 우리는 헬멧 착용을 의무화하는 법률에 동의할 것이다. 그러나 이러한 입법은 대부분의 경주자들에게 다소 불편함과 비용증가를 유발하지만, 시크 교도들Sikhs에게는 자신의 종교적 율법을 무시하는 것을 의미한다. 얻어지는 이익은 동일할 수 있지만 포기되는 가치는 이보다 훨씬 더 큰 경우가 있다. 이를테면, 안전벨트 착용을 의무화하는 법이 생명을 구하는 목적으로 만들어진 것과 행글라이딩, 동굴탐사를 금지하는 법이 동일한 생명구제의 목적을 가지고 만들어졌지만 결과는 다르다. 전자는 단지 안전벨트 설치와 착용 의무만을 요구하지만, 후자는 사람들의 삶에 있어서 포기할 수 없는 기쁨 중 하나인 모험정신을 포기할 것을 요구한다. 안전의 증대라는 이익에서 같을지 모르지만, 후자의 포기로 상실되는 가치는 훨씬 더 크다. 그러나 자유를 제한받은 사람이 스스로 매우 가치롭다고 여긴 것을 포기하지 않는 한, 권위적 간섭주의는 정당화되지 않는다. 다시 한 번 강조하거니와 권위적 간섭에 합당하다고 해서 이것이 권위적 간섭을 정당화시켜주는 결정적인 요인이 아니다. 그러나 지금까지 언급했던 다른 요인과 마찬가지로 이 요인도 권위적 간섭을 정당화하는 필요조건도 아니고 충분조건도 아니다.

권위적 간섭주의자

권위적 간섭주의를 정당화하는 원칙을 찾으려는 시도로 자유를 제한받는 사람의 특징과 제한받는 행위의 본질을 살펴보았다. 우리가 다른 사람의 선이 무엇인지 알고 있어서 자신의 견해를 그들에게 강제할 권리를 가졌다고 주장하는 힘 있는 사람들을 경계해야한다는 것 말고는 아직 이러한 권위적 간섭주의자들의 특성을 제대로 살펴보지 않았다. '권위적 간섭주의자'라는 말은 캐서린 드 부 Lady Catherine De Burgh 부인처럼 공연히 남의 일에 참견하기 좋아하는 사람을 연상시킨다.

> 그 부인의 모습이란 늘 다투거나 불만 가득 찬 가난한 농장 노동자들에게 달려가서 그들의 불화를 조정하고 불만을 잠재우려고 나서서 그들에게 서로 타협하도록 마음대로 꾸짖는 모습이다.[10]

캐서린 부인이 남의 일에 참견하기를 즐긴다는 것은 쉽게 인정하지만, 그녀의 간섭이 도덕적으로 온당한가 스스로 고민한다고 보지는 않는다. 농장 노동자들의 소망, 계획, 인생의 목적이 그녀 자신의 것만큼 중요한 고려의 대상이라고 생각하지도 않는다. 한 마디로, 그녀와 같은 타입의 권위적 간섭주의자들은 간섭의 대상을 존중받아야 할 사람으로 여기지 않는다. 그래서 나는 권위적 간섭을 정당화하는 가장 필수적인 요인이 인간 존중이라고 생각한다.

권위적 간섭주의와 인간 존중

인간 존중이 권위적 간섭주의를 정당화하는 필수요인이라는 말이 지금까지 살펴본 여덟 가지 정당화 요인과 별도의 준거가 된다는 것을 뜻하지 않는다. 인간 존중은 여덟 가지 속에 깔려 있으며 이 준거들은 인간 존중의 정신이 구체적으로 표현된 것에 불과하다. 예를 들어, 만약 특정 부류 사람을 인간으로서 존중하지만 상황이 여의치 않아서 그들 자신의 이익을 빌미로 그들의 소망을 무시해야 한다고 믿는다면, 그들이 종국에 가서 우리의 간섭에 동의할 것이라고 느낄지 모르지만, 사실은 그들의 보류된 선택 능력을 말살함으로써 그러한 동의조차 할 수 없게 만든다. 이와 마찬가지로 권위적 간섭이 그들의 미래 전망을 제한하기보다 밝혀준다고 말하고 싶지만, 그들의 목표와 욕망을 최대한 존중하는 결과로 나타난 것은 그들에게 우리가 추구하는 가치를 부여한 것에 불과하다. 이와 같은 권위적 간섭주의의 위험성을 인식하여 자율적 결정의 가치를 가능한 한 존중하여 추구하도록 노력해야 한다. 권위적 간섭주의는 그 결과로 얻어진 이익에 대한 별다른 대안이 없을 경우에 한정하여 최후의 방책이 되도록 해야 한다.

인간 존중은 생색내기, 전제, 또는 자신이 독자적으로 성취하지 못할 목표 달성을 위하여 다른 사람을 수단으로 이용할 가능성을 모두 배제한다. 어떤 의미에서 보면 분명 권위적 간섭주의가 동등한 사람들간의 관계에 입각한 것이 아니어서, 인간 존중은 권위적 간섭이 근본적 평등을 토대로 해야 할 논거를 제공한다. 평등한 관계 속에서도 한 사람은 다른 사람에 비해 아마 안목이 있고, 경험도 많으며, 힘이 셀 수 있지만, 그렇다고 이러한 사실만 가지고 권위적 간섭주의자들이 다른 사람을 그들 스스로의 계획, 목적, 소망을 가진 사람으로, 또 자신들만큼 중요한 자유와 권리를 가진 사람으로 존중해야 하도록 바꾸지는 못한다. 그러나 제4장에서 논의했듯이, 우리는 자유에 대한 절대적 권리를 가진 것은 아니며, 사회의 다른 구성원에 대한 의무와 책임을 가진다. 때로는 타인의 복리 증진과 그들의 자유 존중에 대한 우리의 의무들이 상충하기도 하지만, 나이가 어리거나 무지하거나, 합리성이 결여되거나 혹은 위험에 빠졌을 때, 그들의 복리에 대한 우리의 의무가 그들의 소망을 파기할 수 있다고 생각한다. 그러나 그러한 간섭이 그들의 소망과 선택을 중요시하지 않고 전혀 근거없고 터무니없는 것으로 확대 해석하는 계기를 제공해서는 안 된다.

결   론

권위적 간섭이 언제 정당화될 수 있는지 판단할 절대적인 기준은 없다. 권위적 간섭과 태도는 인간 존중 정신과 부합하지도 않는다. 우리가 오직 존중해야 할 가치들은 자율적 선택을 하는 개인, 우리가 보호하고자 하는 사람들이 처한 위해의 심각성, 우리의 강제에 대한 그들의 사후 동의의 실제 가능성, 포기해야만 했던 것과 그에 대한 대안의 가치가 그들의 견지에서 평가되는지 여부, 자신의 결정이 기각되는 사람들의 심리 상태, 비강제적 수단에 의한 그들의 복리 증진과 보호 가능성, 그들의 이익 평가에 있어서 우리가 틀릴 수 있다는 오류 가능성이다. 만약 타인에 대한 우리의 권위적 간섭 행위가 정당하다는 믿음이 확고하다면, 우리는 같은 방식으로 우리 자신의 복리 증진과 보호를 목적으로 행해지는 타인의 간섭을 수용할 태세를 갖추어야 한다.

1) J. S. Mill, *On Liberty*, p. 78.
2) Ibid, p. 78.
3) H. L. A. Hart, *Law, Liberty and Morality*, pp. 32−3.
4) Ibid.
5) Mill, op. cit, p. 78.
6) Gerald Dworkin, 'Paternalism' in: P. Laslett and J. Fishkin, *Philosophy, Politics and Society* 5th Series, p. 96.
7) Ibid, p. 89.
8) John D. Hodson, 'The Principle of Paternalism', *American Philosophical Quarterly* 14.
9) Dworkin, op. cit.
10) Jane Austen, *Pride and Prejudice*.

아동에 대한 권위적 간섭주의

- 밀의 '성숙 능력'
- '틀루다'와 '들릭'
- 성인과 아동의 차이

아 / 동 / 의 / 자 / 유 / 와 / 민 / 주 / 주 / 의

아동에 대한 권위적 간섭주의

앞 장에서 권위적 간섭주의는 공동체의 다른 구성원들의 복리에 대한 책임과 인간 존중의 두 가지 측면에서 정당화될 수 있음을 살펴보았다. 만약 타인의 복리를 책임질 수 없는 경우라면, 우리는 타인의 개인적 결정에 간섭할 어떤 권리도 가지고 있지 않으며, 더욱이 이러한 책임감의 존재가 증명될 수 없을 경우, 그러한 책임 소재를 파악할 수 없는 어떠한 좋은 결과도 용납되어서는 안 된다는 것을 확인하였다. 동시에 특정 개인 혹은 집단이 자신보다 약한 타인에 대한 힘의 행사를 용인하는 것은 원천적으로 위험스러운 일이며, 권력과 자유의 행사에 있어서 불평등을 야기할 수 있음을 지적하였다. 권위적 간섭주의가 정당화되기 위해서는 권위적 간섭이 간섭받는 사람의 이익을 위하여 행해져야 하며, 뿐만 아니라 간섭하는 사람이 간섭받는 사람을 그들 자신만의 목적을 가진 개인으로 존중하고, 또 간섭받는 사람의 지식과 경험이 부족하다 하더라도 자신과 동등하게 중요한 사람으로 존중해야 한다. 권위적 간섭이 정당화되는 경우를 판단할 절대적 기준은 없으며, 인간 존중에 부합하는 간섭 행동이 구체적으로 어떤 것이라고 확정할 만한 것도 없다. 그러나 현재 파악되지 않는 위험에 대한 인식의 부족이나 이에 대한 차후 동의와 같은 요인들은 권위적 간섭주의가 정당화되는 특별한 경우임을 인정하였다.

이제 나는 아동에 대한 권위적 간섭주의도 동일한 방식, 즉 타인의 복리를 책임지는 경우와 타인 존중이라는 두 가지에 비추어 정당화될 수 있음을 논의하고자 한다. 만약 성인에 대한 간섭은 정당화되는 경우가 드물고 아동에 대한 간섭은 쉽게 정당화된다는 식의 권위적 간섭에 대한 논의는 불필요한 것이다. 성인에 대한 권위적 간섭을 반대하는 사람들은 때때로 성인과 아동에 대한 권위적 간섭이 동일하지 않다는 이유를 들어 설명하려 하지만, 그렇게 주장할수록 양자간의 차이가 명백하고 문제가 없다는 점을 확실하게 설명하지 못한다. 성인에게도 적용되는 권위적 간섭의 일반적 특성을 지적하면서 이것이 성인에게만 적용되는가 하는 문제에 초점을 맞추게 되면 아동에 대한 권위적 간섭의 논점을 잃게 된다. 내가 아동에 대한 권위적 간섭에 초점을 맞춰 문제를 다루고자 하는 것은, 성인과 아동의 간섭 문제가 서로 다르다고 보는 시각을 인정하는 것이 아니라 아동에 대한 간섭 문제를 성인의 문제가 아닌 아동의 문제로 인식하여야 한다는 점이다. 즉 아동 문제는 권위적 간섭주의의 일반적 형태의 한 부분으로서 성인의 자유와 성인에 대한 인간 존중과 같은 차원에서 다루어져야 한다는 것이다.

밀의 '성숙 능력'

권위적 간섭을 성인과 아동 중 한 쪽에는 적용하고 다른 한 쪽에는 적용하지 않는다는 식의 차별적 적용은 확실한 것도 아니며 검증된 바도 없다. 하지만 일반적으로 제기되는 양자간의 차별적 적용의 이유는 아동이 성인들이 지닌 몇몇 능력을 보유하지 않았다는 데 있다. 일례로, 밀은 권위적 간섭이 적용되지 않는 경우를 다음과 같이 밝히고 있다.

(권위적 간섭이 적용될 수 없는 경우는) 능력이 성숙된 상태의 인간에게 한정되며, 법령이 정한 성인남녀의 연령 이하의 사람 또는 아이들에게는 예외이다.[1]

그리고 이는 다음과 같은 이유 때문이다.

타인의 보호를 여전히 필요로 하는 사람들은 외부의 위해뿐만 아니라 그들 자신의 행동에 반해서도 보호받아야 하기 때문이다.[2]

밀은 성인과 아동의 차이가 아동보호를 정당화할 만큼 명백하고 중요하지만, 그것이 성인 자신의 행위에 대하여 성인을 보호할 근거를 제공하지 않는다고 본다. 한 마디로 밀에게 따르면 성인과 아동의 차이는 성인은 스스로 돌볼 수 있는 능력을 가지고 있지만 아동에게는 그러한 능력이 없다는 데 있다. 이 논점에 동의하건 않건 간에 한 개인이 권위적 간섭주의로부터 자유로운지 아닌지 판단하는 준거로서 성숙한 능력이 유일한 요소라고 한다면, 성숙한 능력을 지닌 아동은 권위적 간섭주의의 적용 대상이 되지 말아야 하며 미성숙하고 의존성이 높은 성인은 권위적 간섭주의의 대상이 되어야 한다고 보아야만 할 것이다.

우리가 '성숙함'을 성인과 연관시켜 생각하는 것은 사실이지만, '성숙 능력'이 무엇이든지간에 그것은 단순히 21세 또는 18세 연령 기준에 따라 획득되는 것이 아니다. '성숙함'은 다른 많은 것들 가운데, 합리성, 경륜, 진지함, 일관된 소신, 미래를 통찰하고 기획하는 능력 등과 같은 요인을 포함한다. 그리고 이러한 요인들은 연령과 함께 획득되는 것처럼 보이지만, 불행히도 항상 그런 것은 아니다. 그것은 우리가 오랜 시간을 살아가면서 백발이나 주름살이 생기는 만큼 그러한 방식으로 획득되지 않는다.

밀 자신이 지적했듯이, 근육의 힘처럼 정신적이고 도덕적인 능력도 그것을 사용함으로써 증진되지만,3) 이것은 성인에 대하여 사실인 만큼 아동에게도 사실이다. 분명한 판단, 상식, 합리성, 지식, 경험과 목표의식 등이 21세 또는 18세 생일을 맞는 사람에게 생겨난다고 주장할 사람은 아무도 없으며, 심지어 그것들이 일정 연령에 달하여 점진적 신체 발달 결과로 갑자기 꽃봉오리 피어나듯 나타난다고 주장할 사람도 없다. 어떤 아동은 성인보다 더 합리적이고 더 지식이 많으며 더 목적의식이 분명하다는 점을 인정해야 할 것이다. 이 사실에서 우리는 어떤 사람이 무지하고, 비합리적이고 경륜이 없어서 간섭적 처방을 받아야 한다고 판단한다 해도, 그 판단이 곧 성인과 아동을 구분하는 엄격한 기준이 되지 않는다.

'틀루다'와 '들릭'*

성인에 대한 권위적 간섭주의는 정당화되지 않는다고 믿는 모든 사람들이 스스로 모순에 빠져 있음을 인지하지 못한다는 것은 바람직스럽지 못한 일이다. 예를 들어, 쉬락Francis Schrag은 권위적 간섭주의가 아동에게는 정당하고 성인에게는 정당하지 않다는 상식적 관념을 검토하여 그 부당성을 지적하려고 하였다. 아동에 대한 권위적 간섭은 옳고 성인에 대한 권위적 간섭은 부당하다는 검증되지 않은 가정을 검증하고자 쉬락은 나무Namuh**라는 가공의 사회를 상정한다. 이 사회에서 가장 강하고 영리하며 지적인 틀루다는 가장 나약하고 무지한 들릭을 통제하며, 자의적으로 형벌을 가하고 들릭을 사랑하고 그들의 복리를 증진시킨다는 핑계로 그들의 자유를 제

---

* (역자 주) TLUDA와 DLIHC. 여기에 나온 '틀루다'와 '들릭'은 성인과 아동을 의미하는 영어 'adult'와 'child'의 철자를 거꾸로 배열한 말이다. 가상적 상황에서 아동과 성인의 입장과 차이를 논의하고자 만들어낸 말이다.
** (역자 주) 역시 인간을 가리키는 영어 'human'의 철자를 거꾸로 한 말이다.

한한다. 쉬락은 '이와 같은 위계 조직 사회는 칸트 이후 모든 윤리학자들이 빠짐없이 비판한 사회'[4]라고 지적한다. 그러나 사실 이름만 바뀌었을 뿐이지 우리 사회가 여전히 그러하다.

쉬락은 권위적 간섭에 대한 우리 사회가 보이는 태도가 분명히 잘못되었다고 본다. 그는 집단으로서 아동이 집단으로서 성인에 대하여 상이한 대우를 받는 것이 합당한가 여부를 검토하였다. 그는 이제까지 권위적 간섭을 정당화하는 준거로 여겨졌던 차이와 더불어 추가적으로 몇 가지를 더하여 모든 차이를 검토한 결과, 이들이 모두 만족스럽지 못함을 발견하였다. 언어능력을 성인과 아동의 결정적인 차이로 본다면, 연령기준은 이 경우 18세가 아니라 6세가 되어야 한다. 만약 양자간의 차이가 성적 성숙함에 있다면, 아동과 성인을 구분하는 기준은 아마 10대 초반이 되어야 한다. 만약 그 차이가 피아제Piaget의 형식적 조작기처럼 지적 능력의 성취에 있다면, 일부 아동은 일찌감치 그 능력을 획득했지만, 일부 성인들은 평생 획득하지 못할 것이다. 만약 스스로를 부양할 능력이 관련 기준이 된다면, 몇몇 아동은 이러한 능력을 가지고 있는 데 반하여 스스로 부양능력이 없는 일부 성인은 법적으로 권위적 간섭의 대상이 되어야 할 것이다. 비록 무능한 성인이 도움을 필요로 한다 해도, 그것이 그들 자신의 이익을 위하여 간섭을 받아야 할 근거가 아니기 때문에, 쉬락은 이 준거는 수용할 수 없다고 주장한다. 끝으로 만약 우리가 권위적 간섭이 아동을 더 행복하게 할 수 있다는 공리적 근거에서 권위적 간섭주의를 정당화하고자 한다면, 이것이 왜 성인에 대한 권위적 간섭을 정당화할 수 없는지 그 이유를 확실하게 설명해야 한다.

쉬락이 시도했지만 찾지 못한 것은, 우리가 가지고 있는 권위적 간섭주의에 대한 관념과 합의를 뒷받침할 이론적 근거이다. 그는 아동과 성인간의 구분을 통하여 아동에게는 권위적 간섭이 정당한 것으로, 성인에게는 부당한 것으로 보고 논증하였지만 이에 대한 합당한 근거를 찾을 수 없었다. 그 결과 원칙상 성인에게 적용되는 권위적 간섭주의와 동일한 이유에서 아동에 대한 적용 여부를 결정할 수 없다고 보고, 기존의 아동—성인의 구분은 합당한 근거로 보기에 부적합하다고 보았다. 쉬락은 아동과 성인 사이의 분명한 차이가 있는지 아닌지 양자택일해야 한다고 말한다. 아동과 성인의 차이를 드러낼 구분이 없다 하더라도, 성인에 대한 권위적 간섭이 부당하다는 그 이유가 아동에게 똑같이 적용되지 않는다고 보았다. 또한, 궁극적으로 성인에 대한 권위적 간섭의 위험성을 들어 성인에 대한 간섭을 철회해야 한다고 보았다. 그러나 쉬락은 이와 같은 성인에 대한 간섭을 막을 별다른 대안을 찾을 수 없다고 보았다. 그는 다음과 같이 말하였다.

> 아마 권위적 간섭을 '선의의 거짓말'로 보고 지지해야 할지도 모른다. 만약 그렇다 해도 선의의 거짓말은 소수의 사람이 자신의 이익을 위해 다수를 속이는 거짓말이 아니라, 거짓말을 하는 사람들 자신의 이익이라고 보고 행해질 때 고려될 수 있다.[5]

쉬락은 '우리'에 아이들을 포함시키지 않았지만, 많은 아이들이 선의의 거짓말을 믿지 않는다는 사실은 제쳐두고라도, 그것은 여전히 '선의의 거짓말'도 아니다. 그것은 성인으로 하여금 자기 충족, 힘의 과시, 나이 어린 구성원에 대한 우월성을 가정한 환상에 불과한 신념으로서 자의적으로 만들어진 정당화될 수 없는 신념이다.

아동에 대한 권위적 간섭과 성인에 대한 권위적 간섭에 대한 상이한 입장을 견지하고 정당화를 시도한 사람은 스케어Geoffrey Scarre이다. 스케어는 쉬락이 성인에게 전혀 권위적 간섭을 허용하지 않으면서 아동에 대한 권위적 간섭을 허용하는 논거만 찾는 실수를 범했다고 주장한다.

> 비록 실제로 성인보다 아동이 어떤 특성을 훨씬 더 많이 소유하는 경우도 있지만, 권위적 간섭주의를 정당화하는 기준은 원칙적으로 아동과 성인 모두에 의하여 공통적으로 적용 가능한 특성을 통하여 설명해야 할 것이다.[6]

그는 쉬락이 성인이 행사하는 자유의 중요성을 지나치게 강조함으로써 성인에 대한 권위적 간섭을 정당화하는 어떤 준거도 고려하지 않았다고 주장한다. 이 논점의 연장선 상에서 권위적 간섭주의를 정당화하는 데 있어서 누구에게나 적용되는 공정한 준거를 밝혀야 한다고 본 스케어의 지적은 확실히 옳다. 그러나 내가 보기에, 그가 틀린 점은 권위적 간섭주의를 적용할 수 없는 공통적 특징을 밝히면서 그러한 특징도 아동이 지니는 특징임에도 불구하고 그것이 유독 성인만의 특징이라고 규정한 점이다.

성인과 아동의 차이

스케어는 다음과 같이 말한다.

> 아동은 살아온 경륜이 부족하고, 삶의 계획과 체계적인 인생 목표를 구성할 능력이 없다. 참으로 일관성 있는 목적을 구성하는 능력과 목적을 구현하는 의지력 개발은 성인과 아동을 구별하는 특성의 한 부분이다.[7]

그러나 세상살이의 경험 부족이란 애매모호한 표현으로, 이를 근거로 하여 권위적 간섭주의를 정당성하는 논거로 삼기에는 지나치게 부정확한 개념이다. 논의의 여지없이 아동은 성인처럼 오래 살지 않았고 경험의 폭이 넓지 않으며, 상대적으로 성인들에 비해 경험이 부족하지만, 같은 방식으로 25세 성인은 60세 성인에 비하여 상대적으로 경험이 부족하다고 할 수 있다. 경험 여부는 상대적인 것이어서 그것은 권위적 간섭주의를 정당화할 수는 없으며, 오직 나이 많은 사람을 위한 권위적 간섭만을 정당화할 뿐이다. 우리가 점점 나이가 들어감에 따라 경험을 얻는 것은 사실이지만, 이 또한 모든 이들에게 천편일률적인 것도 아니다. 나이 어린 아동을 가르치는 교사로서 나는 그들의 경험세계를 종종 쫓아가지 못할 경우가 많다. 꽤 어린 나이의 어떤 아동은 내가 판단하기에 몇 년이 한참 지나야 습득할 수 있는 행동을 성공적으로 수행하기도 한다. 분명, 특별한 상황에서 경험 부족은 권위적 간섭의 도입 여부를 고려해야 할 한 요소이다. 예를 들어, 해안의 조류와 바닷바람의 위험을 경험하지 못한 아동을 심하게 바람 부는 바닷가에 홀로 방치해선 안 된다. 이 예는 아이들의 무경험에 따라 권위적 간섭이 정당화되는 특별한 경우에 불과하다. 그렇다고 아이들의 무경험이 권위적 간섭주의를 정당화한다고 하는 것은 부당하다. 물론 아동이 교통안전이나 전기를 이해하지 못하고 경험하지 못하였다면, 그들은 보호받을 필요가 있다. 만약 아동이 금전관리나 학사업무에 대한 의사결정을 해 본 경험이 없다면, 그들은 도움을 받을 필요가 있다. 하지만 제5장에서 강조했듯이, 아동은 항상 성인의 지시를 필요로 하고 성인의 권위에 복종해야 하는 별도 계층의 인간이 아니다. 경험 부족은 극복해야 할 단점이고, 아동에 대한 성인의 책임은 아동의 경험 부족으로부터 아동을 보호하는 것에 그칠 것이 아니라, 아동이 필요한 중요한 경험을 획득하도록 도와주는 것이다.

젊은이들의 무경험이 사회적으로 승인되었다 하더라도, 아동은 삶의 계획이나 체계적인 목적을 형성할 수 없다는 스케어의 말은 옳지 않다고 생각한다. 어떤 아이들은 아주 어렸을 때 그들이 자라서 어떤 직업을 가져야 할지 이미 결정하며, 또 자신이 결정한 소망을 실현하기 위하여 열심히 노력한다. 많은 아이들이 스스로의 삶을 계획하고 이를 실현할 구체적인 기회를 가질 때, 그들은 사려 깊어지고 매사에 신중해진다. 물론 항상 그런 것은 아니지만, 역시 항상 그렇지 못한 것도 아니다. 만약 아이들이 자신의 삶의 계획과 체계적 목표를 가지고 있지 않다면, 그들을 책임지는 성인들은 그 상황이 변할 때까지 아이들이 스스로 그러한 계획을 세우고 선택하도록 개방적 태도를 가지고 지켜볼 의무가 있다. 즉 성인은 아이들 자신이 삶의 계획을 스스로 수립할 수 있는 실질적 변화가 일어나도록 할 의무가 있다.

스케어의 논점은 성인의 특권 중 하나가 자유에 대한 사랑이라는 것이다. 성인의 특권인 자유를 소지하지 못한 이유에서 아동을 억압받는 '들릭'으로 보는 논점이 잘못되었기 때문에 그는 쉬락의 틀루다와 들릭의 유비를 거부한다. 현존하는 아동은 들릭과 다르기도 하지만 성인과도 다른 존재이다. 스케어는 알코올 중독인 성인에게 금주를 강요하는 것은 그의 인생에 우리의 가치를 부당하게 부과하여 결과적으로 모욕을 주는 것이라고 예시하면서 자신의 입장을 피력하였다. 그러나 그는 다음과 같이 말한다.

아동은 스스로 삶의 체계적 목적을 가지지 않는다. 그러나 그들이 자신의 삶에 위해가 될 만큼 합리적 결정을 내릴 수 없어서 그들을 대신하여 간섭하는 등 아동의 권리를 침해해도 좋다는 것이 아니다.[8]

이것은 아동에 대한 권위적 간섭을 정당화하는 이유를 설명하는 것은 아니지만, 스케어가 인정하지 않는 아동의 특성에 관한 주장에 불과하다. 나는 이 주장에 결코 동의하지 않는다. 아동의 행동을 관찰해보면, 아동은 종종 그들 나름대로 체계적 목표를 가지고 행동하고 있으며, 힘 있는 성인들이 아동의 자유를 제한하여 당혹스러워 함을 알 수 있다. 스케어의 견해에 따르면, 11세 쯤 되면 아동은 의사 혹은 체조스타가 되겠다는 목표에 따라 여러 해 동안 그 목표를 향해 체계적으로 행동할 수 있음에도 불구하고, '아동은 스스로 체계적 목표를 가지지 않는다'는 논거에서 간섭이 정당화된다고 본다. 반면에, 성인 알코올 중독자는 자신이 설정한 목표에 관계없이 무슨 일이든지 방탕하게 행동해도 성인이기 때문에 그리고 성인을 모욕하는 것이기 때문에 그들을 제재하는 것은 정당하지 못하다고 본다. 즉 그들이 성인이기 때문에 우리가 그들에게 강요한다면 그들의 권리를 침해한 것으로 간주된다. 나는 이와 같은 생각이 매우 잘못된 것이라고 생각한다. 성인은 일관성 있는 목표와 의지력을 가지며, 아동은 그렇지 못하다고 하는 스케어의 신념을 파기하기 위하여 아동과 성인을 어떻게 파악해야 하는가?

경험적인 증거와 과거 기록에 의하면, 아동도 성인의 자유를 사랑하는 것 같다. 권위적 간섭을 하지 않는 아버지를 둔 분방한 아이들은 없다고 '제비와 아마존Swallows and Amazons'지에 보고되어 있다. '바보가 아닌 사람은 익사하지 않는다 해도, 바보로 사는 것보다 익사하는 것이 낫다'*는 방임적인 아버지의 메시지에 현재 부모인 나는 동감하지 않는다.[9] 나는 언제든지 바보로 사는 것이 더 좋으며, 아동일 때 나는 그것을 바람직한 환상이라고 생각한다. 아동도서들은 아동의 부모가 모두 죽고 없거나, 아니면 행방불명되거나 정신이상자인 부모를 가진 아이들의 이야기로 가득 차 있거나, 아이들이 아무 간섭 없이 자유롭게 하도록 허용된 가능성을 이야기하

---

* BETTER DROWNED THAN DUFFERS IF NOT DUFFERS WON'T DROWN.

거나, 인기에 영합하여 부모의 간섭 없이 아동 자신이 하고 싶어 하는 어떤 일을 해도 가치 있는 자유로 여기는 이야기로 채워져 있다. 창작동화와 마찬가지로 현실에서 아동은 실제로 자신의 목표와 계획을 가지고 있으며 그것을 실행하기를 매우 원하지만, 때때로 성인의 힘에 의해 좌절되기도 한다. 우리가 이미 아동의 계획과 욕망, 존엄성과 개성을 무시하고 성인보다 덜 중요하게 간주했기 때문에, 성인은 자유를 존중하고 자신의 계획과 목표를 존중하는 존재로 보는 반면에, 아동은 그렇지 못한 존재로 보는 그릇된 구분을 하게 된다.

권위적 간섭주의는 항상 모욕적인 것이다. 우리가 어려서 우리 자신의 소망을 주장하였지만, 실제로 성사되지도 못한 갓난 아이 시절부터 죽어서 영생의 안락한 고향으로 갈 때까지 불완전한 존재로 살아가기 때문에 간섭이 필요한 이러한 현실을 수용해야 한다. 따라서 우리가 성인과 아동을 포함한 모든 타인을 간섭하고 모욕을 주고, 강제하는 것이 타인을 죽게 내버려두고, 속이고 착취하는 것보다 더 낫다고 주장한다. 그러나 권위적 간섭주의는 성취해야 할 이상이 아니다. 그것은 자율이 불가능할 때 채택하는 차선책일 뿐이다. 우리는 아이들에게 왜 전기 소켓에 손가락을 집어넣으면 안 되는지를 아동들에게 설명해야 하며, 또는 십대 청소년이 밤에 공원을 산책하는 것이 안전하므로 이를 금지할 필요가 없다고 할 수도 있다. 그러나 아동과 성인 모두에게 권위적 간섭이 결코 필요 없는 사태가 되도록 사회를 만들 수도 없다. 아동에 대한 권위적 간섭주의가 필요하고 정당한 경우는 아동의 감정, 개인적 소망 혹은 자기 존중감이 손상되는 것이 성인에 비하여 용인되거나 덜 중요하기 때문이 아니다. 아동에 대한 권위적 간섭주의는 종종 성인에 대한 권위적 간섭주의와 똑같은 정당화를 요구한다. 동일한 요인은 다음과 같다. 당초 내린 결정과 소망이 합리적인지, 무지에 근거한 것인지 아니면 합당한 지식에 근거한 것인지, 미래의 자유를 증진하는지 아니면 제한하는지, 미래의 가치 있는 장기적 목적과 조화를 이루는지, 권위적 간섭이 사후에 승인되는 것인지, 권위적 간섭이 성공적인 결과를 가져올 방법인지, 권위적 간섭이 목표를 달성하는 데 있어서 유일한 대안인지 등이 고려되어야 한다. 아동에 대한 권위적 간섭주의는 성인과 동일한 이유에서 정당화된다. 아동은 자신의 목적과 계획을 가진 독자적 존재이며, 그래서 성인인 우리가 아동의 개성을 존중해야 한다. 그렇지만 우리 성인들은 아동의 이익을 위하여 그들이 위해를 당하는지를 지켜보아야 하며, 결코 이를 방관해선 안 된다는 점에서 책임감을 가진 존재이기도 하다.

주석 및 참고문헌

1) J. S. Mill, *On Liberty*, p. 78.
2) Ibid, p. 78.
3) Ibid, p. 126.
4) Francis Schrag, "The Child in the Moral Order", *Philosophy* 52, pp. 117－24.
5) Ibid.
6) Geoffrey Scarre, "Children and Paternalism", *Philosophy* 55, p. 121
7) Ibid, pp. 119－20.
8) Ibid, p. 123.
9) Arthur Ransome, *Swallows and Amazons*, p. 15.

의무교육과 아동의 자유

의무교육과 아동의 자유

이제까지 자유와 자유의 제한, 성인과 아동의 자유가 어떻게 다루어져야 하는가 하는 문제들을 살펴보았으므로, 이하에서는 우리 아동의 양육과 교육에 초점을 맞추어 논의하고자 한다. 만약 아동과 그들의 자유를 진지하게 받아들이고, 여태까지 성인에 한정되어 왔던 '우리'에 아동을 포함시킨다면, 부모, 교사, 시민, 정치가, 교육 행정가 입장에서 아동 교육이 우리에게 의미하는 것이 무엇인지 고려해야 한다. 특히, 자유와 민주주의 원리를 충실하게 따르고자 한다면, 우리는 아동에게 어떠한 종류의 교육을 제공해야 하는가를 고려해야 한다. 아동의 자유가 진지하게 고려되는 상황에서 야기되는 첫 번째 문제는 교육이 특히 학교교육이 의무교육이기 때문이다. 이를 단초로 논의하고자 한다. 이어 의무교육이 권위적 간섭주의 또는 이와 유사한 이유로 아동들의 자유를 제한하는 도덕적 정당화 근거가 되는가를 고려할 것이다.

지금까지 일관되게 주장했듯이, 자유는 공유할 수 없는 실체가 아니다. 다양한 형태의 자유가 있고, 다른 자유보다 더욱 가치 있는 자유도 있고, 상호양립하지 못하는 자유도 있다. 어떤 자유를 제한하면 여타의 사람들의 자유가 증진된다. 따라서 내가 보기에 의무교육에 관한 핵심 사안은 누구의 어떤 자유가 제약되는가, 제한된 자유의 가치는 어느 정도인가, 이들 자유를 제한한 결과 야기되는 손실은 더욱 가치 있는 자유 또는 여타의 이익을 획득함으로써 보상되는가, 그리고 그러한 제한은 과연 정당화될 수 있는가 하는 것들이다. 그러나 기존의 통념에 따르면 의무교육이 자유를 제한한다는 생각이 부인되어 왔기 때문에, 아마 내가 중요하고 흥미롭다고 제시한 문제들을 살펴보기에 앞서 이 문제부터 명백히 할 필요가 있다.

의무교육은 자유를 제한하는가?[1)]

의무교육이 자유를 제한한다는 관점은 의무교육이 대부분 법이 부과한 바에 따라 행해지는 것이고, 법에 의한 제한이 사람들의 행동에 제약을 가하지 않는다는 이유로 도전받아 왔다. 이 관점은 '강제compulsion'와 '강압coercion'이라는 개념이 학교출석의무에 관한 법률에 적용되어선 안 된다고 하는 캣츠M. S. Katz의 견해에서 찾아볼 수 있다.[2)] 그는 대부분의 사람들이 불복종에 대한 처벌이 두려워 법을 준하는 것이 아닌 것처럼, 학교출석의무에 관한 법은 강제적인 것이 아니며, '학교출석의무에 관한 법은 현존하는 규범 또는 규준을 성문화한 것'[3)]이라고 주장한다. 만일 우리가 법에 반드시 이행해야 한다고 규정된 것을 어떤 식으로든지 실행할 준비가 되어 있다면, 우리는 그것을 강압되거나 억압된 상태에서 법을 준수한다고 여기지 않을 것이다. 우리의 선택 여지를 박탈하는 법은 우리가 그 법의 금지사항이나 실체를 정확히 모르는 경우라고 하더라도 엄연히 우리의 자유를 제한하는 것이다. 캣츠는 또한 법의 본질을 강제나 강압으로 파악하는 것은 법의 정당성을 깎아내리는 것이라고 주장한다. 그러나 이 주장은 그가 강압은 인정하지 않으면서 동시에 자유와 학교출석의무가 양립한다고 인정함으로써 결과적으로 학교출석의무에 관한 법이 강압적일 수 없다는 사고의 함정에 스스로 빠지는 것이다.[4] 논의를 단순화해서 자유는 좋은 것이고 제한은 나쁜 것이라는 일반적인 생각에 근거하여 어떤 제한이 필요하고 바람직하다고 여겨지는 경우에, 그의 논법은 자유가 실상은 자유가 아니거나 또는 어떤 제한이 실상은 제한이 아니라는 어설픈 결론에 도달한다. 그러나 의무교육이 자유의 제한 문제라는 논거는 자유의 제한이 합법적인가를 시인하는가 아닌가에 달린 문제가 아니다. 모든 자유가 바람직한 것은 아니며, 모든 제약이 나쁜 것은 아니다. 비록 자유의 제한이 정당화될 필요가 있더라도 그 제한을 다른 것으로 왜곡하여 설명할 필요는 없다. 강제하고 강압을 규정한 법은 여전히 합법적일 수 있다.

의무교육이 아동의 자유를 제한하는가?

비록 법이 어떤 제재를 가하더라도 아동은 자유를 행사할 능력이 부족하기 때문에 법은 결과적으로 아동의 자유를 제한하는 것이 아니라는 견해가 통용되어 왔다. 이에 따르면, 자유는 우리가 어떤 능력을 가지고 있을 때 획득할 수 있는 것이기 때문에, 아동은 그러한 능력 부족으로 불가침적인 자유를 획득할 수 없다. 가드너Peter Gardner[5]는 인간의 자유가 '합리적 이성에 기초'하고, '자신을 이끌 이성이 없는 사람에게는 자유를 허용해선 안 된다'[6]는 로크의 말을 인용하면서 이러한 견해를 비판한다. 이성은 자유의 조건이고, 이성이 없으면 자유가 있을 수 없다는 입장을 비판한다. 가드너는 이 견해를 아동의 이성 소유여부가 아니라 다음과 같은 논거에서 비판한다.

도덕 개념이 형성되지 않은 사람들, 교육받지 않은 사람들, 신체적, 지적 능력이 덜 개발된 사람들, 그리고 공동체의 보호를 받을 만큼 능력이 결여되어 있는 사람들도 많은 강제와 장애로부터 자유로울 수 있고, 또 많은 것을 자유롭게 할 수 있다.[7]

그는 자유는 우리가 도달해야 할 어떤 것이 아니라고 말한다.

강압당하지 않은 것이 자유의 기본이고 자신에게 무슨 일이 일어나고 있는가를 합리적으로 인식하는 사람은 자유를 향유할 수 있다는 점에서 가드너의 견해는 옳지만, 이것이 자유의 유일한 특징이라고 본 점에서 그르다. 자유를 행사하는 것은 단지 강제를 받지 않는다는 것뿐만 아니라 여러 대안들 사이에서 선택하는 것을 의미한다. 선택하기 위해서 우리는 무엇이 우리에게 이익이 되는가, 이와 관련된 사실에 관한 지식, 그리고 이에 대한 합리적 능력을 갖추어야만 한다. 이러한 조건이 없다면, 그것은 선택하는 것이 아니라, 단지 특정 사안을 두고 감정에 이끌리거나 충동에 따라 끌려간 것에 불과하다. 그러나 앞서 강조했듯이, 다양한 종류의 자유가 있다. 실질적으로 자유로운 선택을 하기 위해서는 합리적 능력이 요구되기 때문에, 우리가 단지 합리적으로 선택할 때에만 자유롭다는 주장은 잘못된 것이다. 반대로 어떤 자유들을 행사하는 것은 바라는 목적과 이를 위해 강구할 수단에 대한 지식과 합리성이 요구된다는 것을 부인하는 것도 잘못된 것이다. 서로 상반된 자유가 모두 상호 양립할 수 있는 것은 아니다. 한 영역에서 자유가 박탈되면, 다른 영역에서 자유를 향유할 수 있다. 내가 보기에, 이 경우는 부모가 자녀를 합리적인 성인이 되도록 교육해야 한다고 한 로크의 경우에 해당한다. 로크는 실제로 다음과 같이 말하였다.

인간의 자유와 자신의 의지에 따라 행동할 자유는 인간이 소유한 이성에 기초한다. … 자신을 이끌 이성을 소유하기 이전에 인간을 무제한적 자유 상태에 방치해 놓는 것은 인간의 본성에 따라 자유로워질 특권인 그 자신의 자유를 허용하는 것이 아니다.[8]

위의 인용문은 로크의 대비되는 두 가지 자유를 보여준다. 하나는 이성에 근거하여 자신의 의지에 따라 행동하는 자유이고, 다른 하나는 이성에 근거하지 않는 무제한적 자유이다. 이에 따라 로크는 아동의 자유에는 특정한 방식에 의한 부모의 제재가 있어야 한다고 보고, 덜 가치 있는 자유는 더 가치 있는 것을 위해 포기되어야 한다는 것을 믿었다.

의무교육은 자유를 정당하게 제한하는가?

자유를 제한하는 의무교육은 각기 다른 세 가지 논점에 비추어 비판받는다. 첫째, 의무교육은 자유에 대한 제한이며 자유에 대한 모든 제한은 그릇된 것이라는 가드너의 비판이다. 둘째, 가치 있는 목적들을 달성하기 위하여 의무부과가 정당화된다 하더라도, 의무교육의 목적이 가치 있는 것은 아니다. 셋째, 비록 의무교육의 목적이 가치 있는 것이라 하더라도 그것들을 강제를 통해서 획득하거나 획득하도록 허용해선 안 된다.

자유에 대한 모든 제한이 그릇된 것이라는 관점을 주장하는 사람들에게 의무교육이 자유를 제한한다는 관점은 곧 의무교육을 통하여 자유를 모독한다는 것이다. 가드너는 다음과 같이 주장한다.

자유주의자에게 의무교육은 그 자체로 나쁜 것이다. 의무교육이 가져다주는 이익이 무엇이든지 인간은 그 이전에 일체의 강제를 폐지해야 할 일차적 의무가 있다.[9]

이 관념은 자유가 항상 존중해야 할 유일한 가치이며, 자유의 제한으로부터 아무리 좋은 것을 얻게 되더라도 필연적으로 잘못된 것이라는 그릇된 견해를 보여준다. 가드너는 '모든 제한은 그 자체로 나쁘다'[10]고 주장하면서도, 자유를 위해 정의를 희생시킬 수 있어야 한다는 드워킨Dworkin*의 입장을 비판한다.[11] 만일 자유와 정의가 양립할 수 없는 상황에서 정의가 자유를 위해 희생되어서는 안 된다면, 정의를 도모하기 위하여 자유를 제한할 필요가 종종 있음을 상정해야 한다. 가드너는 정의처럼 그 자체가 가치 있는 목적을 증진하기 위한 자유의 제한이 원래 나쁜 것일 수 있다는 입장을 제대로 설명하지 않았다. '의무교육은 그것이 강제적이기 때문에 정당화할 필요가 있다'[12]라고 말한 가드너의 말은 옳지만, 그는 그 자체로 가치 있는 것을 제한하는 것이 곧 왜 악이 되는지에 대한 설명을 해야 할 필요가 있다.

우리 모두가 그렇듯이 때로는 다른 가치 있는 목적을 성취하기 위해 자유를 제한하는 것이 옳다는 것을 받아들이더라도, 제한을 보상할 만한 가치 있는 목적이 무엇인가와 자유가 포기할 수 없을 만큼 가치 있다는 것에 대한 의견불일치가 있을 것이다. 범인을 체포하기 위하여 경찰에게 더 큰 권한을 부여하는 것이 무고한 사람들의 자유를 제한하는 것만큼 가치 있는 것인가? 조합원의 생활수준 향상을 위하여 노동조합의 클로우스 숍 도입이 조합원의 가입 자유를 제한할 만큼 중요한가? 학교출석의무를 포함하여 전 아동의 의무교육이 가져다주는 이익이 이로 인하여 야기되는 자유의 손실보다 중요한 것인가? 이러한 가치문제는 단지 문제해결을 위한 결론을 도출하는 중요한 요인이기도 하지만, 가치문제가 공동체 일원으로서 우리 삶의 일부를 구성하기 때문에 더욱 중요한 것이다.

* (역자 주) Ronald Dworkin.

성인은 이성에 따라 행동할 자유가 있다는 것과 아동의 자유에 제한을 두지 말아야 한다는 것은 양립할 수 없다는 논란이 있다. 만약 양자가 양립할 수 없다면, 이 중에서 어느 것이 더 가치로운가 하는 더욱 어려운 문제에 봉착한다. 즉 합리적인 성인의 경우에는 자신의 합리성을 던져버리고 교육받기 이전의 상태로 되돌릴 수 없어서 늘 합리적이고, 반면 제한 없이 자유를 누리는 아동이 합리적이지 못한 것은 아직 자신이 받아보지 못한 교육의 가치를 예단할 수 없기 때문이라는 것이다. 따라서 합리적 판단 능력을 지닌 자유와 무제한적 자유 어느 쪽도 실제로 전혀 자유가 아님을 주장하는 것은 논의에 전혀 도움을 주지 못한다. 하지만 어떤 자유와 어떤 가치가 중요한가 하는 논의에 참여하기 위한 특정한 지식과 기술이 요구되고, 또 이러한 논의는 사회적 존재인 우리의 삶의 일부이기 때문에, 우리는 아동의 무제한적 자유를 허용하는 입장을 수용할 수 없다. 민주사회에서 교육은 모든 사람이 자신이 속한 사회에 실질적으로 참여할 능력을 갖추도록 해야 한다는 교육목적을 갖는다. 그 민주적 참여능력이란 개인적으로는 자신의 결정과 선택을 하고, 사회적으로는 민주제도와 의사결정에 참여하여 활동하는 능력이다. 팻 화이트Pat White는 다음과 같이 말했다.

> 그러나 민주사회가 자유를 높이 평가하고 개인이 간섭 없이 자신의 관심 사안을 추구하도록 최대한 허용한다 해도, 아동이 적절한 정치교육을 받도록 보장해야 한다. 그리고 아동이 적절한 정치교육을 받도록 보장하기 위하여 합당한 권위를 통해 이루어지는 '간섭'은 제한을 받아서는 안 된다.[13]

미래의 자유를 위한 합리적 교육과정

존 화이트John White*는 우리가 아동의 미래 이익을 위해 그들의 현재 자유를 제한하는 것이 정당하다고 주장하면서, 공동의 의사결정 참여 자유보다는 개인적 삶의 방식을 선택할 자유의 가치를 강조한다. 그는 특정 개인이 무엇을 하길 원하는지 그리고 그 개인의 삶의 목적이 무엇인지 알 수 있는 사람은 세상 어디에도 없다고 하면서, 다음과 같이 말하였다.

> 우리가 할 수 없이 받아들여야 하는 최소한 제약 상황은 한 개인이 가능한 한 이상적인 상황, 즉 자기 자신에게 선이 될 것을 스스로 결정하는 능력을 갖추는 것이다. 이렇게 하도록 하려면,
> (a) 그 개인이 가능한 한 자신을 위하여 선택할 수 있는 많은 삶의 방식 혹은 활동에 대해서 알도록 하는 것;
> (b) 현재 관점분만 아니라 가능한 한 그 자신의 삶 전반에 걸쳐 그 선택지들 가운데 우선하는 것들을 숙고할 수 있도록 보장해 주어야 한다.[14]

이러한 이상적 상황에 접근하기 위해서, 그리고 가장 경제적인 방식에 따라 가장 필수적인 최소한의 것을 가르치기 위해서, 화이트는 학교 교육과정이 두 가지 활동 범주에 기초하여 구성되어야 한다고 제안한다. 하나는 반드시 참여해야만 이해할 수 있는 활동들이고, 다른 하나는 반드시 참여하지 않아도 이해할 수 있는 활동들이다. 첫째 범주의 활동은 학교의무교육과정으로 가르쳐야 하고, 둘째 범주의 활동은 학생들의 선택에 따라 가르쳐야 한다. 간단히

---

* (역자 주) 미주 13)과 14)에 이어 등장하는 Pat White와 John White는 모두 런던 교육대학(London Institute of Education)의 교육철학 교수로서 부부이다. 그러나 이어지는 본문에서 알 수 있듯이 저자는 Pat의 입장에 상당 부분 동조하지만 John 의 입장에 매우 비판적이다. 실제로 John과 Pat의 학문적 입장 차이는 다른 문헌에서도 쉽게 찾아볼 수 있다. 그리고 향후 이어지는 논의에 등장하는 사람은 John White이다.

설명하자면, 수학자가 되는가 여부를 결정하기 있기 위해서는 수학을 반드시 배워야만 한다. 왜냐하면 수학을 해보지 않고서는 수학에 포함되어 있는 가치를 이해할 수 없기 때문이다. 반면에 부수적 활동으로 여겨지는 두 번째 범주의 활동은 의무교육과정에 포함되지 않는다. 중요한 논점은 우리가 실질적으로 선택해야 할 상황에서 선택할 내용들을 충분히 알도록 해야 한다는 점이다.

화이트의 합리적 교육과정에 대한 나의 첫 번째 비판 논점은 두 번째 범주 활동의 학습에 관한 것이다. 화이트는 당연히 성인으로서 우리가 어떤 활동에 참여하지 않고 그 활동의 특징과 내용을 어느 정도 이해할 수 있다고 하였다. 그러나 내가 보기에 어린 아동에게 범주1과 범주2의 구분이 명확하지 않다는 점이다. 그리고 화이트의 교육과정이론은 아동의 학습 방법을 전혀 고려하지 않고 고안된 것으로 보인다. 나는 확실히 유아에게 노란색과 빨간색 물감으로 오렌지색을 만들 수 있고, 식물은 빛이 필요하고, 또는 오솔길의 길이가 20미터라는 것을 가르칠 수 있다고 말할 수 있지만, 그 내용들은 아이들에게 전혀 의미 없는 것이 된다. 이 내용들은 좀 나이 든 아동에게는 책을 읽거나 그냥 들어서 알 수 있는 내용이지만, 어린 아이들에게는 직접 색을 섞으면서, 어두운 찬장에서 자란 시들한 노란 묘목과 햇빛 드는 창가 선반에서 자란 건강한 초록색 묘목을 비교하면서, 그리고 오솔길을 따라 자막대기를 놓고 직접 길이를 재보아야만 이해할 수 있는 내용들이다. 즉 어린 아동에게 있어서 위의 모든 학습내용은 범주1의 활동이다.

나의 두 번째 비판은 비록 성인이 활동에 참여하지 않고도 범주2의 활동을 이해할 수 있다고 하더라도, 화이트는 왜 사람들이 미리 해보지도 않았음에도 그 활동을 그렇게 즐기고 좋아하는지 우리에게 충분히 이해시키지 못했다는 점이다. 나는 조류관측, 체스, 스쿠

버다이빙이 주는 독특한 만족감과 기쁨을 겪지 않아도 그 활동이 무엇인지 대충 알 수 있지만, 그 활동을 배우지 않았음에도 불구하고 학교 졸업 후 주말을 어떻게 보낼지를 어려움 없이 결정할 수 있다. 만약 내가 이 중 어느 한 가지 활동에 빠져 있다면, 그것은 내가 아는 누군가를 통하여 그러한 활동들에 대하여 열중하기 때문이고, 내가 꾸준히 시도해보면서 그 활동의 내재적 또는 외재적 즐거움을 얻었기 때문이다. 즐거움이 반드시 내재적일 필요도 없고 활동이 '본래 가치'만을 가질 필요도 없다. 어떤 방식으로든지 그 활동을 즐긴다는 것만으로도 그 활동을 선택하는 충분한 이유가 된다. 게다가 비록 성인과 좀 나이를 든 아동들이 실행해보지 않고서도 범주2 활동을 이해할 수 있다 하더라도, 그렇게 되기까지에는 수 년간 그 활동을 해 볼 필요가 있다. 만일 우리가 특정 활동을 먼저 이해하고 나서 그것을 하기로 결정하고, 또 그런 연후에 그것을 배운다면, 그 활동을 적절하게 경험하기에는 너무 늦을지도 모른다. 나이가 35세가 되어서야 스키가 무엇인지를 이해한 다음 그것을 해보겠다고 결정하고 스키를 배우는 것은 매우 즐거운 일이지만, 이러한 방식은 내가 만났던 오스트리아 아동이 두 살 때부터 슬로프를 재빨리 움직여 다니는 것을 배워서 장차 유능한 스키선수가 되는 좋은 방법은 아니다. 화이트의 합리적 교육과정은 어떤 기술과 활동들이 조기에 학습되어야 한다는 점을 전혀 고려하지 않았다. 조기에 학습해야 할 활동은 그 활동의 이해가 필요한 것이 아니라 적기에 참여해야 한다는 점이 중요하다.

교육은 성인이 되어 스스로 선택할 수 있도록 아동을 준비시키고, 그러한 선택에 필요한 제반 사항을 알도록 도와주어야 한다는 것에 동의한다고 하더라도, 화이트의 주장에 관한 나의 비판의 초점은 그러한 목적만을 성취하도록 계획된 교육과정이 실제로 비현실적이라는 점이다. 화이트도 아이들이 합리적 선택이 이루어지도록 가능한 한 많은 활동과 삶의 방식에 관해 아는 것이 매우 이상적이어서 실현불가능하다는 것을 인정하고 있지만, 나는 그것의 비현실성만이 아니라 당위성에 대해서도 의문을 제기한다. 나의 삶과 내 아이들의 삶이 불합리하거나 비합리적인 것이길 원하지 않는다면, 나는 화이트가 당연하다고 주장하는 바와 같이 우리 삶이 사전계획적이고 미래지향적인 것이 되기 원하지 않는다. 화이트의 모델은 삶을 단계로 설정한 것처럼 보인다. 먼저 범주1의 활동을 학습하는 것이고, 그 다음으로 미래를 위한 준비로서 범주2의 활동을 학습한 연후에 활동들 가운데서 바람직한 삶을 선택하고, 이에 따라 살아가는 것이다. 내 비판의 초점은 이 모델이 삶의 기회 요소를 무시하였거나, 화이트도 인정하였듯이,[15] 완전한 자율이 불가능하기 때문에 실제로 통제 불가능하다는 점을 무시하였다는 데 있는 것이 아니라, 아동의 현재 삶의 가치를 존중하지 않으며 아동기에서 경험할 수 있는 자유와 선택에 충분한 가치를 부여하지 못하였다는 점에 있다. 나의 아이들은 둘 다 몇 년 동안 트럼펫을 배우고 결국에는 연주를 그만 두었다. 아이들이 받은 수업의 가치와 토요일 아침 브라스 밴드에서 했던 연주의 가치가 아이들이 커서 트럼펫 연주자가 되기를 원하지 않는 가치에 비추어 평가되어야 하는가? 나는 그렇지 않다고 믿는다. 만일 그렇다면, 그것은 불확실한 미래에 대하여 아주 적은 정보를 얻는 데에 시간, 비용, 부모의 열정을 소모적으로 낭비하는 꼴이 된다.

앞 장의 권위적 간섭주의에서 주장한 것처럼, 나중에 기회를 잃지 않도록 한다고 해서 우리가 무한 선택을 할 수 있는 것도 아니다. 현재 시점에서 어느 한 가지를 하기로 결정하는 것은 불가피하게 다른 것을 할 가능성을 배제하는 것이다. 교육자와 부모들은 중요한 선택 가능성이 초기에 상실되지 않도록 노력해야 하지만, 그것이 아이들의 미래에 너무 집착하는 것은 극단적인 아동중심 교육자들이 미래를 너무 무시하는 것과 똑같은 잘못을 저지르는 것이다. 새로운 가능성을 제공하는 것이긴 하지만, 범주2의 활동에 집착하여 아이들이 열정을 가지고 하는 특정 활동 대신에 영화 따위를 보여줌으로써 여러 활동에 접촉하게 하는 것은 아이들이 흥미를 느끼는 현재성을 무시하는 것이다.

의무와 제일성*

화이트는 아동의 미래 자율성 증진을 위해 현재 아동의 자유를 제한하는 것이 옳다는 근거에서 의무교육을 정당화한다.[16] 그러나 의무교육의 목적이 개개인이 합리적 선택을 하고 공동의 의사결정 참여에 기여하는 것보다 삶의 양식을 획일적으로 제일齊一하는 데 있다고 믿는 사람들이 있다. 또 자유는 개인이 선택한 가치 있는 목적을 실현하기 위한 것이 아니라 어떤 바람직하지 못한 것을 막기 위하여 제한되어야 한다고 믿는 사람들도 있다. 예를 들어, 로쓰바드Rothbard는 공립학교는 종교적 불일치를 제거하고 종교적 통일성 창출을 위한 지속적인 역할을 해야 한다고 주장했다.[17] 그는 마틴

---

* (역자 주) uniformity. 이 말에 해당하는 가장 적합한 번역어를 찾기 쉽지 않다. 제일성齊一性이라고도 하고, 어느 경우에는 획일성이라고 해야 한다. 그리고 이 말이 사용되는 상황도 무척이나 복잡하다. 학교교육상황에서 이 말은 'conformity'와 관련된다. 그리고 이를 가장 대표하는 예는 교복校服 착용문제이다. 공교롭게도 '교복'에 해당하는 영어가 'uniform'이다. 그러나 이 절의 첫 번째 문단에서 문제는 종교적 화합에 관한 제일성이다. 이 경우는 종교적 통일성이 어울리는 번역어이다. 주지하는 바와 같이, 영국 역사에서 종교 갈등은 매우 심각한 문제이다. 16세기 이래로 영국국교회Anglican Church, 가톨릭, 개신교간의 갈등은 늘 중대한 국가적 사태를 야기했다. 현재도 분쟁이 지속되는 북아일랜드 문제도 종교 갈등이 가장 큰 원인 중 하나이다.

루터부터 반反카톨릭인 클란Ku-Klux Klan에 이르기까지, 또 다양한 사회주의자와 진보주의자를 포함하는 공립학교 교육지지자들은 통일된 특정 이데올로기가 부과되어야 한다고 주장했다. 로쓰바드의 관심은 자녀에게 특정한 믿음을 수용하도록 강요하는 개인 혹은 집단의 도덕성에 있는 것도 아니며, 자녀가 공립학교를 다니는 것이 부모의 종교에 맞는 학교에 다니는 것보다 아동 자신의 가치와 삶의 양식을 선택할 더 큰 자유를 누리게 된다는 데에 있지도 않았다.

의무교육이 특정 이데올로기를 주입하는 데 동원되었다는 점을 부인할 수 없지만, 더욱 중요한 사실은 의무교육을 시행하는 사회가 그렇지 않는 사회보다 아동에게 특정이념과 가치를 더 많이 주입한다고 할 수도 없다는 점이다. 사회가 아동에게 특정 이데올로기를 주입하는 것을 피할 수 없지만, 그들에게 이념을 비판적으로 생각하도록 가르칠 수 있으며, 의무교육은 모든 아동에게 이러한 기회를 갖도록 보장해주는 유일한 방법이 될 것이다. 이 점에서 자유주의자들은 아동이 단지 그들 부모의 신념에 따라 또는 부모의 자의적인 설득에 따라 방치되는 것보다는 공립학교가 아동에게 다양한 이념에 대하여 비판적 태도를 구유하도록 가르치려고 확실하게 노력한다면 진정한 자유를 증진하는 데 기여할 것이라고 동의할지도 모른다.

부모의 선택이 자녀의 자유를 뜻한다?

의무교육과 국가시행 의무교육은 모두 아동의 자유에 관하여 상당히 다른 시각을 가진 사람들에 의하여 비판받는다. 어떤 이들은 아동을 학교의 억압으로부터 해방시키는 것에 관심을 두는 반면에, 또 다른 이들은 국가의무교육이 부모로부터 자녀가 받아야 할 교육의 내용, 본질, 그리고 범위를 결정하도록 하는 자유를 빼앗아 간다고 비판한다. 영국에서는 법에 의하여 부모가 자녀를 학교에 보내도록 규정되어 있기 때문에혹은 이와 대등한 기관에서 교육받도록 되어 있기 때문에, 만일 이를 행하지 않는 부모는 법정에 서게 된다. 따라서 의무교육은 때로 아동보다 부모의 자유를 제한하는 것으로 여겨진다. 실은 부모와 자녀 모두 제한받는 셈이기 때문이다. 왜냐하면 그 법이 부모로 하여금 자녀를 학교에 보내도록 강제하고 있어서 부모의 자유가 제한된 것도 사실이지만, 결과적으로 아이의 자유도 선택의 여지없이 제한받는 셈이기 때문이다. 그러나 출석이 의무가 아닌 경우에도 대부분의 아동은 학교에 가야 하는가 아닌가에 대한 선택의 여지가 없음을 상기해야 한다. 셰익스피어 시대에 미취학 아동이 법에 따라 의무교육을 규정한 오늘날의 아동만큼 학교에 갈 자유가 있었던 것은 아니다. 홀트가 주장한 것처럼 학교에 가는 것을 의무화하는 법이 아동이 하고 싶은 것을 할 수 있게 하고, 아동에게 그들의 부모 이상으로 우선권을 주는 것으로 바뀌지 않는다면,[18] 자신이 학교에 가야 하는가를 결정하는 대부분 아동의 실질적 자유는 의무교육이 있으나 없으나 조금도 달라지지 않을 것이다.

의무교육을 심각하게 비판하는 사람들조차도 아동의 자유를 높이 평가하지 않고 심지어 어떤 경우 아동의 자유를 아예 고려 대상으로 삼지 않아서 의무교육에서 아동의 자유를 문제시하지 않는다. 이와 같은 태도는 리켄베커Rickenbacker의 책 ≪12년 선고12 year sentence≫[19]에서 찾아볼 수 있다. 이 책의 후반에서 미국의 '무단결석에 따른 법적 제재를 받는 사람들'의 여덟 가지 문제를 예시하지만, 그 어느 것도 아동의 자유 또는 자유의 박탈 문제를 다루지 않고 있다. 이 중 다섯 가지는 아동이 자신의 종교적 믿음을 공유하도록 바라는 부모의 문제를 다루고 있고, 나머지 세 가지는 열악한 학교

문제에 관한 것이다. 아동은 국가가 금지하는 사안에 대하여 부모가 이의를 제기할 경우 부각되는 존재로 인식된다. 부모로서 '당신'이 하고자 하는 것이 옳은지 여부는 전혀 문제가 되지 않는다. 당신이 부모이기 때문에 결정할 권리가 있고, 이 권리가 아동의 자유나 사회구성원으로서 젊은이에게 제공될 일련의 교육을 결정하는 민주적 참여의 자유보다 가치 있는 권리이며, 또한 존재하는 자유들 가운데 가장 가치 있는 것으로 여겨진다. 리켄베커의 책에서 다루어진 것은 아동이 무엇을 해야 하는가에 대한 부모의 자유로운 결정이 국가의 결정보다 중요하다는 점이다. 그리고 이 견해가 자유의 이름으로 개진된다는 점이다. 리켄베커는 의무교육에 대하여 다음과 같이 주장한다.

> 의무교육을 지지하는 많은 이들은, 의무부과가 젊은이에게 사회의 관습과 미덕을 존중하고 실천하도록 양육하기 위하여 필수적이라고 본다. 반면에 의무교육을 비판하는 이들은 의무교육이 개인의 정신과 삶에 강압적으로 침범하여 비난받아 마땅한 모습을 드러낸다고 본다.[20]

그러나 로쓰바드처럼 그는 아동의 정신과 삶을 침범하는 주체는 학교만이 아니라 자신의 자녀에게 자신이 속한 집단의 관습과 미덕을 존중하고 실천하도록 양육하는 다양한 집단에 속한 부모들이라는 사실을 무시한다. 부모의 개입이 강압적이라면, 리켄베커는 자신이 의무교육의 강압에 걱정하는 만큼 부모의 강압적 양육에 대해서도 걱정해야만 한다.

다양성과 자유

리켄베커의 책에 실린 사례들에서 자유와 문화적 다양성간의 혼란을 찾을 수 있다. 예를 들어, 이 책의 한 편을 쓴 작가는 '그는 다양성, 자유, 부모의 자녀에 대한 지배를 고무시키는 놀라운 경향을 발견했다'[21]고 언급했는데, 여기서 아동의 자유와 부모의 통제가 다양성과 함께 병행한다고 주장하는 것은 잘못이다. 다양성은 자유를 위한 필수조건이지만 자유를 보장하는 충분조건이 아니다. 만일 사회에 있는 모든 다양한 집단들이 상호간에 섞이지 않고 자신의 스타일과 동일한 방식으로 그들의 자녀를 교육하려 한다면, 삶의 양식의 다양성은 존속할지 모르지만 자유는 더 축소된다. 자유가 존재하기 위해서 사람들은 존재하는 많은 다양한 신념과 삶의 방식 가운데서 사람들이 실제로 선택할 수 있어야 한다. 이는 자유가 존재하기 위하여 얼마나 많은 대안들이 실질적으로 획득 가능한가 하는 문제로 연결된다. 화이트John White는 아동은 가능한 한 다양한 활동에 대하여 많이 배워야 한다고 주장한다.[22] 그러나 나는 아동이 많은 것을 피상적으로 아는 것보다는 몇 가지 특정 활동에 대하여 숙지하는 것이 더 낫다고 생각한다. 중요한 점은 양자간에 어떤 관점이 수용되든지, 자유가 존재하려면 반드시 선택이 존재해야 한다는 점이다.

세인트 헬렌스St. Helens에서 성장한 한 소년이 모든 구기 종목을 섭렵하여 선택하는 것이 아니라 럭비 리그, 리버풀 축구, 바베도스 Barbadian 크리켓, 미국 야구와 농구 또는 미식축구 중 어느 하나에 더 열중한 결과 성공한 것을 놓고 선택의 자유가 제한되었다고 할 수는 없을 듯하다. 우리는 관습을 가진 공동체 속에서 성장한다. 우리의 자유는 마치 슈퍼마켓의 진열대 위에 놓인 물건을 선택하는 것처럼 다른 공동체의 가치를 자의적으로 선택함으로써 얻어지는 것이 아니다. 예를 들어, 특정한 공동체 문화가 사용가능한 재원을 사내아이의 놀이에 사용해야 하기 때문에 소녀의 놀이를 금지시킨다면, 소녀의 자유는 제한되는 것이다. 마찬가지로 특정 놀이나 또는 다른 공동체 문화의 삶과 신념의 중요한 방식에 관한 학습을 아이들이 하지 못하도록 방해받는 경우도 있다. 만일 아동이 다른 집단에 대한 지식과 거기에 참여할 기회를 갖지 못한다면, 개신교와 가톨릭, 무신론과 성공회가 공존하는 국가에서 보장되는 다양성도 결과적으로 아동의 자유를 증가시키지 않는다.

많은 아동에게 학교는 그들의 부모가 보여줄 수 없거나 혹은 보여주길 꺼려하는 다양한 삶의 방식의 가능성을 보여준다. 그러나 부모의 권한을 빌미로 하여 의무교육에 반대하는 사람들이 혐오하고 회피하는 것은 아동이 의무교육을 통하여 그들의 부모가 동의하지 않는 생각을 접할 기회를 갖는다는 것이다. 이 관점을 가진 비판자들은 사실 의무교육보다는 국가 주도의 교육을 반대한다. 왜냐하면 그들은 사립학교와 종교학교의 존재를 자유의 한 징표로 생각하고 지지하기 때문이다. 그러나 만일 우리가 논점보다는 이 학교들 내부에서 어떤 일들이 발생하는가에 보다 관심을 가지고 고려한다면, 그것은 자유를 증진시키는 것과는 명백히 거리가 있음을 알 수 있다.

'아이들에게 그들이 무엇을 원하는가를 물어보는 것이 좋은 생각이다'라고 한 연재의 저자인 베이커Robert Baker[23]는 이 같은 사실은 인정하지 않고 다음과 같이 말하면서 이 문제를 아이들이 14살이 되면 학교를 그만두기를 원한다는 암만파Amish 부모의 자유에 관한 주제로 치환해 버렸다.

암만파들이 가장 두려워하는 것은 자신의 아이들이, 특히 십대 아이들이, 현대의 여러 문화권 출신의 아이들이 통합된 학구의 학교에서 배운 것에 현혹되어서 자신들의 문화로부터 떨어져나가는 것이다.[24)]

그들이 이러한 두려움을 가지는 것은 공감할 수 있다. 마찬가지로 나도 내 아이가 내 판단에 비추어 잘못되고 위험하다고 여겨지는 관점에 노출되어 끌려가는 것에 대하여 유사한 두려움을 느낀다. 이는 누구나 공감할 수 있는 부모의 관심사이다. 그러나 이는 이미 내가 지적한 것처럼, 위험으로부터 아동을 보호하려는 성인에 의한 간섭에 해당한다. 그러나 나는 이 간섭이 자유의 명분으로 행해져서는 안 된다고 본다. 부모의 자유를 제한하고자 하는 데 관심을 두는 이유는 자유에 대한 사랑을 포기하는 것이 아니다. 오히려 부모의 자유가 자신의 아이나 다른 아동에게 돌아가는 혜택 또는 보편적 의무교육이 가져다주는 사회 전체의 이익보다 더 가치 있다고 믿고 있기 때문이다. 부모는 자신의 자유가 미래에 자신의 자녀가 누릴 자유보다 더 값지다고 생각하기 때문이다.

교육목적 달성에 실패한 의무교육

의무교육에 대한 가장 설득력 있는 비판은 학교가 소기의 교육목적 달성에 실패했다고 주장하는 사람들에게서 나온다. 이러한 비판들은 교육자들이 성취하고자 하는 것은 반드시 가치 있는 것이어야 하지만, 그러한 가치는 의무교육에 의해 성취된 적도 없으며 또한 성취될 수도 없다는 것이다. 의무교육에 대한 가장 선구적 비판가 중의 한 사람인 굿맨Goodman은 '학교교육이 의무적으로 부과된 이래로 아이들에게 유용한 것을 여태까지 가르친 적이 없다'[25)]고 말한 바 있다. 만일 아동의 자유가 아동에게 유용한 특정 지식과 기술을 배울 필요가 있다는 이유로 제한된다면, 바로 그 이유로 정당화되는 권위적 간섭에 근거하여 아동은 그것들을 학습할 필요가 있다. 아이들을 교실에서 대부분의 시간을 보내도록 하는 것은 자명하게 받아들여야 할 원칙이 아니며, 만일 이러한 제한이 아이들에게 좋은 결과를 가져다준다는 이유로 정당화된다면, 우리는 그것이 정말로 좋은 결과를 가져오는지, 아니면 여타의 대안적인 방법보다 더 좋은 결과를 가져오는지를 확실하게 관찰해야 한다. 특히 다른 대안과 비교해보는 것은 합리적인 방법이다. 왜냐하면 현행 학교 운영체제가 정당하다는 것을 보여줄 만큼 학교는 완벽하지도 않고, 모든 아이들이 알아야 할 필요가 있는 것을 모두 확인시켜 주지 못하기 때문이다. 정작 필요한 것은 현행 학교체제가 예측할 수 있는 미래에 가능한 대안들보다 그 목적을 더 잘 성취하거나 성취할 수 있도록 되어 있는가 하는 것이다. 그러나 이와 같은 주장은 의무교육과 좋은 교육이 양립할 수 없다는 주장을 하는 사람들에 거부된다.

의무교육부과와 좋은 교육은 양립할 수 없는가?

의무교육이 좋은 교육을 하는데 방해가 된다는 신념은 '탈학교론자'들과 학교는 인정하되 자발적 출석을 허용해야 한다고 주장하는 사람들에 의해 견지된다. 예를 들어, 라이머Reimer는 개인이 자신의 교육을 스스로 담당하여 자기 개발을 하여 능력을 얻고 더 이상 착취당하지 않는 완전한 '탈학교deschool' 사회를 원한다.[26] 그는 모든 사람이 자기 자신이 보유한 '기능모델skill-models'을 가지고 자기 자신이 배우기 원하는 것을 가진 사람과 계약을 통하여 학습할 수 있다고 믿는다. 이 방식의 가장 큰 단점은 이 방식을 성공적으로 활용하는 일에 이미 숙달되어 있어야 한다는 점이다. 서로간의 능력을 교환할 정보원을 통하여 계약을 하는 것은 원래 배우려는 능력과 무관하다. 자유시장의 경우와 마찬가지로 라이머가 상정한 능력교환이 사회의 더욱 힘 있고 지식을 가진 사람들이 그들의 이익을 위해 사용하지만, 경험이 적은 사람도 동참할 수 있다는 점에서 그리 비관적으로 볼 일도 아니다. 자신의 자녀에게 이익이 되는 것이 무엇인지 모르더라도 교육열이 가득 찬 부모와 거래를 하는 것은 남는 장사가 된다는 것은 백과사전 판매와 유사한 일이다. 교육열이 높지만 무엇을 해야 할지 모르는 학부모에게 경제적 이득을 보려는 현상이 있는 사회는 교육을 광고하고 사고 팔 상품으로 보는 사회이며, 또한 정보력과 경제력을 가진 부모가 자녀들에게 자신의 경제적 능력을 이어받도록 할 교육을 할 수 있도록 보장하는 사회이다.[27]

게다가 무엇이 자녀에게 도움이 되는지 알지 못하는 부모들은 자녀의 도움이 되는 어떤 것도 할 수 없게 된다. 비록 소수 사람들의 일에 해당하지만, 자녀의 교육을 부모의 경제력과 정보력에 맡겨두는 것은 매우 심각하게 고려해야 한다. 만일 아이들에게 어떤 능력이 있는가를 스스로 발견하도록 방치한다면 이런 아이들에게 어떠한 일이 발생하는지 책임을 물을 필요가 있다. 라이머는 '아마 개인이 할 수 있는 가장 중요한 것은 자녀 교육에 대하여 책임을 묻지 않는 것이다.'[28]라고 말하지만, 자녀가 부모의 사치품도 아니고 부모가 짊어져야 할 짐도 아니기 때문에 교육문제를 단순히 개인의 책임으로 전가해선 안 된다. 라이머는 책임지지 않는 부모의 아이들에게 어떤 일이 일어나는가를 따져보지도 않았으며, 또한 그가 주장하는 교수-학습의 개인적 계약에 따르다 보면 교사의 손에 더 많은 권한이 돌아가는 정반대 현상도 전혀 고려하지 않았다.

현재 공립학교 교사들은, 학생들이 교사를 선택하지 못하는 것처럼, 자신이 가르칠 학생을 선택할 수 없다. 그리고 라이머는 무능교사 퇴출이 가져다주는 이익만 고려하였을 뿐이지 소외되기 쉬운 학생들에게 어떤 일이 생길지에 대해서는 전혀 언급하지 않았다. 내가 보기에, 자유시장 논리에 따르면, 이러한 학생들은 수업을 깔끔하게 열심히 진행하는 능력 있고 인기 있는 교사에게 배우기 위해 격심한 경쟁을 치를 것이지만, 결과적으로 이 학생들은 능력이 떨어지는 교사에게 배당될 개연성이 더욱 많다. 이러한 상황은 능력 있는 교사를 많이 채용하고 학교명성에 걸 맞는 학생을 모집하는 명문 사립학교 체제에서나 가능한 일이다. 경제적 능력이 없어 이 학교에 갈 수 없거나 실력이 없는 학생에게 적용할 수 있는 교육체제가 아니다. 아동의 자유에 관한 라이머의 견해에 동감하지만, 비록 어떤 제한을 없애서 자유를 증진시킬 수 있다 해도, 그 자유가 가치 있고 중요한 자유라고 볼 이유가 없으며, 또 그것이 다른 사람에게 이용당하지 않도록 하여 자신의 선택을 가능하게 하는 자유라고 볼 하등의 이유가 없다.

허세,* 엘리트주의, 남의 자녀에 대한 관심

만일 교육을 아이들 자신과 부모들에게만 맡겨둔다면 어려운 처지에 있는 아이들이 고통을 겪을 것이기 때문에 이들을 보호하기 위하여 모두에게 의무교육을 하는 편이 더 낫다는 주장은 시혜를

---

* (역자 주) 여기서 '허세'는 snobbishness의 번역어. 이 말은 속물 같다는 의미도 있지만, 영어권 사람들이 가장 싫어하는 남에게 시혜를 베푸는 척한다는 'patronizing'의 의미로 사용되기도 한다. 이 말은 타인의존적인 성향을 혐오하는 그들 문화와 관련된다. 저자는 이 의미를 의무교육에 적용시켜 논의한다. 즉 의무교육이 아이들을 의타적인 존재로 보는 허세에 불과하다는 견해를 표현하고자 한 것이다. 이 같은 의미에서 저자는 제5장의 미주 18에서도 이 용어를 이미 사용한 바 있다.

베푸는 허세라고 비판받아 왔다. 자신의 아이 교육을 관장할 능력과 의지가 없으면서 의무교육을 결코 지지하지 않는 부류의 부모들이 항상 있다. 그러나 이 비판은 자신이 어기고 싶지 않은 어떤 법만을 지지하는 사람들이 지닌 태도와 유사하다. 예를 들어 나이 든 숙녀에게 성을 마구 내는 것을 자제하고 언짢은 표정을 짓는 것이 법률로 금지된 것이 아닌 것처럼, 법에 따라 보호를 필요로 하는 사람들에게 적절한 교육을 받도록 하기 위하여 관련법을 지지하는 것이 시혜를 베푸는 허세라고 강변할 수 있는가? 이것이 경우에 어긋난 것이 아니라면, 그것은 우리를 유혹하는 반사회적 행동을 배척하는 법을 지지하는 것을 허세라고 할 수 없다.

의무교육이 허세라는 주장과 엘리트주의는 의무교육의 공정성 여부를 떠나 자녀의 교육이 전적으로 부모의 개인적 책임이라는 데 맞추어져 있지만, 더욱 중요한 사실은 이를 이행할 수 없는 일부 부모들이 우려의 대상이 된다는 점이다. 나의 주장은 한 사회의 아이들의 복리와 교육은 그 사회 전체가 책임져야 할 중요한 문제이고, 탈학교주의자와 부모의 권리를 신봉하는 보수적인 자유주의자들이 믿는 것처럼 단순히 부모의 개인적 문제가 아니라는 점이다. 만약 아동을 위한 정의를 아동이 한 사회 내에서 유능한 타인과 경쟁하여 싸울 수 있는 능력 있는 존재로 취급하거나, 아니면 그들의 교육과 양육을 단지 그들 부모의 소관인 문제로 간주한다면, 교육과 자녀에 대한 사회적 책무성은 만족스럽게 이행되지 않을 것이다.

필요로 하는 사람들에게만 실시하는 의무교육

능력이 없는 부모로부터 아이들을 보호하도록 의무교육이 필요하다는 클라이니John Kleinig의 '보호주의protectionism' 입장은,[29] 모든 아동이 부모의 무책임 또는 자신과 부모의 무지함과 미숙함으로부터 보호받을 필요가 없는 것처럼, 소수의 사람들이 지닌 결점 때문에 모든 사람의 자유를 제한하여 고통받게 하는 것은 불공평하다는 논점에 근거한다. 클라이니는 다음과 같이 말하였다.

> 아동 학대와 방임이 명백한 경우에 간섭하는 것은 매우 적절하다. 그러나 이러한 간섭은 의무교육의 기반이 되는 것은 아니며 학교교육에 대한 강제를 뒷받침하는 것도 아니다. 모든 아동이 그들의 부모로부터 보호받을 필요가 있는 것은 아니다.30)

크리머맨Leonard Krimerman도 이와 유사한 관점을 취하면서, 오늘날 병원에서 행하는 것처럼 학교가 행하는 기능의 가능성을 개진한다. '사람들은 예외적인 경우에 한하여, 그러나 자발적인 의사에 따라 이들 기관에 맡겨질 수 있다.'31) 클라이니는 심리적 영향을 끼치는 물리적 학대에 초점을 맞춘 반면, 크리머맨은 합리성의 결여가 치료받아야 한다는 점에 초점을 맞춘다. 하지만 두 사람 모두 국가의 간섭을 통하여 모든 사람을 강제하는 것보다 개인의 자유를 덜 침해하도록 하기 위하여 국가의 간섭은 필요한 최소의 경우에만 정당화된다고 믿는다.

첫째, 병원에서 자발적으로 입원한 사람을 일정 기간 동안 치료하는 것처럼 학교도 이 같이 운영되어야 한다는 크리머맨의 주장은 환자와 교육을 필요로 하는 사람 사이의 매우 근본적인 차이를 고려하지 않는 것이다. 질병은 이례적인 것이며, 일반적으로 우리가 아플 때 무엇을 해야 하고 무엇이 필요한지를 알기 때문에, 이를 논쟁 대상으로 삼을 수 없다. 그러나 무지, 경험부족, 경우에 따라 비합리적인 상태에 놓이게 되는 것은 모든 사람이 삶의 어떤 단계에서 반드시 처하게 되는 통상적인 상황이다. 문제는 이러한 상태를 온전하게 지각하지 못하고, 설사 지각한다 하더라도 어떻게 그 상태를 벗어날 수 있는가를 알 수 없다는 점이다. 크리머맨은 부모가 자신의 자녀를 만족스럽게 아동들을 교육시키지 못하고 그 부족함이 분명하다면, 그것이 시정될 때까지 아동을 의무교육에 맡겨야 한다고 보는 것 같다. 그러나 그가 '응급처방적* 교육간섭'이라고 한 체제는 현재 보편적 의무교육제도보다 훨씬 더 큰 불행을 가져온다. 일레븐 플러스11+**의 결과에 대하여 아이들이 받는 충격은 무시되고, 아동 보호의 과정은 비교적 아무 문제없는 것처럼 보일 것이다.

아이들의 비합리적인 상태를 진단하고 치료하는 것은 수두 치료처럼 간단한 것이 아니다. 그리고 아동과 부모 스스로가 지닌 문화적 편견과 가치 판단에서 벗어나 자유롭게 결정하는 것은 불가능한 일은 아니지만 매우 힘든 일이 될 것이다. 또한 의무교육을 당연히 필요한 것으로 간주하고 강행할 때, 부모와 아동의 도덕적 책망이 불가피한 측면이 있고, 의무교육으로 인하여 본의 아니게 수용하게 될 자기 이미지에 대한 치명적 영향을 미치는 결정들은 확실히 비난받을 것이고 또한 법정에 제소될 수도 있다. 자녀를 의무교육학교에 보낼 것인지, 집에서 가르칠 것인지 여부만 놓고 어느 것이 자

---

* (역자 주) 'sporadic'의 번역어. 원래 의미는 '게릴라식 산발적'이지만, 여기서는 급한 질병의 대처처럼 '응급처방적'이라는 뜻.
** (역자 주) 영국의 초등학교 졸업 학력고사. 초등학교를 만 5세 9월에 입학하여 만 11세에 졸업하기 때문에 붙여진 이름. 20세기 초만 하더라도 이 시험은 복선형 학제를 유지하고 아이들에게는 장래 진로로서 인문계, 실업계를 가르는 중요한 시험이었다. 그러나 노동당 정부가 주도한 종합학교(comprehensive school)가 도입되면서 사실상 복선형 제도가 거의 무력화되었다. 종합학교는 우리나라의 평준화정책처럼 모든 학교를 똑같은 교육과정에 묶어둔 학교이다. 참고로 16+는 5년 과정 중등학교 졸업 학력고사로 만 16세가 지나서 치른다는 의미이다. 이 시험을 마치고 대학준비를 위한 2년간의 '6학년제 학교(sixth form college)'를 이수해야 대학입학이 가능하다. 학사학위과정이 3년이므로 초등학교에서 대학 졸업까지 소요되는 기간은 우리와 동일한 16년이다.

유를 증진하고 이익을 도모하는지 확언할 수 없다. 오히려 응급처방적 교육간섭의 필요가 의무교육을 받아야 한다는 정당성을 도출할 수도 있다. 그리고 이에 따라 모든 아동이 의무교육을 필요로 하는지 일일이 검열을 받을 수도 있을 것이다. 나는 자녀를 제대로 교육시키지 않는 부모들로부터 아동을 보호하기 위한 안전망이라는 생각이 모든 아동을 위한 보편교육체제보다 더 강압적이고 정의롭지 못한 원인을 제공한다고 믿는다. 그러나 안전망에 의한 의무교육은, 아이들이 방임적인 상태 또는 자기주도적인 교육체제에서 스스로 학습해 간다는 신념과 마찬가지로, 우리가 목하 관심을 가진 사람들이 받는 교육과 복리 증진에 대한 실증적 경험 없이 확증이나 부정 어느 쪽으로 결론내릴 수 없다.

의무교육과 해악의 방지

가드너는 아동보호와 관련하여, 부모가 아이들을 어떻게 양육할 것인가에 대한 자문이 아니라, 신체적 해악으로부터 아이들을 보호하기 위한 자문을 구해야 한다는 보다 엄격한 보호주의 입장을 취한다.[32] 이 주장은 심지어 밀조차도 허용될 수 있다고 한, 자신들에게 끼칠 해악이 없도록 하는 간섭과 그들의 이익을 증진시키기 위한 간섭의 구분에 기초한다.[33] 가드너의 주장에 따르면, 해악을 예방하기 위하여 아이들에게 읽는 것을 가르쳐야 한다고 말할 수 있지만, '그것이 시를 분석하거나 산문을 자유롭게 쓰거나 셰익스피어 희극을 공부해야만 한다는 주장은 아니다.'[34] 화이트 역시 해악 예방이 의무교육을 정당화한다고 주장하지만,[35] 그 '해악'을 다소 폭넓게 해석하면서 다음과 같이 말하였다.

만일 아이들로 하여금 언어, 수학, 물리학, 철학, 혹은 예술 감상을 배우지 못하도록 내버려 둔다면, 이는 아이들에게 해악이 될지도 모른다. 왜냐하면 아이들은 현 상태에서 자신들이 무엇을 진정으로 원하는지 제대로 알지 못하기 때문이다.[36]

누구나 자의적으로 선택할 가능성이 있는 범주1의 활동을 모르는 것이 그 사람에게 해악이 된다는 화이트의 견해는 우리가 좋아서 선택하는 음식이 결핍된다면 해악이 된다는 것과 마찬가지로 잘못된 것이다. 화이트는 물리학, 수학, 예술 감상 등이 모두 완전히 자율적 삶을 필연적으로 가져다주는 필수교과라고 주장하지 않았다. 만일 그가 이를 입증할 수 있다면, 이들 교과를 모르는 것이 해악이 된다는 그의 주장이 지지될 것이다. 하지만 아동이 수학과 철학을 배우는 것을 매우 중요한 것으로 여기고 이 활동을 선택한 경우와는 달리, 실제로 아동이 바라는 것은 음악, 시, 럭비, 크리켓이라는 것을 완전히 깨닫고는 수학과 철학이라는 활동에 참여하기를 포기하게 될 경우 그의 주장은 성립하지 않는다. 이러한 경우 한 개인이 실제로는 원하지도 않지만 원할 것이라고 자의적으로 판단하여 선택한 활동에 대한 무지가 필연적으로 그 사람에게 해악이 된다고 '해악'의 의미를 부당하게 확대해석한 꼴이 된다.

또한 화이트는 아동이 범주1의 활동에 대해 알지 못한 채 방치된다면 타인에게 해를 줄 수 있다고 주장한다. 그 이유는 합리적 선택을 하지 못하고 다양한 삶의 방식에 대하여 알지 못하는 사람은 자신과 다르게 선택하는 사람을 용인할 수 없기 때문이라는 것이다. 따라서 그는 모든 사람이 범주1의 활동을 배워서 삶의 양식을 이해하도록 가르치는 것이 모든 이들의 이익을 증진시킨다고 주장한다. 한 가지 활동 또는 한 가지 삶의 방식을 배우고 나서 그것을 포기한 사람이 그것을 전혀 알지 못하는 사람보다 그 활동을 계속 추구하는 사람에 대하여 보다 관용적이라는 것은 더욱 납득할 수 없다. 무엇보다도 내가 화이트의 주장에 동의할 수 없는 점은 그가 범주1의 활동에 집중하여 '해악'의 의미를 아주 넓게 해석하여 범주2의 활동의 가능성을 배제한 점이다. 만일 해악을 방지한다는 측면에서 의무교육과정을 정당화하고자 한다면, 범주2에 속하는 많은 교과 활동들이 의무교육과정에 반드시 포함되어야 한다. 당사자와 타인 모두에게 명백하게 해악이 되는 것은 심오한 예술 감상에 대한 무지가 아니라 영양, 양육, 응급처치, 고속도로 정보코드, 그리고 자동차 안전에 관한 무지이다. 만일 '학생 자신과 모든 일반인들에게 끼칠 해를 예방하기 위하여 자유의 원리가 남용될지도 모른다'[37)는 그의 말이 맞다면, 화이트의 범주2 활동에 해당하는 실제적인 교과들이 많이 의무교육과정에 포함되어야 한다.

나는 상호간에 해가 되는 것을 예방하는 사회적 책임이 우리에게 있다고 주장하였다. 하지만 만약 그렇지 않다 하더라도, 심지어 해악의 예방과 이익의 증진을 쉽게 구분하는 경우에도, 학교가 해악을 예방하는 데 요구되는 교과만을 가르치도록 제한을 받아서는 안된다고 믿는다. 우리는 우리에게 추론하고 비판적으로 사고하도록 하는 일을 따로 떼어서 가르칠 수 없다. 추론하고 비판적으로 사고하도록 하는 데 필요한 '무엇'이 있는데, 그것이 바로 그 자체로 존중되어야 할 교과이다. 우리는 결코 이러한 중요한 사고 능력을 교과라고 하는 '무엇'과 분리하여 가르칠 수 없다. 아동의 언어능력을 증진시키려는 의도로 한 시간 동안 나뭇잎을 사용한 그림 그리기 활동을 자의적으로 실행하는 것은 합당한 근거가 없다. 물론 그러한 미술 수업에서 나뭇잎과 앞치마 등의 교구 준비 활동과 색을 섞어서 하는 소정의 활동을 진행하는 동안 아동의 언어가 증진될 수 있을지도 모른다. 그러나 이러한 형태의 언어교육은 초보 단계의 화기단속과 흡연에 대한 보건교육 매뉴얼을 읽거나, 오렌지 주스의 첨가물이 무엇이며, 핵반응 시설물의 준수사항 등 모든 것을 망라하는 교수요목을 읽는 것만으로도 가능할 것이다. 그러나 이러한 교수요목은 당장은 유용해 보일지라도 생존에는 필요하지 않을 뿐만 아니라, 아동의 완전한 사회 참여가 왜 필요한가에 대한 폭넓은 이해와는 무관하다. 게다가 해악을 방지하는 데 기초한 교육과정은 아동의 이익 증진을 위한 내용을 일부 포함하지만, 현재의 교육과정이 그러하지 못한 것처럼 아이들에게 사회 참여와 관심을 유발시키지 못하고 있다.

강제에 대한 보상

만일 해악으로부터 보호된다고 해도, 아이들이 실제로 지루해 하는가도 문제가 된다. 특히 아이들이 불필요하게 지루함을 느끼는 상황, 그래서 관심이 딴 곳에 팔려서 아이들이 더 이상 배우려고 하지 않는 상황에 이르러 학교가 지루함을 넘어서 강압하는 기관으로 되어 버릴 때, 문제는 심각해진다. 만약 우리가 아이들을 강제로 학교에 가도록 강요함으로써 그들의 자유를 제한할 필요가 있다고 결정한다면, 우리는 교과가 지향하는 목적을 달성하는 것 말고도 아이들이 가능한 한 재미있고 즐겁게 학교 일과를 보낼 수 있도록 보상해야 한다. 만일 우리가 중요한 것이라 판단하여 피임법이나 아동안전규칙에만 전념하거나, 다소 분방해 보이는 음악과 창작과 같은 우리 문화의 중요한 부분들을 교육에서 불법적인 것으로 금지해선 안 된다.

그러나 학교를 재미있고 즐거운 곳으로 만들더라도, 학교가 의무교육기관인 한 아동의 자유는 제한될 것이다. 만일 아동이 학교에서 자기가 하고 싶은 것을 마음대로 선택할 수 있어야 그들의 자유가 제한되지 않는다는 주장38)을, 가드너가 욕망의 충족과 자유가 같은 것이 아니라는 근거에서 비판한 바 있다. 우리가 할 수 없는 것을 하려고 욕망하지 않는 것은 자유와 무관하기 때문이다.39) 가드너는 다음과 말하였다.

> 설사 학생들이 스스로 짜놓은 교육과정과 선택한 활동을 하는 이른바 '자유학습의 날'이 운영된다고 해도, 학생들이 원하는 사항이 절대적으로 선택될 수 없으며 그들의 선택에 제한이 따를 수밖에 없기 때문에, 그러한 교육체제는 오히려 학생들의 자유를 방해한다.40)

가드너의 지적은 사실이다. 그러나 가드너가 간과한 것은 우리가 결코 완전하게 자유롭거나 완전히 속박된 상태에 있는 것이 아니라 우리가 누리는 자유에는 정도가 있다는 점이다. 학교에 가야 하는 것은 자유에 대한 침해이고, 게다가 수학을 공부하고, 교복에 넥타이를 매고, 학교급식대에서 잡담을 하지 않는 것은 또 다른 부가적인 자유의 제한이다. 의무교육체제에서 교육내용 선택을 통하여 자신의 이익을 추구하는 것은, 부모에 의하여 교육받는 것이 완전한 자유가 아니듯이, 전적으로 자유를 완전히 누리는 것으로 볼 수 없다. 의무교육체제에서나 부모가 교육을 전적으로 관장하거나 모두 자유가 제한되는 경우에 해당한다.

학교 내에서 아동의 자유문제는 다음 장에서 더욱 상세하게 논의할 것이다. 의무교육제도는 여타의 대안들보다는 필요 이상의 제한을 가하지 않지만, 불가피하게 아동의 자유를 제한하는 것은 틀림없다. 그러나 그 제한이 강압적이어서는 안 되며, 또 최소한이어야 한다. 베이커가 예시한 것처럼, 따분한 학교 생활에 싫증나거나41) 면역이 생긴 경우,42) 종교의식이나 국민의례 행사 참석 요구,43) 그리고 폭행 등으로 아이들을 나쁘게 만든 경우가 의무교육과 반드시 관련된다는 것을 보여줄 수 없다면, 이 두 사안은 별개의 것이어서 그 사회적 심각성에도 불구하고 사회가 모든 아이들에게 의무교육을 받도록 해야 한다는 정당화 논의와는 전혀 관련이 없다. 의무교육의 정당성 여부를 현행교육제도의 만족도에 비추어 가늠해선 안 되듯이, 교육제도나 개별 학교의 여러 부정적인 사례를 가지고 의무교육을 비판하는 논점으로 삼아서는 안 된다.

결 론

의무교육에 대한 많은 비판은 기본적으로 의무에 관한 원칙이 무엇인가보다는 학교에서 실지로 가르치는 것이 무엇인가에 맞추어져 있다. 이 관점에서 의무교육부과와 좋은 교육은 반드시 양립할 수 없다고 주장한다. 비록 아이들을 학교에 강제로 가도록 할 수는 있지만, 이들에게 강제로 배우도록 할 수 없다는 것이다. 왜냐하면 학습은 자신이 원할 때 스스로를 위해서 스스로 해야 하는 어떤 것이기 때문이다. 우리를 대신하여 공부를 해 줄 사람은 세상 어디에도 없다. 학습은 결코 수동적인 과정이 아니다. 왜냐하면 우리가 뭔가를 배우고 이해할 때, 그리고 듣고 읽은 것을 통하여 획득된 것일지라도, 우리는 그것을 마음속에 이미 존재하는 인식의 틀에 비추어 능동적으로 자신의 것으로 만들기 때문이다. 그래서 동기화되고 흥미를 가질 때 우리는 보다 열심히 학습하게 되는 것 또한 사실이다. 그러나 이러한 사실이 배움과 의무교육 참여가 서로 양립하지 못한다는 것을 입증하는 것이 아니다. 아동이 보다 용이하게 학습하기를 원한다면 아동을 보다 동기화시키고 흥미롭게 해 주어야 한다는 것을 말해 줄 뿐이다. 의무교육제도에서 아동의 학습능력 여부는 사실의 문제이지만, 독창적이고 창조적인 사람들이 이러한 의무교육제도가 낳은 산물이라는 것도 역시 실증적으로 증명할 수 있는 사실이기 때문에 나는 의무교육부과와 좋은 교육이 양립할 수 없는 것은 아니라고 본다. 탈학교론자와 기타 의무교육 비판론자에 따르면, 학교에 가지 않도록 마음먹은 아이들은 자신들에게 이익이 되는 것을 배우는 것뿐이며, 그래서 무엇이 자신에게 이익이 되는가를 관심을 가지고 알 필요가 있다고 가정하는 것처럼 보인다. 나는 이익이 되는 것과 관심을 갖는 것이 상호간에 늘 일치할 것이라는 신념에 대한 의문을 갖는다. 라이머는 사회가 조직되고 권력이 분산되는 방법에 관하여 사람들이 반드시 알아야 할 많은 것들을 제시한 바 있다.[44] 그러나 내가 이것이 중요해서 그의 주장에 동의를 한다고 할지라도, 나는 그가 모든 아이들이 배우기 원하는 것을 모두 배울 수 있다거나 또는 그가 옹호하는 자유시장에서 아이들이 배우기 원하는 내용에 대한 정보를 용이하게 얻을 수 있다고 생각한 점에서 그는 지나치게 낙관적이었다고 생각한다.

아동은 스스로의 재능을 개발하기 위해서 그냥 혼자 내버려둘 필요가 있다고 믿는 사람들도 두 가지 점에서 잘못이다. 첫째, 홀로 방치된 아동이 이런 식으로 온전하게 성장 발달한다는 가정을 뒷받침할 만한 확실한 근거가 없다. 사람들은 좋은 참나무로 자라기 위하여 태양과 물, 자랄 공간만이 필요한 도토리와 같은 존재가 아니다. 우리는 우리에게 흥미를 가져다주고 우리가 흥미를 가지는 사람들과 상호작용을 하는 존재이다.[45] 둘째, 아동은 절대 혼자 방치되거나 방치해서는 안 된다. 아이들은 누군가로부터 무엇인가를 배우는 존재이다. 아이들에게 가치 있는 것을 배우게 하고 그 필요성을 깨닫게 하는 것이 어른들의 의무이다. 따라서 아이들이 우연히 알도록 방치하거나 아이들을 다른 사람들의 이익에 봉사하도록 해서는 안 된다. 아이들이 원하는 것을 스스로 알아서 결정하도록 하는 것은 곧 그들의 선택이 자유로운 것이 아니라 어떤 가치에 영향을 받아 이루어지며 심지어 조작당한다는 사실을 무시하는 연약한 자유주의 관점에 근거한다. 만약 아이들로 하여금 사회를 이해하고 개인적으로나 사회 일원으로서 합리적 선택 능력을 갖게 해야 한다는 주장이 경시되면, 아이들을 이용하고 조종하길 원하는 사람들이 득세할 것이다.

나는 개인이 자기에게 이익이 될 때만 협동하고, 단지 그들이 스스로 선택한 의무만을 이행한다는 자유주의 인간관이 잘못된 것이라고 주장한 바 있다. 우리는 우리가 원하건 원하지 않건 아이들을 보살피는 것을 포함하여, 공동체 구성원에 대한 책임과 의무를 짊어지는 사회적 존재이다. 그러나 의심할 여지없이 부모는 그들의 자녀에 대한 책임을 져야 하지만, 부모가 아이들에게 책임을 짊어지는 유일한 사람은 아니다. 아동은 단지 그들의 부모나 가족에게만 속해있는 존재가 아니며, 그들은 교육받은 방식에 대한 책임과 관심을 가지는 넓은 공동체의 젊은 구성원이다. 이 말은 아동을 부모가 아니라 국가에 맡겨야 한다고 교묘하게 주장하는 것이 아니다. 아동은 누구에게도 속하는 소유물이 아니며, 우리 모두와 마찬가지로, 그들은 하나의 인격체이면서 동시에 보다 넓은 공동체의 구성원이다. 따라서 공동체는 아동 최선의 이익을 보호하고 증진할 책임을 가지며, 다른 한편 공동체 구성원으로서 아동은 공동체 혜택을 받기만 하는 단순한 수혜자가 아니라 자신이 담당해야 할 몫을 수행하여 공동체에 기여하는 사람들이다. 아동이 교육받는 것은 미래의 참여자가 되기 위한 준비일 뿐만 아니라 현 시점에서도 사회에 기여하는 것이다.

나는 국가의 합법적인 역할이 외부의 위협을 물리치고, 계약을 이행하는 것 이외에 여타의 방식에 따라 국민의 이익을 증진시키는 것으로 확장해서는 안 된다는 주장이 합당하다고 보지 않는다. 국가는 아이들의 이익을 위해 그리고 공동체 이익을 위해 교육에 개입해야 하고, 아이들이 무엇을 배워야 하는가 하는 문제를 운에 맡기거나 그들 부모에게 일임해선 안 된다고 본다. 모든 사회는 나이 어린 구성원의 보호와 교육을 위한 어떤 조치를 해야 하고, 아이들이 당연히 배워야 할 것이 있으며 그것은 임의적으로 부여되어선 안 된다. 성인은 아이들을 가르치고 보살펴야만 하고, 이에 따라 아이들은 마땅히 배워야만 한다. 이는 어느 누구도 게을리 하거나 회피할 수 없는 책임이다. 우리가 아이들에게 어떤 종류의 교육을 제고하는가에 대한 결정이 우리 사회가 어떤 사회가 될 것인가를 영향을 미치는 결정적인 요인이기 때문에 자유민주주의 사회에서 그들이 무엇을 배워야 하는가는 우리 모두의 공통 관심사이다. 만약 우리가 자유에 높은 가치를 부여한다면, 우리는 모든 아동이 자유로운 선택을 하고, 공공문제 결정에 참여하고, 아동의 자유로운 의사결정과 집행에 타인의 부당한 영향력을 최소화하도록 필요한 능력, 태도와 지식을 확실하게 배울 수 있도록 해야 한다. 아이들이 배워야 할 교육내용과 교육방법 또한 진지하게 논의되어야 한다. 우리 사회보다 권력이 더욱 공평하게 분배되고, 또한 자신이 만들고 싶은 인간으로 자녀를 자의적으로 만들려는 부모의 부당한 개입이 없는 매우 이상적인 사회에서는 의무교육 없이도 모든 아동에게 교육이 성공적으로 제공될 수 있다. 이러한 이상향이 실현되지 않는 한, 현행 교육제도의 결점을 충분히 인식하여 의무교육은 부모의 경제력과 학력의 차이가 주는 영향을 최소화하도록 아이들에게 삶의 기회를 갖도록 하는 방향으로 나아가야 한다. 탈학교론자들과 부모가 원하는 경우에만 학교에 가도록 하는 것은 사회의 불리한 입장에 있는 아동 문제를 개선하는 데 결코 도움이 되지 않을 것이고, 이들뿐만 아니라 다른 어떤 아동도 더 자유롭게 하지 않을 것이다. 자유만을 내세우는 경우라면 부모가 자신의 자녀를 위하여 교육에 관한 결정을 대신하는 경우가 성립하지만, 내가 생각하기에, 이것은 아주 가치 있는 것으로 평가될 자유는 아니다.

주석 및 참고문헌

1) 미국의 의무교육에 관하여 쓰여진 것들에 주목하고, 미국의 학교출석법은 우리[영국]와 다르고 또 주마다 아주 다르다는 점에 주목해야 한다. 나는 자유를 사랑하는 민주주의 국가인 두 나라 사이의 차이는 나의 논의에 영향을 주지 않기 때문에 설명하지 않을 것이다.

2) M.S. Katz, 'Compulsion and the Discourse on compulsory School Attendance' *Education Theory* 27.

3) Ibid, p. 181.

4) Ibid.

5) Peter Gardner, 'Liberty and compulsory Education', in: Phillips Griffiths, *Of Liberty.*

6) Ibid, p. 112.

7) Ibid, p. 114.

8) John Locke, *The Second Treatise of Government*, p. 532.

9) Gardner, op. cit, p. 122.

10) Ibid.

11) Ibid.

12) Ibid, p. 110.

13) Pat White, *Beyond Domination*, p. 227.

14) John White, *Towards a Compulsory Curriculum*, p. 22.

15) Ibid.

16) Ibid.

17) Murray, N. Rothbard, 'Historical origins' in Rickenbacker, *The 12 Year Sentence.*

18) John Holt, *Escape from Childhood*, p. 185.

19) Rickenbacker, op. cit.

20) Ibid, p. 2.

21) Ibid, p. 59.

22) John White, op. cit, p. 22.

23) Robert P. Baker, 'Statute Law and Judicial Interpretations', in Rickenbacker, op. cit, p. 130.

24) Ibid, p. 120.

25) Paul Goodman, *Compulsory Miseducation and the Community of Scholars*, p. 16.

26) Everett Reimer, *School is Dead.*

27) ≪선생님에게 보내는 편지≫에 소개된 바르비아나 소년은 반나절 동안 의무교육을 받고, 나머지 반나절은 부유한 부모덕에 개인레슨을 받는 교육시스템이 초래한 정의롭지 못함을 보여준다.*

28) Reimer, op. cit, p.158.

29) John Kleinig, 'Compulsory Schooling', *Journal of Philosophy of Education* 15.

30) Ibid, p. 194.

31) Leonard I. Krimerman, 'Compulsory Education: a Moral Critique.' in Strike and Egan, *Ethics and Educational Policy*, p. 83.

32) Gardner, op. cit.

33) Ibid, p. 125.

34) Ibid, p. 126.

35) John White, op. cit.

36) Ibid, p. 35.

37) Ibid, p. 35.

38) C. Bereiter, 'Moral Alternatives to Education' *Interchange* 3 No. 1, p. 26 for example.

39) Gardner, op. cit.

40) Ibid, p. 30.

41) Holt, op. cit, p. 65.

42) Baker, op. cit, p. 117 ff.

43) Ibid, p. 110 ff.

44) Reimer, op. cit.

45) 나는 교사가 또는 오직 교사만이 재미를 느끼고 재미있게 해줄 수 있다고 보지는 않는다.

* (역자 주): 이 상황은 일과 중에는 '평준화(?)된' 학교에 묶여 있고, 일과 후에는 고액 과외교습을 받는 우리나라의 평준화정책의 학생들의 생활과 흡사하다. 결국 평준화 정책이 정의롭지 못함을 지적하는 것이다.

학교에서의 자유

- 아동의 학문적 자유
- 학교에서의 사회적·개인적인 자유

학교에서의 자유

아동의 자유를 제한하는 것이 비록 정당화되는 경우가 있지만, 이는 아동이 성인의 권위에 본래 부속되어 있거나, 자유를 행사할 능력이 없거나, 성인보다 아동이 존중되고 고려되어야 할 가치가 덜 하기 때문이 아니다. 아동의 자유를 제한하는 것은 성인의 자유를 제한하는 중요성에 비추어 성립하며, 따라서 동일한 근거와 기준에 따라 정당화된다. 나는 앞 장에서 민주 시민은 생존하고, 참여하고, 사회에 공헌하고, 사회로부터 이익을 얻기 위하여 교육받을 필요가 있다는 것과, 민주주의는 그것이 지속적으로 운영되기 위하여 교육받은 시민을 필요로 한다고 주장하였다. 나는 의무교육제도는 원칙적으로 정당화된다고 결론 내렸지만, 비록 의무교육의 정당성이 성인이 바라는 바를 아동에게 부여된 권리나 자유를 무한정 제한하도록 정당화하는 데 있지 않음을 지적하였다.

하지만 아동의 자유와 교육의 문제는 단순히 아동의 의무적 학교 출석에 관한 문제가 아니다. 우리는 아동에게 출석을 강제하는 학교 체제 속에서 제한해야 할 아동의 자유의 범위를 결정해야만 한다. (내 아들은 한 때, '나는 우리가 학교에 가야만 하는 것이 옳다고 보지만, 그것이 어떤 강압적 명령에 따른 것일 필요가 없다'고 말한 바 있다.)[1] 학교에서 아동에게 가르치는 것과 의무교육이 정당화되는가 여부는 확실히 관련이 있기 때문에 아동의 자유와 교육은 결코 별개의 문제가 아니다. 만약 의무교육이 어떤 좋은 결과를 성취한다는 이유로 정당화 된다면, 의무교육은 그 성취된 결과에 맞춰 평가되어야 하고, 의무 교육이 그러한 성취에 도움이 되지 않는다면 의무교육은 정당화되 지 않는다. 예를 들어, 아동이 결과적으로 유순한 소비자가 되고 단 순한 임금노예가 된다 해도 자유민주사회의 구성원으로서 자신의 입장을 이해할 필요가 있다는 이유에서 아동의 자유를 제한하는 것 이 정당하다는 주장은 옳지 않다. 현재의 자유를 제한하는 것이 미 래의 자유 증진이라는 이유로 정당화된다면, 이것은 교육목표 가운 데 하나로 성립하며, 그 목표를 실현하는 방향으로 나아가야 한다. 왜냐하면 의무교육에서 제한은 결코 그 자체로 선한 것이 될 수 없 기 때문이다. 어떤 중요한 목적 달성이 정당화된다면, 반대로 여타 의 목적들은 그만큼 충분한 가치가 반감되며 자유를 제한하는 정당 화 요건으로 중요시되지 않는다.

앞 장에서 의무교육의 정당화 문제를 논의했으므로, 여기서는 의 무교육제도 아래 자유의 문제를 보다 세밀하게 살펴보고자 한다. 이를테면 학교가 계속하여 학생을 가르치고 미래를 준비시키면서 아동의 현재 자유와 권리를 어떻게 존중할 수 있는가에 대하여 검 토하고자 한다. 학교 조직과 운영, 그리고 학칙 제정에 참여하는 아 동의 정치적 자유는 교육과 민주주의를 다룬 마지막 장에서 고려할 것이다. 이 장에서 나는 자유의 두 가지 영역을 고려할 것이다. 하 나는 학생이 무엇을 공부할 것인가, 그리고 무엇을 공부하지 않을 것인가를 선택하고, 자신의 학습을 주도하고, 자신을 가르쳐줄 교사 를 선택하고 자신이 성취할 학문적 기준을 설정할 학문의 자유이 다.* 다른 하나는 복장, 학교 밖에서의 행동의 자유와 제한, 그리고

---

* (역자 주) 이 장에서 논의되는 학문의 자유(academic freedom)는, 저자도 이어지는 절에서 인정하듯이, 대학이나 연구기관에 적용되는 학문의 자유가 아니다. 아이들이

학교 안에서 행동과 표현의 한계에 관한 개인적 자유이다.

아동의 학문적 자유

학문적 자유에 관한 통상적인 주장은 학문적 자유가 인간의 진보와 진리의 발견을 위하여 필요하다[2]는 내용을 담은 밀의 표현과 논쟁의 자유에 대한 주장에서 찾을 수 있다. 밀의 주장에 아동 문제가 적용되어선 안 될 것 같다. 왜냐하면 비록 아이들이 학교에서 많은 것을 발견할지라도, 그들이 발견하여 배운 내용은 이전에 누구도 생각하지 않았거나 혹은 생각하려고 시도하지도 않았던 내용을 발견하는 것이 아니기 때문이다. 아이들이 새로운 지식을 의미 있고 쉽게 잊혀질 수 없도록 매우 기초적인 것을 배운다는 것이다. 아동은 기본 지식과 기능, 합리성의 기준과 어느 정도 과학적 지식을 학습한 후에야 인간의 지식을 진보시키는 작업에 동참할 수 있을 것이다. 만약 아동이 학교에서 학문의 자유를 갖는다면, 그것은 다른 이유에 근거한 것이다. 그 이유란 아동은 자신의 이익을 추구할 권리를 가지고 자신의 삶을 이끌어 가는 인간 존재라는 점이다.

나는 의무교육에 의무적 참여 또는 이와 대등한 교육에 의무적으로 참여하는 것을 정당화하는 근거로 아동이 우리 사회에서 그들이 살아가기 위해 알 필요가 있으며, 공동체의 구성원으로 참여하여 자신의 입장과 역할을 파악할 필요가 있으며, 그리고 개인으로서 합리적 선택 능력을 갖출 필요가 있다는 것을 주장하였다. 이것이 사실이라면, 아동에게 학문의 자유와 개인적 자유를 모두 허용하는

주어진 교과 또는 학교에서 체험할 수 있는 활동 중에서 선택하여 학습하는 것을 가리킨다. 이런 고로 맥락에 따라 이 용어는 학교 안에서 학생들이 행사하는 자유를 가리킬 경우에 '학습의 자유'라고 번역한다.

것은 사리에 맞지 않는다. 왜냐하면 아동은 앞서 말한 의무교육의 정당화 근거를 중요하다고 생각할 만큼 학습하지 않았기 때문이다. 진보주의와 자유학교를 지지하건 또는 공립학교를 지지하건간에 관계없이 학교에서 아동의 자유를 확장시켜야 한다고 주장하는 사람들이 있지만, 이들 사이에도 아동이 완전한 학습의 자유를 가져야 하는가에 대하여 의견이 분분하다. 이러한 차이는 학교의 목적을 어떻게 해석하는가에 대한 차이에서 비롯된다. 자유방임주의 교육자인 니일A. S. Neill은 자신의 교육목적관과 아동관에 기초하여 수업 참석 여부를 포함하는 아동의 완전한 자유를 허용해야 한다고 주장하였다.

니일은 학교의 목적이 아동을 행복하게 하는 것이라고 믿었다. 다른 진보주의 교육운동의 선구자들과는 달리, 그는 강압적 교수법이나 개선하는 소극적 태도를 취하는 데 그치지 않았으며, 사회와 교사의 가치를 아동이 공유하도록 양육하는 것도 원하지 않았다. 그는 아동이 행복해지는 것에 최고의 가치를 두었으며 그 방법은 그들에게 최대한의 자유를 주는 것이라고 생각했다. 만약 아동이 공부하기를 원한다면 공부하게 내버려두고, 또 공부하기 원하지 않는다면 무식한 거리의 청소부로 살더라도 그들 스스로가 행복해지는 것이 중요하다고 생각하였다. 이러한 학교교육목적관은 니일의 아동 본성관과 떼려야 뗄 수 없는 관련을 맺고 있다. 나는 그의 학교교육목적관과 아동관 중 어느 것도 동의하지 않는다. 그는 다음과 같이 말하였다.

우리는 아동이 원하는 대로 할 수 있는 자유를 허용하는 학교를 만들어 운영하였다. 이를 위해서 우리는 일체의 훈육, 지시, 강권, 도덕적 훈련, 종교적 가르침을 모두 폐기하도록 하였다. … 오로지 요구되는 것이 있다면, 그것은 아동이 악한 존재가 아니라 선한 존재라는 아동에 대한 우리의 완전한 믿음이다. … 나의 관점은 아동이 태생적으로 현명하고 참되다는 것이다. 어떤 아동도 어른들의 일체 간섭 없이 내버려둔다면, 그는 자신이 발달할 수 있는 만큼 충분히 발달할 수 있을 것이다.[3]

행복의 문제를 간단히 말하자면, 행복을 선으로 인정한다 해도, 그것이 단지 유일한 선도 아니며, 설사 이를 인정하더라도 행복을 유일한 교육목적으로 하는 학교는 아동의 현재 행복과 미래 행복이 상충하는 갈등에 직면하게 된다. 당장 이끌리는대로 수업도 받지 않고 아무것도 배우지 않는 행복은 차후의 행복을 배제한다. 수업에 빠질 자유는 덜 가치 있는 것으로 판단된다. 결과적으로 상이한 자유의 가치문제로 다시 귀결된다. 로크의 '무제한 자유unrestrain'd liberty'[4] 혹은 와일Simone Weil의 '변덕스러움에 무조건적 함몰an un-conditional surrender to caprice'[5]로 표현되는 자유와, 자신의 계획을 수립하여 실행할 능력을 갖춘 자유가 서로 상충된다. 와일은 자유 사회의 이론적 배경으로[6] 부모가 어떤 것도 부과하지 않았을 때 영유아들이나 향유할 수 있는 자유와 자신의 행동을 스스로 통제할 수 있는 사람이 향유할 자유를 대비시킨다. 전자는 기본욕구와 그 만족에 관련되어 있는 반면, 후자는 행동으로 이행할 수 있는 사고와 의도에 관련된다. 그녀는 완전한 자유 사회와 자유인은 실현 불가능한 이상이라는 것을 인정하면서, 다음과 같이 말한다.

> 완벽한 자유인은 자신이 스스로 설정한 목적과 계획에 따라 모든 행동을 순조롭게 진행할 수 있고, 거기에 요구되는 일련의 수단도 일사불란하게 동원할 수 있는 사람이다.[7]

성인과 전폭적인 상호작용을 매개하지 않고서 아동이 혼자서 그러한 종류의 자유를 누리기 어려우며, 또한 결코 우연하게 획득할 수 없는 획기적 기술을 사용하지 않고서 이러한 자유를 행사하기 어렵다.

앞 장에서 살펴보았듯이, 니일이 믿는 것처럼, 아동들은 방해만 받지 않으면 주어진 일정에 맞춰 특정한 패턴에 따라 성장하는 식물이 아니다. 아동은 성인의 명령이나 지시 없이 살아갈 수 있을지 모르나, 아동이 성인의 도움 없이 스스로 힘만으로 자신의 잠재성을 완전히 개발할 것이라는 니일의 주장은 잘못된 것이다. 예를 들어, 성인에게 체조, 테니스, 바이올린 훈련을 받은 아이들이 열정만 갖고 전혀 훈련을 받지 않은 아이들보다 능력 면에서 월등한 수준에 도달한다. 이러한 방식으로 아동이 높은 수준에 이르도록 훈련하는 것이 옳은가는 여전히 논쟁거리가 되지만, 특정기능의 훈련이 보다 큰 성취를 가져오는 것은 틀림없다. 성취가 개인의 잠재력 범위 안에서 가능한 것이 사실이지만, 그렇다고 성인의 어떤 도움이 없이 아동을 내버려둔다고 그들이 할 수 있는 성취가 이루어지는 것은 결코 아니다.

앞 장에서 살펴보았듯이, 아무리 학교와 교사가 학생들에게 아무런 조치를 취하지 않으려고 해도 어차피 아이들은 이들로부터 영향을 받을 수밖에 없다. 심지어 섬머힐 학교 아이들도 매주 영화를 보러 가고, 주말에는 집에 가고, 책이나 만화책을 보는 과정에서 니일이 본성이라고 한 아동의 특성으로부터 영향을 받는다. 니일은 섬머힐 학교의 자유가 아이들에게 지적인 측면에서 최대한 발휘된다고 하면서,[8] 이들이 외부 시험을 보기로 결정하면 단기간에 요구되는 집중적 학습을 하는 사례를 제시한다. 그러나 이 아이들은 아마도 시험합격에 대한 부모의 지나친 열정이나 성인의 기대라는 외부로부터 영향을 암암리에 받았을 뿐만 아니라 이에 따라 동기화가 일어나 지적 자극을 받았을 개연성이 크다. 니일의 관점에서 공부에 관심 없는 아동이나 수학과 물리 수업에 출석하지 않는 소녀들은 자신의 본성에 충실한 것이어서 그들이 수업에 출석하도록 강요되어서도 권장되어서도 안 된다.

> 미래 유능한 재단사가 될 아이들에게 이차 방정식과 보일의 법칙을 배우도록 하는 교육과정은 불합리한 것이다.[9]

이 관점은 아동의 잠재력과 미래의 삶이 결정론에 따른다는 것이고, 사회가 기대하고 영향을 미치는 요소들과 반응하면서 아동이 성장한다는 견해를 완전히 배제한다.

만일 아동에게 성인이 할 수 있는 선택과 마찬가지로 어떤 이익이 추구되어야 하는가를 그들 마음대로 하도록 내버려둔다면, 그들은 제한된 지식과 경험에 근거하게 될 것이고, 교사를 제외한 모든 이들의 영향을 받게 될 것이다. 듀이Dewey는 다음과 같이 말했다.

> 아동이 어떻게 행동해야 하는가의 결정은 … 누군가에 의해 영향을 받는 것이 틀림없다. 더 많은 경험과 더 넓은 사고를 가진 사람으로부터 영향을 받는 것을 우연적 계기에 따라 영향을 받는 것과 동등한 효력을 갖게 하는 것은 납득할 수 없다.[10]

나는 경험이 전혀 없는 어린 아이가 학교에서 완전히 자유로운 선택을 하도록 했을 때, 무엇을 선택할 것인가에 대한 그 아이의 생각은 종종 최초의 아이가 선택한 것을 모방한다는 것을 알았다. 그러나 만약 선택 이전에 교사의 충고가 주어지고 아이들이 스스로 이를 고려하여 몇몇 활동을 선택했을 경우에도, 이들은 완전히 같은 것을 원하지 않는다. 그러한 상황에서 성인의 제안이나 부추김이 이론적으로는 아이들의 선택 범위를 축소하고 자유를 제한할 것으로 생각했으나, 실제로는 아이들의 자유를 확장시켰다. 아이들이 스스로 무엇을 하기를 원하며, 이를 위해 무엇을 알아야 하며, 구체적으로 어떻게 이를 착수할지에 대한 개인적 판단을 하도록 어른들이 돕는 것은 중요하다. 그러나 이를 위해 필요한 지식과 기능을 갖추게 될 때까지 아이들에게 학습의 자유가 완전히 허용되어선 안된다. 지적 능력이 상대적으로 덜 발달되어 있고 어떤 선택이 가능한가에 대한 충분한 경험이 없는 아이들에게 어떤 공부를 택해서 해야 할지를 선택할 자유는 부적절하다.

니일의 섬머힐 학교의 교육철학과 대조적으로, 국가제도 내에 있는 대부분의 사립자유학교, 진보학교와 자유학교들은 오히려 학생들이 공부하기 원하는 것을 마음대로 선택할 완전한 자유를 허용하지 않는다. 사립자유학교를 비판하긴 했어도 그로바드Allen Graubard는 이들 학교가 지속하려면 할수록 학생들의 수업 출석을 계속 의무화해야 한다고 주장한다.[11] 일부 학교는 중요한 수업의 출석이 의무사항이다. 영국의 국립학교인 카운티쏘프 학교Countesthorpe College는 학생이 자신의 학습과정을 선택하고 책임지도록 하는 제도를 시행했지만, 역시 학생들은 이 작업을 교사와 함께 했고, 그 결과 자신의 일을 계획하는 소중한 경험을 터득했다. 이 학교의 교사 두 명은 다음과 같이 말하였다.

> 우리 스스로 설정한 과업은 아이들의 자율성이 신장될 수 있는 상황을 만드는 것이다. 우리는 각각의 학생이 일시적인 변덕과 기분에 맞추어 따라가지도 않았으며, 교사들이 학생에 대한 기대를 긍정적이고 의욕적으로 강력하게 대처하지 않았다면, 우리는 학생들의 자율성을 신장시키기 위한 조건을 형성시킬 수 없었을 것이다.[12]

아이들이 스스로 직접 작성한 과정이 아니라고 해서 강제적인 것이거나 강압적인 것이라고 할 수 없다. 만약 교사가 아이들이 스스로 선택한 과목에 대하여 준비를 같이 해 준다면, 아이들은 이를 자신의 일로 생각하고 전보다 더 걷어붙이고 달려들 것이다.

학업성취에 대한 기대가 낮은 가정이나 지역에서 온 학생들과 함께 작업하는 교사들에게 학업성취는 하나의 가능성일 뿐이고, 학업성취경력은 똑같이 모든 학생들에게 개방되어 있다는 점을 인식시켜야 한다. 나는 교사가 중산층 문화와 직업을 가장 가치 있거나 바람직한 것으로 지지해야 한다거나 또는 노동 계층의 유능한 학생들이 중산층으로 편입되어야 한다고 제안하는 것이 아니다. 그러나 만일 아동이 성인과 같은 선택을 하게 된다면, 자녀와 부모가 사전에 전혀 알 수 없는 일이 벌어진다는 가능성이 그 선택 사안에 포함될지 모른다. 그들은 자신의 선택에 어떤 기준이 요구되는지와 그 기준에 도달하는 데 방해물이 있는지 여부를 알 필요가 있다. 사람들은 당시에 뭔가를 꽤 잘 했다고 생각하지만 몇 달 혹은 몇 년 후에야 그렇지 않다는 사실을 알고 낙담하기도 한다. 사립학교에 다니는 부유한 가정의 자녀들에게 학업능력을 신장하여 다양한 직업을 준비시키는 교사의 역할은 특별히 중요하지 않을지 모른다. 이러한 학교들은 때로 시험결과를 다소 경멸하기도 한다. 아마도 이러한 태도를 취하게 되는 것은, 이 학교 졸업생들이 어렵지 않게 사회적 기회를 획득할 수 있기 때문이다. 반면에 노동 계층과 흑인 아동의 교육을 맡는 미국 공립학교와 자유학교들은 현대 도시 문명과 현실을 반영하지 않고 한가로운 시골에서나 볼 수 있는 목가적인 평화를 누릴 여유가 없다.

이렇게 열악한 학교에서 교과를 더욱 엄격하게 가르쳐야 한다는 입장은 특히 미국의 흑인 자유학교에서의 경험을 토대로 한 코졸 Jonathon Kozol에 의해 견지된다. 그는 다음과 같이 말하였다.

가난한 아이들이 점토 항아리를 만들고, 인디언 헤어밴드를 짜고, 폴라로이드 카메라나 가지고 놀게 하는 등 열악한 환경에서 지내도록 결정하는 가장 큰 요인은 16세쯤 되면 세 가지 외국어를 모국어처럼 능숙하게 구사하는 부유한 백인 아이들이 받는 고비용의 엄격하고 체계적인 6년간의 교육 때문이다.[13]

그리고 그는 또한 교육이 단지 개인을 이롭게 하고 개인의 삶이 성공적이도록 돕는 문제일 뿐만 아니라, 공동체가 요구하는 숙련된 전문가를 공급하는 데에도 집중되어야 한다고 주장한다.

할렘은 새로운 세대로서 급진적인 단순 노동자를 더 이상 필요로 하지 않는다. 할렘은 급진적이고, 강인하고, 체제 파괴적이고, 확고하고, 회의적이며, 격노에 찬 사람을 필요로 하고, 권력을 행사하는, 산부인과 의사, 소아과 의사, 실험 과학자, 변호사, 토지 감정사, 신경외과 의사를 필요로 한다.[14]

코졸의 지적은 자유 사회에서 자유인을 위한 교육은 단지 기존의 가능한 기회를 제공하여, 그 기회를 획득하는 데 필요한 기술을 학습시키는 데 그치는 것이 아님을 상기시킨다. 진정 자유롭게 되기 위해서 우리는 우리를 착취하려는 누군가에게 종속되어서는 안 된다. 이러한 자유를 지키는 것은 정치적 문제이다.

아동의 자유 확장에 관심을 갖는 교사들은 직접적 훈육이나 지시를 회피할 필요가 없다. 그들은 학습이 개연적으로 발생하기 때문에 모든 학습이 개연성을 가지며 어떤 학습이나 다른 학습만큼 같은 비중으로 바람직하다고 생각하는 자유학교의 많은 교사들이 공통적으로 저지르는 실수에 빠지지 말아야 한다.[15] 실제로 아동이 특정 교과를 자의적으로 학습할까 여부가 아니라 반드시 학습해야 할 필요가 있다고 단언할 수 있다. 만일 어떤 지식을 배우는 것이 학교에 반드시 출석해서 배워야 할 만큼 중요하다고 인식한다면, 아동이 그것을 배우지 않기로 결정하도록 허용해선 안 된다. 그러나 이것이 아동은 전혀 학습의 자유를 가져서는 안 된다는 것을 의미하지 않는다. 왜냐하면 대부분의 다른 사람들처럼, 아동도 자신이 흥미를 갖고, 그것을 원할 때 학습을 더 잘 할 수 있기 때문이다. 만일 아동이 자신을 위해 스스로 어떤 것을 발견하고 추구하도록 허용된다면, 비록 그것이 전체사회에 대한 이해와 지식을 증가시킬 것 같지 않더라도, 이러한 기회는 반드시 주어져야 하며, 이는 개인의 선택이 매우 소중하다는 경험적 근거에 의해 뒷받침된다. 나이가 들어감에 따라 아동은 카운티쏘프 학교의 학생들처럼, 그들이 배우고 싶은 것을 교사들과 토론하면서 배우려고 할 것이다.

의무부과와 자유의 제한이 특정 목적 달성을 위하여 정당화된다는 점을 인정하더라도, 불필요하거나 과도한 제한은 정당화될 수 없다는 점은 다시 반복해서 강조할 필요가 있다. 따라서 목적 달성과 자유의 허용이라는 두 가지 가능성이 있을 경우만 정당성이 주어진다. 예를 들어, 아이들에게 작문이 매우 중요하다고 간주하지만, 한편 당장 흥미 없던 작문이 갑자기 흥미 있는 내용으로 둔갑할 수 있다고 하더라도, 아이들보다 교사의 이익을 위하여 작문활동을 규율하는 것은 정당화되지 못한다. 사실상 대부분의 교사들이 알고 있듯이, 학습보조 방법으로 아동의 흥미를 형성하고, 북돋우고, 이용하는 것이 가장 효과적이다. 따라서 교사가 아이들의 학습에 무엇이 필요한가를 마음에 새기는 동안에 아이들에게도 그 제한된 학습 영역 속에서나마 선택의 여지가 있어야 한다. 자유학교 옹호론자들은 이것이 실제 자유가 아니라 아동에게 자유에 대한 그릇된 관념을 심어준다고 비판한다. 왜냐하면 아동의 자유는 교사가 사전에 짜놓은 계획을 따르는 것이 아니라 스스로 선택한 것이 주어진 상황에서 행사된 것이라고 보기 때문이다. 그러나 만일 교사와 우리 사회가 기획한 내용이 때때로 아동 자신의 이익을 추구함으로써 자유로운 존재가 될 수 있다면, 이때의 자유는 결코 그릇된 환상이 아니다. 그리고 이는 성취할 목적을 교사가 선택하고 그에 따른 수단을 아동이 선택한다는 입장이 결코 아니다.

교육은 아주 복잡한 과정이어서 목적과 수단의 관계로만 단순하게 기술할 수 없다. 예컨대, 쓰기 학습이 목적인 경우에 쓰기의 내용인 이야기와 과제는 단지 그 목적을 달성하기 위한 수단이 아니다. 또 아동 자신이 스스로 선택한 작업은 그 작업이 지향하는 목적을 달성하기 위한 단순한 수단이 아니다. 아동의 미래를 위한 준비뿐만 아니라, 현재의 중요성은 듀이가 강조한 바 있다. 그가 다음과 같이 말하였다.

> 미래 준비가 현재를 통제하는 목적이 될 때, 현재의 잠재가능성은 가상적인 미래를 위해 희생된다. 이렇게 될 때, 미래를 위한 실질적인 준비는 상실되거나 왜곡된다. 현재를 단지 미래 준비를 위하여 사용할 수 있다는 생각 그 자체가 모순이다. … 우리는 현재의 한 시점에 살아갈 뿐 다른 어떤 시간에 살아가는 것이 아니다. 현재의 매 시점에서 시시각각 의미 있는 경험이 나오는 것이며, 이를 통하여 우리는 미래를 위한 준비를 한다. 이것은 결과적으로 진정 의미 있는 미래의 준비가 된다.16)

어린 아이가 자신이 흥미를 가진 활동을 선택했을 때, 또는 좀 나이든 학생이 자신이 배우길 원하거나 배울 필요를 느낀 교과목을 선택했을 때, 이 아이들은 단지 누군가 타인이 선택한 목적을 달성하기 위한 수단을 선택하는 것이 아니다. 아이들은 현재의 자유를 행사한 것이며, 동시에 미래의 또 다른 자유를 행사하기 위한 준비를 한 것이다.

아동의 학습의 자유에 관하여 결론을 내리면 다음과 같다. 첫째, 아동에게 학습의 자유가 완전하게 제공되어선 안 되지만, 아동 스스로 배울 필요가 있다고 판단되어지는 것을 무시하지 않는 한, 아동에게 가능한 한 많은 학습의 자유가 주어져야 한다. 둘째, 학습 선택의 자유는 아동의 학습을 촉진하는 실제적 이익을 가져다준다. 셋째, 학습을 촉진하는 이익을 가져다주지 않는 아동의 자유에 대한 불필요한 제한은 정당화되지 않는다. 끝으로, 아동이 배워야 할 가장 중요한 것은 그들 스스로 정보를 찾는 방법, 독립적으로 공부하는 방법, 스스로의 이익을 추구하는 방법, 그리고 교사의 측면에서 설정된 목적이 아니라 스스로 설정한 목적을 달성하기 위하여 노력하는 방법이다. 이는 아동이 실천할 기회를 갖지 못한다면, 실현 불가능하다. 또 나중에 성숙한 학문적 자유를 행사하는 사람으로 성장할 수 없다. 그리고 관련 성인과의 상호작용의 자극 없이, 아동이 지적, 사회적으로 완전하게 발달할 수 없다. 아무리 교사와 부모가 자신의 아동에게 자유를 누리게 하려고 애쓴다 하더라도, 그들은 자신들의 영향으로 아동의 자유가 제한되는 것이 두려워 방관하게 되면 아동의 자유는 신장되지 않는다. 듀이는 다음과 같이 말하였다.

> 모든 인간의 경험은 궁극적으로 사회적이며, … 접촉과 의사소통을 포함한다. 도덕적 용어로, 성숙한 인간은 자신의 경험을 공감적으로 이해하도록 하는 어떤 능력을 젊은이에게 제공할 기회를 회수할 권리는 없다.[17]

학교에서의 사회적·개인적인 자유

학교는 교육제도일 뿐만 아니라 사회제도이다. 학교에서 아동의 자유를 제한하는 규칙은 아동이 학교에서 직접적으로 학습하는 것에 관련된 것만이 아니라 아동의 개인행동과도 관련이 있다. 아동이 무엇을 학습할 것인가를 선택할 자유를 제한하는 것은 중요한 기술, 원리, 사실을 반드시 배워야 할 필요가 있는 경우에 한하여 정당화된다면, 같은 논거로 뚜렷한 목적은 뚜렷한 수단을 드러내므로 아동의 행동 제약 역시 특정한 학습에 필수적인 경우 정당화될 수 있다. 물론, 어린 아이들의 공동체에서 학습을 위하여 필요하다고 그들의 행동을 제한할 필요가 있는가에 대하여 이견이 있을 수 있다. 나의 학창 시절엔 교사들은 우리가 교복을 입고서 사탕을 먹는다거나 버스에서 모자를 벗는 행위가 사회에 필요한 질서를 파괴하는 것이라고 생각했던 것 같다. 당시에는 교외에서 학생 행동 규제가 당연한 것으로 여겨졌다. 또 최근 나의 아이들의 경우 초등학교 기간 내내 상하의를 완벽하게 갖춰 입도록 교육받아온 터라, 중등학교에 입학하는 11세가 되어서는 자신들이 계속 학교 공부를 하려면 감청색 스커트와 상의, 그리고 넥타이를 반드시 착용해야 한다고 생각하게 되었다. 학교에서 이처럼 직접적으로 학습을 증진하거나 촉진할 필요도 없고, 또 공동체에서 필요한 협동적 행동과 좋은 질서를 가르치는 데 필요한 것도 아니며, 그렇다고 아동의 안전을 지키기 위하여 필요한 것도 아닌 데도 아동의 자유를 불필요하게 제한하는 경우가 많다. 나는 그러한 제한들이 결코 정당화되지 않는다고 본다.

대개 아동의 자유를 확대시키려는 학교가 곧잘 비판받는 이유는 아동의 행동은 도야되어야 한다는 논거 때문이다. 타인데일 초등학교William Tyndale Junior School,[18] 라이징힐 종합학교Riginghill Comprehensive,[19] 카운티쏘프 학교[20]와 같은 공립학교 등에 가해지는 학부모, 언론, 행정가들의 비판을 읽어보면, 이 비판들은 아이들이 탈 없이 조용하게 지내면서 과연 무엇 하나 제대로 배운 것이 있기나 한 것처럼 그것만을 염두에 두고 있다는 냉소적인 결론을 내린다. 자유로운 분위기의 학교에서 주로 문제 삼는 아동의 행동은 극히 예외적으로 특별히 다루기 힘들거나 정서가 불안한 아동의 경우에 해당한다. 어떤 부모들은 자신의 자녀가 지닌 심리적인 문제를 해결하기 위하여 섬머힐 학교에 보냈다가, 아이들의 문제가 개선되었을 때 도야 프로그램이 더욱 구조화된 학교로 옮긴다. 라이징힐 학교와 타인데일 학교는 이처럼 다루기 힘든 아동 문제를 해결하려고 노력하며 아이들을 단순히 학교에 묶어두거나 타 학교로 전출할 것인가 하는 문제로 몰아가지 않는다. 다루기 힘든 아동에 대한 이러한 배려는 오히려 칭찬받아 마땅하다. 하지만 이들 학교에 재학하는 문제 아동의 숫자를 고려하면 이 학교 교사들은 정상적인 아동들에게 제공되어야 할 자유와 자기가 맡은 학생이 필요로 하는 환경이 무엇인가를 혼동해선 안 될 책무성을 지닌 만큼 어느 정도 권한을 부여받아야 한다.

내가 의사 혹은 사회복지사와 교사를 구분한 것처럼, 니일은 의사의 역할과 시민의 역할을 분명하게 구분하면서 아동이 성취해야 할 자기규제는 제멋대로 파괴하고 망쳐놓는 성질의 것이 아니라고 하였다.

> 자유를 옹호하는 많은 사람들이 확고한 소신을 갖지 않았기 때문에 자유증진 운동은 전반적으로 훼손되고 경시된다. … 나는 실제로 문제 아동의 파괴적 행동을 끈기 있게 인내하는 데 내 인생의 많은 시간을 사용한 것이 사실이지만, 그것은 시민의식을 가지고 그렇게 한 것이 아니라 심리치료 의사로서 그렇게 한 것이다.[21]

자유를 소중히 여기는 학교에서 아동이 반드시 지녀야 할 자유와 권리는, 자유사회에서 우리가 향유하는 자유와 권리와 마찬가지로, 타인의 재산을 침해하고[22] 타인의 학습 기회를 빼앗을 자유, 그리고 이웃을 위협하는 자유가 결코 포함되어선 안 된다. 민주사회의 조직에 관여한 사람과 마찬가지로 교사가 당면한 문제는 어떻게 하면 개인의 자유와 권리를 존중하고 타인의 권리 침해를 막는가 하는 문제이다. 이를 위하여 교사는 학교 규칙이 어떻게 제정되어야 하는가를 반드시 알아야 하며, 교사의 이러한 노력은 제4장에서 논의한 것처럼 자유를 감소시키기보다는 자유를 전반적으로 증진시킬 수 있다는 점을 고려할 필요가 있다.

가장 먼저 생각할 수 있는 점은 많은 규칙을 가진 학교의 아동보다는 소수의 규칙을 가진 학교의 아동이 더 자유롭다는 점이다. 하지만 아동의 자유를 얼마나 제한하는가에 영향을 미치는 것은 규칙의 조항 수보다는 규칙의 적용 범위이다. '아동들은 항상 분별 있게 행동해야 한다'는 규칙은 언제 어디서 자전거를 타거나 초콜릿을 먹는 행위를 구체적으로 규정한 규칙보다 훨씬 더 포괄적이어서 준수하기 매우 어렵다. 즉 적극적 규정보다 소극적 입장에서 금지하는 것이 덜 제한적이다. 예를 들자면 높고 뾰족한 굽의 스파이크 구두 신는 것을 금지한다면, 다른 형태의 구두를 마음껏 신발을 신을 수 있지만, 규칙이 티자T 모양의 끈이 있는 평평한 갈색 신발을 신을 것을 규정한다면, 개인적 선택의 여지는 거의 없다. 그렇기 때문에 학교의 규칙은 적극적 규정이기보다는 소극적 규정이어야 하고,23) 포괄적 금지보다는 명시적 금지가 되어야 한다.24) 그러나 아동이 특정한 환경에서 구체적이고 명백한 규제 지침이 요구되는 상황이 있다고 인정되지만, 반면에 덜 제한적인 규정에 더욱 중점을 둔 결과로 아동이 향유할 수 있는 자유의 양적 증진에 상당히 기여하는 것이 사실이다. 하지만 나는 그것이 또한 자유의 질을 증진하는 데 있어서 충분하다고 보지 않는다.

학교는 많은 아이들이 복도에서 서로 부딪쳐 생기는 말썽을 피하기 위하여 '도로교통' 형식의 규칙이 필요하다고 느낄지도 모르지만, 학교가 실제로 해야 할 일은 아이들이 상대방의 입장에서 원하는 바를 배려하고, 피해를 주지 않는 공동체를 만드는 일이다. 복도에서 뛰는 것을 금지하는 규칙은 항상 주의 깊고 신중하게 행동하라는 추상적이고 포괄적인 규정보다는 명백하고, 쉽게 이해할 수 있고, 덜 제한적일 필요가 있다. 그러나 불행하게도, 이처럼 명백하지만 편협하게 제정된 규칙들은 아동의 자기도야에 별반 도움이 되지 않으며, 아이들이 규칙에 담긴 정신보다는 규칙의 자구에만 매달리게 하는 결과를 낳는다. 홀트가 아동을 불안하게 방치하는 임의적인 법과 본의 아니게 범죄를 저질렀는지 여부를 명백하게 가늠하지 못하는 포괄적인 법 규정의 해악을 강조하는 것은 옳다.[25] 그러나 자기 도야를 촉진하고 타인의 권리를 보호한다는 목적은 금지의 형태를 띤 편협하고 소극적 입법만 가지고 달성되지 않는다. 이러한 규칙들은 행동의 전반에 적용될 수 있는 광의적인 것이어야 한다. 자유롭고 협동적인 교육 공동체에서 학생의 행동을 규제하는데 있어서 고려해야 할 가장 중요한 점은 학교의 규칙 그 자체보다는 교사와 학생간의 좋은 관계 유지에 있다는 점이다.

공사립을 막론하고 자유학교에 다니는 아이들이 표명하는 주된 관심사는 권위적 학교에서는 볼 수 없는 지식과 경험의 측면에 있는 것이 아니라 교사와 동등한 입장에서 대우를 받고 있는가 하는 점이다.[26] 모르긴 해도 성인으로서 우리는 인간 존중이라는 가치에 매우 익숙해 있다지만, 아동에 대한 인간 존중은 낮게 평가하고 있다. 또한 놀랍게도 자유를 존중하는 자유학교의 설립근거조차 아동에 대한 상호 존중과는 상관없는 어떤 것을 기대하고 있다. 별반 잘못된 행동이 아닌데도 아이들이 저질렀다는 이유로 그 행동에 대하여 일부 어른들이 얼마나 격분했는지도 기억할 필요가 있다. 짧은 치마, 긴 치마, 검은 셔츠, 밝은 셔츠, 짧은 머리와 특정한 모자를 썼다는 것이, 주머니에 손을 넣은 채 어른에게 말하는 것, 존칭을

붙이지 않고 말한 것, 또 묻지도 않았는데 의견을 표현한 행위와 함께 교사, 부모, 교장을 당황하게 했을지 모른다. 동등한 존중이 학교의 자유로운 분위기에 근본이 된다는 데 충분한 확신이 없는 성인이 분위기가 밝고 억압적이지 않은 현대식 학교에서 일주일을 보내보면 자신에게 동등한 상호 존중이 얼마나 부족했는지를 발견하게 될 것이다. 이런 말을 한다고 해서, 나는 교사를 다른 사람들보다 더 나쁜 사람으로 내몰려는 것이 아니다. 오히려 교사가 다른 사람들보다 자신이 가르치는 어린 아이들에 대하여 더욱 존중하는 것을 쉽게 확인할 수 있다. 예컨대, 우리는 구멍가게에 사탕 사러 온 아이들을 새치기하는 사람들이 교사가 아니라는 사실을 쉽게 확인할 수 있다.

존중감은 교사들이 수업을 통하여 가르친 내용과 방법에 따라서 학생들이 지닐 수도 있고 아닐 수도 있다. 하지만 더욱 중요한 것은 존중감이 학생 스스로가 숙고하고, 사회적, 교육적 환경에서 자신이 기여하고 있다는 의식 속에 내재해 있다는 점이다. 만일 아동을 자기 자기중심적 관점을 지닌 중요한 사람으로서 존중한다면, 학교에서 아동의 자유가 제한된다는 논제에 관하여 우리는 관심을 기울여야 한다. 이와 관련하여 아동이 학교 운영과 구성에 관하여 자유롭게 의견을 공유할 수 있는 범위에 관한 논의는 다음 장에서 다루기로 한다.

주석 및 참고문헌

1) David Chamberlin, 12세에 학교는 강압에서 멀어져야 한다고 말하면서.
2) J. S. Mill, *On Liberty*, p. 85.
3) A. S. Neill, *Summerhill*, p. 20.
4) John Locke, *The Second Treatise of Government*, p. 532.
5) Simone Weil, *Oppression and Liberty*, p. 85.
6) Ibid, pp. 83 − 108.
7) Ibid, p. 85.
8) Neil, op. cit, pp. 112 − 113.
9) Ibid, p. 39.
10) John Dewey, *Education and Experience*, p. 71.
11) Allen Graubard, *Free the Children*, pp. 156 − 7.
12) Michael Armstrong and Lesley King, in Watts (ed) *The Countesthorpe Experience*, p. 54.
13) Jonathan Kozol, *Free Schools*, p. 33.
14) Ibid, p. 45.
15) 이 관점은 듀이에 의한 것이다. op. cit, p. 25.
16) Ibid, p. 49.
17) Ibid, p. 38.
18) John Gretton and Mark Jackson *William Tyndale*; *Collapse of a School − or a System?* and Terry Ellis and Brian Haddow, Dorothy McColgan and Jackie McWhirter, *William Tyndale*: *the Teachers' Story*.
19) Leila Berg, *Risinghill*; *Death of a Comprehensive*.
20) Watts, op. cit.
21) Neill, op. cit, p. 105.
22) 아동들의 가능성의 파괴에 대해 인식을 하면서, 니일은 '아동들에게 자유를 주기를 시도하는 사람들은 백만장자이어야만 할 것이다. 아동들을 자연 상태에서 방임하는 것은 항상 경제적인 요소와 갈등을 일으키는 공정하지 못한 것'이라고 말했다. op. cit, p. 130.
23) John Holt, *Freedom and Beyond*, p. 25 ff.
24) Ibid, p. 27.
25) Ibid.
26) See, for example, Graubard, op. cit, p. 70.

자유, 민주주의, 교육

자유, 민주주의, 교육

민주시민은 생존하고 참여하고 사회에 공헌하여 그 사회로부터 이익을 얻기 위해 교육을 받을 필요가 있고, 민주사회는 민주주의를 계속 지속시키기 위하여 교육받은 시민이 필요하다는 점을 확인하였다. 반드시 그렇다고 볼 수는 없지만 전반적으로 민주사회에 요구되는 보편교육은 의무교육을 통하여 달성되기 때문에, 의무교육은 자유를 제한한다는 사실에도 불구하고 정당화된다. 민주주의가 의무교육을 요구하고, 의무교육이 자유를 제한한다는 논점과 마찬가지로 민주주의는 아동의 자유를 제한할 수 있다. 그러나 이 논점은 자유, 민주주의, 교육 사이의 복잡한 관계의 한 측면이다. 이 마지막 장에서, 나는 자유와 민주주의에 관한 이제까지의 논의를 종합하여 민주사회를 위하여, 그리고 의무교육제도 속에서 아동의 민주시민교육과 관련하여 설명하고자 한다. 먼저 자유와 민주주의의 관계에 대한 이전의 생각들을 요약할 필요가 있다.

민주주의와 자유

제3장에서 민주주의는 사람들이 원하는 정치적인 결정에 참여할 기회를 허용한다는 것과 다름 아닌 것이며, 또한 사람들의 중요한 자유를 박탈하는 위험을 지닌 전제적 지도자를 선거에 의하여 제거

한다는 점에서 자유와 민주주의는 관련되어 있다고 논의한 바 있다. 또한 상호간 이견에 대한 기회와 토론은 민주주의의 필수적 요소이기 때문에, 민주주의가 계속된다면 기본적 자유는 다수뿐만 아니라 소수나 개인들에게도 보장되어야 한다고 논의하였다. 이렇게 보면 민주주의와 자유 사이에는 적극적인 관련이 있다. 첫째, 정부에 참여하는 기회를 갖는 것 자체가 자유의 행사이기 때문이다. 둘째, 정치적 결정과 권력 분산에 관한 결정권을 행사하는 사람들이 그렇지 않은 사람들보다 여타의 자유를 행사한다는 사실에 비추어 민주주의와 자유 사이에는 사실적인 관계가 있기 때문이다. 셋째, 정치적 삶에 참여하는 데 요구되는 기본적인 자유가 없이 민주주의는 지속될 수 없기 때문이다. 따라서 비록 민주주의가 자유의 어떤 제약을 가하더라도, 그 제한 자체가 생존에 필수적으로 요구되는 다른 여타의 자유를 보호하는 자유의 또 다른 형식이다.

민주주의와 교육

이와 비슷하게 민주주의와 교육의 관계 역시 복잡하지만 논의의 편의상 세 가지 방식으로 정리할 수 있다. 하나는 민주사회 안에서의 교육이고, 다른 하나는 민주주의를 위한 교육이고, 또 다른 하나는 학교에서의 민주주의이다. 그러나 이 세 가지는 상호 중첩되기 때문에 이 가운데 한 가지를 끌어내어 다른 것에 견주어 논의하는 것이 불가능하거나 혹은 바람직하지 못하다고 할 수 있다. 왜냐하면 학교에서의 민주주의는 민주주의를 위한 교육의 일부분이고, 이 둘은 모두 민주사회 내에서 교육의 필수적 구성요소이기 때문이다. 학교와 교육기관들은 보다 넓은 의미의 사회 속에 존재하기 때문에, 교육에 관한 의사결정, 교육재원의 분배와 내용은 시민의 참여나 최소한 어떤 정도의 시민과 관련되어 논의되어야 할 민주사회에서 요구되는 정치적인 결정 사안이다. 이 논거에서, 예를 들어, '우리'가 아이들이 반드시 배워야 할 지식이 어떤 지식이며 그것을 왜 배워야 하는지 결정한다고 말할 때, '우리'는 단지 교사, 교장 또는 교육당국뿐만 아니라 전체 공동체를 가리킨다. 우리보다 더욱 발전된 민주사회라고 한다면, 학교 교육과정은 아이들의 판단능력이 있다고 할 경우 그들도 참여하여 토론해야 할 주제가 된다. 학교는 일생동안 합법적인 관심을 가지고 운영하는 보다 넓은 사회의 일부분이어서 학교가 속한 공동체의 대한 요구와 관심 그리고 공동이익과 무관하게 고립된 상태에서는 존재할 수 없다.[1] 그러나 교육문제를 공동이익과 관심영역으로 간주하는 민주사회가 존재하는 한, 학교는 나름대로의 구조를 가지고 내부적 결정을 하는 조직체이다. 만약 학교가 이러한 방식에 따라 학교 내의 구성원인 교직원과 학생들의 의사결정 참여가 보장된다면, 이러한 참여는 본질적인 측면에서만이 아니라 교육적인 측면에서도 가치 있는 일이다. 따라서 민주사회의 구성원이라면 누구나 교육에 관심을 가지고 책임을 다한다. 교육은 아동이 민주사회에서 역할을 다 하도록 준비시키는 것이다. 민주적 참여를 위한 교육의 중요한 부분은 학교에서 민주주의를 실질적으로 체험하는 것이다. 그리고 민주주의에 대한 실질적인 체험은 미래를 위한 준비로서가 아니라 그 자체로 가치로운 것으로 평가되어야 한다. 명백하게, 민주사회에서 교육, 민주사회 참여를 위한 교육, 학교에서의 민주주의는 상호 밀접하게 관련되어 있다. 하지만 이 세 가지를 분리하여 첫 번째인 민주사회에서의 교육부터 검토할 것이다.

민주사회에서의 교육

내가 제3장에서 강조했듯이, 시민참여는 단지 지도자 선출에만 국한되는 것이 아니라 민주주의의 핵심 사안이다. 만일 민주주의를 이렇게 보지 않고 슘페터가 주장한 것처럼[2] 무익한 낭비를 방지하는 제한적인 것이라고 본다면, 교육과 민주주의의 관련성은 찾을 수 없다. 이처럼 피상적인 수준의 시민참여는 어떤 형태의 교육과 어떤 종류의 학교가 필요하며 정부의 교육재정 지출 우선순위에 대한 공공의 논의가 불가능하다. 유력한 정치 지도자가 표를 얻는 데 도움이 될 것으로 생각하여 대중적인 교육정책을 개진할 수도 있겠지만, 민주적 절차에 따른 공공의 논의가 없으면, 이는 단지 자기선전의 한 부분에 불과하며, 그 결과 사회나 아동의 이익을 고려하거나 증진하는 데 전혀 보탬이 되질 않을 것이다.

슘페터식 민주사회에서는 학교에서의 민주주의를 논의할 여지가 없어진다. 왜냐하면 비록 이론적으로는 선거를 통하여 권력 획득의 경쟁 과정으로 보는 슘페터의 민주주의가 가능하다 하더라도, 실제적으로 리더십과 효율성에 높은 가치를 부여하고, 대중의 공헌에 낮은 가치를 부여하는 슘페터식 민주사회가 학교를 학생이 교사를 효율적으로 선출하고, 교사가 교장을 효율적으로 선출하는 조직으로 여기는 방식에 적합하지 않기 때문이다. 교장과 보직교사들은 선출이 아닌 임명된 사람들이어서 그들은 학생들의 민주사회 참여 교육에 많은 시간을 투여하는 데 헌신할 필요를 느끼지 않는다. 슘페터의 민주주의에서 요구하는 참여는 매우 최소한의 형식적인 것이어서 민주교육에 대한 필요성이 심각하게 제기되지 않는다. 유망한 정치 지도자를 제외한 모든 사람이 수행해야 할 일이 자기가 좋아 하는 지도자를 선출하기만 하면 되는 것처럼, 민주적 지도자를 식별하는 것을 제외한 어떤 이유도 중요하지 않으며, 민주주의에 대한 어떤 지식이나 태도, 실천도 필요가 없으며, 무엇보다도 민주주의를 위한 교육 자체가 필요 없는 것이 된다.

그러나 보다 나은 민주사회는 자신의 삶을 이끌어가는 자율적인 개인으로서 뿐만 아니라 민주적 결정에 참여하는 참여자로서 아이들을 교육시키는 것에 높은 가치를 부여한다. 교육문제에 우선권이 주어질 필요가 있고, 거기에는 학교의 조직과 교육과정에 대한 폭넓은 논의가 있어야 한다. 민주사회에서 대중 참여의 증진은 더 많은 교육을 요구하고, 학교는 이러한 참여를 준비시키는 데 중요한 역할을 한다. 어떤 사람들은 민주적 참여를 위한 교육이 이상적인 것이라고 간주하지만, 사람들이 공적인 문제에 영향을 미칠 실제적인 기회를 가지고 있고, 그 문제가 자신의 이해에 중요하며, 또한 그러한 참여가 사회화되고 교육되는 것이라면, 사람들은 마땅히 민주적 참여에 능동적이어야 한다. 중산층이 노동 계층보다 정치 참여에 더 적극적이다. 그러나 참여 정도의 차이가 유전적인 것이 아닌 한, 중산층의 적극적인 참여는 교육에 의하여 길러진 것으로 판단된다. 오랫동안 영국의 전통 사립학교는 아이들이 지도자가 되도록 교육해야 한다고 주장했고, 실지로 많은 지도자들이 전통적 사립학교 출신들이다. 이 점에 비추어 그들의 정치 교육은 성공적인 것으로 평가된다. 같은 맥락에서 우리가 모든 아동을 민주적 절차와 사회운영에 참여하도록 힘써 교육하지 않는다면, 다중의 사람들로 하여금 그들의 실질적 참여를 배제시키는 결과를 초래하는 셈이다.

민주주의를 위한 교육

미시적 수준에서 민주적 참여는 늘 개인적인 교육문제로 국한되지만, 직장이나 정치조직, 사회조직에서 교육은 개인적으로 필연적인 문제가 아니다. 예컨대, 영아를 가진 어머니 모임을 조직하기 위한 캠페인이나 물품 판매를 광고하는 사람들에게는 교육은 부차적인 문제로 인식된다. 그러나 교육하는 것이 목적인 학교에서는 조직을 운영하는 하나의 방법으로써 참여민주주의와 참여의 교육적 측면은 상호 대비되는 것이 아니다. 두 가지 측면 모두 요구된다. 향후 학교 이외의 더 큰 조직에 참여하는 방법을 배우기 위한 학교에서의 참여 학습과 학교에서의 참여가 그 자체로 가치롭다는 것은 같은 이유에서 정당화된다. 왜냐하면 양자 모두 기본적으로 사람들은 자신의 삶에 영향을 미칠 결정을 하도록 도와서 다른 사람들의 부당한 권력 행사를 제한하기 위한 공동노력이 요구되기 때문이다. 그럼에도 불구하고 다른 기관보다 학교에서 교육적 기능이 더욱 강화되어야 하며 결코 부차적인 일로 여겨선 안 된다. 또한 이에 대한 일환으로 민주사회에서 요구되는 장차 자신의 역할을 아이들이 다 할 수 있도록 지식, 기술, 태도를 가르치는 것에 특별한 노력이 경주되어야 한다.

더 많은 정치 교육을 위한 요구가 매우 강한 톤으로 자주 논의되어 왔지만, 이에 대한 성과는 미미하다. 중등학교 학생들의 '정치적 문해력political literacy'을 개발하기 위하여 '정치연합Political Association'이 설립된 바 있다. 1960년대 중반 뉴섬 보고서Newsom Report는 다음과 같이 언급하였다.

자신이 살고 있는 사회가 어떤 사회이며, 이 사회가 어떤 세상 원리로 이루어졌는가에 대하여 전혀 알지 못하고, 그리고 그 안에서 자신의 위치가 무엇인지 전혀 생각해 보지 않는 사람은 그가 투표권을 가지고 있다 하더라도 자유로운 사람이 아니다. 그는 '숨은 조정자hidden persuader'에게 쉽게 이용당할 사람이다.3)

숨은 조정자 중에는 슘페터가 주장하는 권력 획득을 위하여 경쟁하는 장래의 지도자가 있을 수 있다. 그러나 그렇다 하더라도, 편견과 교화에 대한 두려움 때문에, 그리고 모름지기 민주적 참여를 높이 평가하지 않기 때문에, 정치 교육은 민주사회 참여를 위한 준비보다는 헌법과 의회의 절차에 대한 학습이라는 제한된 의미로 이해된다. 우리가 하나의 사회체제로 민주주의를 가치 있다고 인정한다해도 실제 정치에 대한 혐오감 때문에 아이들에게 실시해야 할 정치교육이 과소평가된다. 실지로 투표할 권리는 높이 평가되지만, 자신들을 뽑아달라고 우리에게 구걸하는 정치꾼들은 높이 평가하지않기 때문이다.

내가 보기에 민주사회가 필요로 하는 정치 교육은 크게 세 가지가 있다. 첫째, 아이들에게 사회가 요구하는 기본적인 지식과 기능을 가르쳐서 그들의 지력과 이해를 발달시켜줄 폭넓은 교육이 필요하다. 민주주의는 추상적 관념으로 실현되지 않기 때문에 토론, 투표, 선거를 통한 모든 경험은 이들 주제에 대한 어떤 이해가 결여된다면 전혀 쓸모없는 것이 된다. 둘째, 아이들에게 필요한 것은 정치적 현안과 제도, 그리고 우리 사회의 권력 분배에 관한 다소 전문적인 지식이다. 셋째, 밀이 말한 것처럼, 민주적 조직과 운영을 가르치는 학교 내에서 이에 대한 실천 교육이 있어야 한다. 밀이 말하기를,

우리는 읽기나 쓰기, 자전거 타기나 수영을 단지 그것을 어떻게 하는가를 들음으로써 배우는 것이 아니라 그것을 직접 행하면서 배운다. 그래서 사람들이

현실 세계의 민주정부가 어떻게 운영되는가를 제한된 규모의 정부를 실험적으로 운영해 봄으로써만 배우게 된다.[4]

학교를 민주적으로 조직하여 운영하는 것이 장래 민주사회 참여를 위한 일이긴 하지만, 이것이 유일한 목적은 아니다. 아동들을 단지 초보단계의 시민이나 민주시민 훈련생, 또는 미래의 주인만으로 보아선 안 된다. 아동은 현재의 감정과 욕구를 가지고 있어서, 자신의 관점과 의견이 묵살되거나 무시된다면, 자신의 요구가 중요하지 않거나 부적절한 경우에도 저평가되거나 억압당하고 있다고 느끼는 존재이다. 그래서 아동도 언제나 성인들처럼 자신에게 영향을 미치는 의사결정에 반드시 참여하여야만 한다. 교육과 민주주의의 관계는 단순히 미래의 민주사회 참여를 위한 준비의 하나로 보는 데 있는 것이 아니다. 즉 학교에서의 민주적 참여는 그 자체의 목적을 갖는 권리로서 성립한다. 민주적 활동의 내재적 가치와 민주주의를 위한 교육활동을 결합시키는 것은 쉽지 않지만, 예를 들어, 영어교사나 음악교사가 아이들에게 미래의 좋은 직업 준비뿐 아니라 내재적으로 가치 있는 교과학습의 기회를 제공하는 것과 마찬가지로, 정치 교육은 교육적 수단이 될 뿐 아니라 그 자체로 가치 있는 정치적 활동을 위한 기회를 제공해야 한다.

아이들에게 자신의 생존에 필수적인 학습내용, 공동체 구성원으로 참여할 의무와 역할, 그리고 이를 위한 합리적 선택 능력을 배양하기 위한 여러 가지 학습을 회피할 학습의 자유를 허용해선 안 된다고 제시한 바 있다. 그리고 분명히 아이들은 자신의 학교가 자신들이 설정한 것을 실현할 목적을 가진 기관이 되도록 자의적으로 결정할 어떤 정치적 자유도 허락되어서는 안 된다고 하였다. 이러한 제한은 만약 아이들이 선택했다면 동의하지 않았을 자신의 자유에 대한 제한이지만, 동의는 자유의 제한과 준수해야 할 모든 의무를 정당화하는 데 반드시 요구되는 것은 아니다. 만일 자유 민주주의 사회에서 자유에 확실한 제약과 다른 사회구성원들과 계약이 요구되지 않는 사회적 의무가 허용된다면, 이 같은 상황은 자유롭고 민주적 학교에서도 마찬가지로 가능한 것이다. 아이들도 사회에 공헌할 의무에 대하여 전혀 자유로울 수 없다는 점에서 성인과 동등하다. 심지어 아이들의 무지 때문에 사회적 의무가 없다는 논점도 성립하지 않는다. 사실 이 때문에, 학교 운영에 학생 참여를 크게 늘리기 위한 많은 노력과 학생들 스스로 민주적 통제를 할 수 있는가에 대한 관심이 고조된다. 학교에서 민주주의 요구 증가는, 어떤 민주적 조직에서 공통적으로 직면하게 되는 모든 문제들과 마찬가지로 그리 단순한 문제가 아니다. 오히려 아이들의 제한된 경험과 완전히 발달하지 못한 합리성으로 인하여 학교민주주의는 매우 복잡한 양상을 띠게 된다. 그러나 공통 문제에 대한 토론과 문제 해결 노력이 민주주의의 핵심이듯이, 학교에서 토론하고 문제를 해결하려는 노력은 민주사회로서 학교와 민주사회를 위한 학교에서 시행하는 교육의 핵심이다.

학교에서의 민주주의

모든 민주 기관이 공유하는 중요한 문제 중 하나는 결정을 내린 사람들이 결과에 대하여 확실하게 책임을 져야 한다는 점이다. 왜냐하면 만일 모든 사람이 어떤 행동 과정을 추구하기로 투표하고, 그것이 실패하는 것에 대한 책임을 한두 사람에게 떠맡긴다면 분명히 불공평한 것이기 때문이다. 이렇게 보면 학교에서 민주주의는 도입될 수 없는 것으로 보고, 머스그로브Musgrove가 다음과 같이 말하였다.

> 책임은 어떤 방식으로든지 권력과 관련되어 있다. 학생들은 교사들과 역할상, 지위상으로 다른 학교 구성원이다. 만일 학생이 잘못을 저질렀을 때 책임을 진다는 것은 벌을 받는 것이다. 만일 학생들이 학교 정책을 결정하는 데 관련되어 있을지라도 학교 정책 실패에 대하여 교사들과 같이 학생들을 처벌할 수는 없다. 학생들이 권력을 공유한다는 주장은 미약하다.[5]

그러나 머스그로브의 결론은 문제를 거꾸로 본 것에 기인한다. 우리는 학생들이 학교가 결정한 중요한 사안에 깊이 영향받는다는 것을 인정해야 한다. 잘못된 결정은 학교의 명성을 해치고 교사의 승진 기회를 망칠지 모르지만, 가장 심각한 결과는 학생들에게 돌아간다. 학생들의 참여와 그 결과가 득이 되건 해가 되건, 그것을 감당할 역량이 갖추어지면, 권력을 공유해야 한다는 그들의 주장은 설득력이 있다. 학생들은 책임질 수 없기 때문에 권력을 공유해선 안 된다고 하는 대신에, 다른 방향에서 접근하여 학생들의 결정에 따라 자신이 영향을 받기 때문에 가능하다면 권력을 공유해야 하고, 결과적으로 학생들이 책임을 공유하게 할 수 있는 방법을 고안하고자 노력해야 한다. 결정에 대한 정확한 책임 소재와 실책에 대한 비난은 매우 현실적인 문제이지만, 모든 민주적 조직에 늘 따라붙는 문제이다.

현행 교육제도에서 권력과 책임을 공유하는 문제를 제기한 스크림쇼Peter Scrimshaw는 민주주의가 발전하려면 교장은 자신이 법적으로 책임을 져야 할 문제를 결정하는 데 다른 사람을 과감하게 참여시켜 함께 공유하도록 해야 한다고 제안한다.[6] 그는 민주적이고 전통적인 학교는 공존하며 그 중에서 사람들은 자신이 가장 원하는 종류의 조직을 선택하도록 하지만, 결국에는 민주적 학교를 선호하게 된다고 하였다. 불행하게도 학령기 아동이 감소하고 비용, 시간, 돈 등 여러 가지 측면에서 여건이 각박해짐에 따라 이와 같은 주장은 현실적이지 못하다. 왜냐하면 사람들이 다양한 학교들 사이에 선택하도록 한다는 매력 이면에는 실제 선택지가 많지 않다는 단점이 있기 때문이다. 스크림쇼우의 주장은 우리보다 민주주의를 더 요구하는 덜 권위주의적인 사회에서 선호하는 교육체제를 지향하는 것이지만, 그런 사회에서조차 그의 주장이 요구되는 것은 아니다.

그러나 비록 교장이 자신의 법적 권한의 일부를 과감하게 포기하더라도 학교 구성원의 보다 발전된 민주적 참여를 도입해야 한다는 스크림쇼우의 말은 옳다. 일부 학교는 민주주의를 발전시키기 위한 더 큰 노력들이 있어 왔고, 이에 따른 성공과 실패로부터 많은 것을 배울 수 있을 것이다. 아마도 처음에는 아무 권한 없는 학교운영위원회의 대표자 선출에만 초점을 두는 민주주의의 외형에 관심을 갖도록 했을 것이다. 이런 것들은 결과적으로 아이들이 민주주의를 불신하는 빌미를 제공하였다. 학교운영위원회는 중요한 역할을 수행하지만, 그것은 직접 민주주의가 작동될 수 있는 작은 규모의 사립 자유학교에서 가장 성공적일 것이다.

예를 들어, 서머힐 학교에서는 교장인 니일, 모든 교사, 7세 이상의 학생이 모여 학교의회에서 매주 만나서 각자 동등한 투표권을 가지고 의사결정을 했다. 규칙이 만들어지고 불만이 제기되고 비행에 대한 처벌과 규정이 검토되었다. 섬머힐에서조차도 모든 문제가 학교의회에서 처리되지 않았다. 취침 규정, 음식, 회계 처리, 그리고 교사의 임명은 니일과 그의 아내가 담당하였다.[7] 분명히 매주 개최된 의회와 미팅과 토론을 통하여 자신들의 시간을 소중하게 잘 활용할 수 있었을지도 모른다. 아동 스스로 만든 규칙을 엄격하게 집행하여 사용된 시간도 많이 절약되었을지도 모른다. 아동이 자기 자신을 위하여 스스로 중요한 결정을 하도록 허용하는 것에 반대하는 논점 가운데 하나가 아동이 먼 앞날을 내다보는 능력이 부족하다는 것이다. 이것이 진실인 한, 아동의 자발적인 결정은 만들어진 순간부터 계속 수정되겠지만, 비록 그 반복적인 수정 과정이 성인에겐 짜증스럽게 여겨질지라도 그것은 아동을 위한 교육적 과정의 중요한 부분이다. 규칙은 그것이 명백하게 필요할 경우 만들어질 것이고,8) 새로운 세대의 아동은 자신을 위한 요구를 끊임없이 발견할 것이다.

버트랜드와 도라 러셀Bertrand and Dora Russell이 세운 비이컨 라이즈Beacon Rise 학교 또한 모든 학생이 참여하여 민주적 의사결정을 할 만큼 그 규모가 작다. 도라 러셀은 다음과 같이 말했다.

사람들이 다른 사람과 우호적으로 살아가는 방법을 경험과 토론을 통해 배울 수 있는 제도는 오직 민주주의이다. 명백한 복종을 강요하는 권위의 엄격한 제도 아래서 아동을 양육하는 것은 … 민주적 삶을 준비하는 데 매우 빈약한 것이다. 그러한 비민주적 대우의 결과 순종적인 겁쟁이를 만들거나 거친 반역자를 만들어낸다. 연령과 학식이 사실상 비슷한 사람들과 어울려 토론하면서 매일매일 사는 것은 당신이 감정적으로나 이성적으로나 상호이해와 관용의 민주적 자질을 습득하도록 이끌 수 있게 한다.9)

어떤 학교 규모가 가장 민주교육을 위하여 적절한가 논란이 된다. 소규모 학교에서는 아동에 대한 친숙한 정보와 가족적인 분위기가 발견되는 데 반하여, 대규모 학교에서는 비용효과와 전문 분야별 교직원을 어떻게 이용하는 것이 좋은가를 판단하는 근거가 논란이 된다. 여기서 이 부분을 다루지는 않겠다. 그러나 나는 작은 규모의 조직에서 직접민주주의가 대의민주주의보다 아동에게 더 적합하다고 본다. 물론 두 가지가 모두 의사결정 과정에 공정성을 기하고 절차상 민주주의 원리에 하자는 없다. 그러나 이와는 달리 더 큰 학교는 다른 이점을 가지고 있고, 그 규모에 맞게 직접 참여가 제한되는 문제를 극복하기 위한 방법이 강구되어야만 한다.[10]

자신의 학교에서 민주주의를 장려하려고 시도했던 뉴질랜드의 한 공립중등학교 교장은 실질적인 힘이 없는 학교위원회를 갖는 것보다는 특별한 목적과 범위를 정하여 일정의 권한을 한정적으로 행사하는 학생회를 조직하는 것이 더 낫다고 주장한다. 그는 다음과 같이 말하였다.

> 학생회를 통하여 혼선과 변화를 경험하였지만, 나는 이 자체를 교육적인 과정으로 존중한다. 그래서 대표자 선출과 축출의 번복은 결국 선출 제도를 정착시켰다. 때로 대표자가 학생회를 소집하기도 하고 거부하기도 하였다. 그들은 일곱 번이나 교복 착용 여부를 번복하였고, 결국 교복 착용과 시간엄수 규칙을 확립하였다.[11]

이 말이 조금 혼란스럽게 들릴지 몰라도, 이 학교 교장은 반장제도와 교복 착용 여부에 대한 자신만의 확실한 결정을 유보하고 용인했다는 점이 평가되어야만 한다. 그는 학생들 스스로 결정하기를 원했고, 한 학년에게는 적합한 것이 다른 학년에게는 적합하지 않을 수 있다는 것과, 때로는 어떤 행동이 다른 행동보다 도덕적으로 낮다고 판단하게 하는 근거만이 그 판단에 참여한 이들을 만족시켰다는 점을 인식했다. 이 예를 통하여 발견할 수 있었던 중요한 교육적 가치는, 여타의 사안도 마찬가지이지만, 당사자들이 일일이 현안별 토론으로 하여 의사결정을 하기 때문에 현안별로 의사결정에 참여한 사람에 따라 다른 결정을 한다는 점이다. 교사들은 같은 주제라 하더라도 매년 논의를 새로이 해야 하며, 학생들이 토론하여 결정한 주제가 바뀌게 되더라도 그것이 교육적으로 중요하다는 확신을 가지고 그 변화에 공감하고 학생들에게 도움을 줄 수 있어야 한다. 그러나 이는 쉬운 일이 아니며, 이 점에서 가르치는 일은 결코 쉬운 직업이 아니다.

교사를 위한 민주주의

카운티쏘프 학교의 초대 교장 또한 의사결정에 학생 참여를 원했지만, 그는 우선 민주학교의 성공에 필요한 요소가 교직원을 포함시키는 것이라고 생각하였다. 사이먼Brian Simon은 의사결정 과정을 다음과 같이 설명한다.

> 학교는 교직원들의 토론과 합의에 따른 결정을 통하여 운영되어야 한다. 교장은 토론에 참여하지만 토론의 결론을 도출하는 어떤 역할도 수행하지 않는다. … 이 단계가 … 학교의 모든 교직원들이 학교운영을 위하여 실질적이고 동등한 책임감을 느끼고, 그래서 적극적인 참여가 극대화되는 방안으로 여겨졌다.12)

교직원의 참여는 학교의 지속적인 혁신과 유연한 운영을 위하여 중요한 요인으로 간주되었다. 간혹 교장이 새로 부임하여 변화를 주도하기도 하지만, 학교는 본래 정적인 조직이다. 보통 변화를 위한 추진력은 일반적으로 새로 부임한 젊은 교사들로부터 나오기 때문에, 그들이 소기의 성과를 거두려면 민주적 구조가 미리 마련되어야 한다. 그러나 학생 참여와 함께 교무를 구조적으로 가장 민주적으로 운영해야 하는 가장 중요한 이유는 그것이 학생의 자유와 민주적 참여를 증가시키기 위한 교사들의 역량을 모으는 데 도움이 되기 때문이고, 또 그것이 아동에게 책임을 공유하게 하는 것, 자신들의 자유를 제한하는 결정들에 대하여 토론하고, 논쟁하고, 상치된 의견을 조정하여 결정에 이르도록 동등한 자격을 부여하기 때문이다.

아동의 자유와 민주적 참여를 증가시키려는 여러 학교들을 비교하면서, 나는 과감한 혁신에 열정적이고 협력적인 교직원을 갖는 것이 중요한 것이라는 것을 발견하였다. 대부분의 자유학교들은 외부로부터 상당한 비판과 반대압력을 받고 있다. 일부 혁신적 사립학교들은 자신들의 교육방침 때문에 지역 언론과 이웃의 분노를 자아내기도 하지만, 적어도 자신들의 방침과 철학을 알고 그 학교를 선택한 교사와 학부모의 지지를 받는다. 국공립학교들은 이러한 측면을 활용할 수는 없지만 지역 사회의 지지를 얻어야 한다. 게다가 학교의 교육목표에 대한 교직원들 사이의 의견이 상충되면 상황은 더욱 어렵게 된다. 카운티쏘프 학교의 두 번째 교장인 왓츠John Watts가 다음과 같이 말했다.

> 권위적인 진보주의자는 자신으로 인하여 야기된 교사들간의 불화가 외부에 알려질 때 무력감을 느끼게 된다. 이런 일이 발생하면, 교장에 의해 목표로 설정된 개혁은 수포로 돌아가서, 최악의 경우는 학교를 폐쇄하는 지경에까지 이르게 되고, 결과적으로 학생들만 고통을 당하게 되는 지경에 이른다.[13]

지역 교육청에 의하여 폐쇄된 라이징힐 종합학교와 윌리엄 타인데일 초등학교의 교장은 아동의 자유와 민주적 참여가 향상되기를 원하였으나 모든 교직원의 충분한 지지를 받지 못하였으며, 나중에는 교장 스스로 교직원들이 지지하지 않았던 것에 대하여 비난을 받았다.[14] 그레튼과 잭슨Gretton and Jackson은 교직원간의 불화가 결국 당국과 학부모들에게 외면당한 타인데일 학교의 경우를 보고한 바 있다.[15] 반면 존 밀턴 학교John Milton School는 교장과 교직원이 교육방침에 단합된 모습을 보여 유사한 문제를 가까스로 헤쳐갈 수 있었다. 행정직원과 조리종사원을 포함하여 모든 직원들이 교직원회의에 초대되어 문제를 공유하면서 자신들도 학교의 일부라고 느끼면서 참여하였다. 이러한 행정보조 인력도 사실은 학부모였기 때문에 그들은 교직원의 편에서 그들이 무엇을 하려고 하며, 왜 그것을 하려고 하는가를 이해하게 된 것이다.

라이징힐 학교에서 다수의 교직원들은 교장이 자신들의 문제를 이해하거나 수용하려고 하지 않는다고 여겼고, 교장이 자신들을 지지하지도 않으며 현실적이지 못한 체제를 운영한다고 여겼다.16) 반면 카운티쏘프 학교에서 교직원들은 교장과 함께 일했고, 처음 몇 년 동안에는 불가피하게 받았던 외부평가와 비판에서 가까스로 살아남았다. 왓츠는 교직원 참여시스템을 운영한 카운티쏘프 학교에서 교장의 역할이 다른 학교와는 달랐다고 말하였다.

> 내가 몸소 체험한 것에 대한 만족감을 표현하는 것보다, … 이제 나는 교사와 학생이 함께 일하고 성장할 수 있는 최선의 여건을 만들려는 공동의 열의를 가지고 그들이 서로를 존엄한 존재로 확인할 수 있는 학교가 가능하다는 것을 확신한다.17)

이러한 학교에서 불가피한 합의점을 도출하다 보면 아동들의 자유와 민주적 참여의 확장을 지지하고, 교직원들의 보수적인 경향을 타개하려는 교장은 당황할 수도 있다. 그러나 교사들과 다른 교직원들을 학교운영에 포함시켜야 한다는 주장이 이론적 수준에서 정당화되는 것만으로 충분한 것은 아니다. 만일 교장이 진정으로 학생들이 자신의 수업에 영향을 미칠 의사결정에 참여하는 것이 옳다고 믿는다면, 교장은 실제로 이에 대한 일관된 생각을 가지고 교직원들이 민주적 운영에 협력하도록 이끌어야 한다. 물론 교직원들 사이에서 불일치가 있으며, 때론 학생들이 자율적으로 결정한 것이 현명하지 못하다는 것을 예상할 수도 있다. 이를테면 일부 철자가 틀릴 수도 있고, 어떤 내용은 가독조차 어렵고, 어떤 생각들은 잘못 표현될 수도 있을 것이다.[18] 학교에서 아이들이 공부하고, 그 과정에서 그들이 민주주의에 관하여 학습하기를 원한다면, 우리는 그들의 청원과 학생대표의 발언을 성가시게 여기거나 골칫거리로 간주하지 말고 그들이 민주적 참여에 관심이 있다는 것을 받아들여 주어야 한다. 학교는 향상을 위한 장소이고, 아이들이 처음 학교에 와서 색연필로 '엄마' 얼굴을 어설프게 그리듯이 아이들이 참여하는 애초의 어설픈 시도를 교사는 아량으로 받아들여야 한다.

민주주의의 문제

무엇보다도 책에서 배운 것과 체험을 통하여 민주주의를 배운 것 간의 중요한 차이는 책을 통하여 배운 잘못은 그 학생을 제외한 어느 누구에게도 영향을 미치지 않지만, 잘못된 민주적 결정은 다른 사람에게 영향을 미친다는 점이다. 어떤 의미로 받아들이건간에 민주주의는 다수의 횡포를 막고, 소수와 의견이 다른 개인의 권리와 복리를 보호하는 것과 관련되어 있다. 학생들이 학교에서 민주적 태도를 학습해야 하는 중요한 이유이다.

머스그로브는 교사들이 어떤 것을 수용할 것인가 하는 의사결정 권리를 포기하고, 아동이 스스로 하도록 놓아둘 때 그들이 처할 위험에 대한 우려를 표한 바 있다. 그는 '교사들이 학생들을 통제하지 않을 때 학생들은 일반적으로 더욱 억압적으로 행동한다'고 말하고,[19] 학생들의 교외활동이 주로 학생들 자신의 규칙에 의해 통제되었던 19세기 전통 사립학교에서 폭력이 난무했음을 지적한다. 머스그로브가 기술한 상황은 민주주의가 전혀 고려된 바 없었던 상황이었다. 마치 독립을 성취한 국가가 스스로 주권을 확보했지만 여전히 전제정부가 유지되는 것처럼, 학생들은 자기통제를 했지만 민주적이지 않을 수도 있다. 교사들은 항상 학교폭력이 발생하지 않도록 지도해야 하지만, 나는 머스그로브가 가정한 것처럼, 학교폭력이 학생들이 권력을 소유했기 때문에 쉽게 일어난다거나, 또는 학교에서의 자기지배의 전제적 방식을 민주주의와 동일시했기 때문에 일어난다고 보는 데 동의하지 않는다. 게다가 민주주의는 폭정에 대항하기 위하여 만들어진 것이며, 민주주의를 높이 평가하는 교사조차도, 머스그로브가 인용한 19세기의 윈체스터 학교Winchester의 교장의 말처럼 '학생들에게 부여된 자율성 때문에 학교폭력이 야기되는 것'[20]을 거부할 수 없을 것이다. 니일은 섬머힐 학교의 학교의회에서 학교폭력 문제가 자주 다루어졌으며,[21] 이 문제는 실상 어느 누구보다 아이들이 더 심각하게 간주한 문제였다고 말한다. 나는 니일이 섬머힐 학교에 관하여 언급한 것을 모두 인정하지는 않지만 규율이 엄한 학교보다 민주적 학교에서 학교폭력이 적다는 사실은 인정한다. 만일 아이들이 교사들과 친밀한 관계를 유지하면서 자신들의 고민거리를 털어놓을 수 있고, 또 교사들이 수업 이외의 상황에서 그들을 더 폭넓게 접촉한다면, 아마도 학교폭력의 가능성은 더욱 줄어들 것이다. 또한 자신들의 불안과 좌절감을 자신들보다 약하고 힘없는 아이들에게 분풀이할 가능성도 낮아질 것이다.

참여민주주의는 지도자를 선출하는 것 이상이고, 심지어 특정한 사안에 대하여 투표하는 것 이상임을 이미 강조한 바 있다. 모든 사람의 관점이 개진되고 그것이 수용될 수 있도록 발언과 경청을 위주로 한 토론이 있어야만 한다. 이것은 학생들이 받는 형식적인 정치 교육이상으로 보다 관심을 가지고 학교에서 집중해야 할 민주주의의 특징이다. 그러나 우리가 우리의 민주주의 모델을 웨스트민스터 의회 수준으로 보고 성인들의 일상보다 더 높은 수준에서 판단하는 유권자를 대상으로 한 것이라고 보는 것은 다른 이들을 고려하여 설득하도록 한 민주주의의 핵심적 요소를 간과하는 것이다. 선출민주주의는 정당 프로그램에 따라 선출된 대의제도에서 매우 중요하다. 하지만 모든 사람들이 자신의 대표이고, 어느 누구도 정책 방향 변화에 따라 소외되어선 안 되는 상황이라면 비록 사소한 내용이라 하더라도 상대방 의견을 경청하는 것이 발언하는 것만큼 중요하다는 것에 유념해야 한다. 만약 이것이 학교에서 가르쳐야 할 민주주의 특징이라면, 다수결에서 배제된 소수가 불행해지는 경우가 감소할 것이고, 권력으로부터 지속적으로 압도당하고 배제되는 영구적인 소수들도 더욱 감소할 것이다.

국가적 차원에서보다는 학교와 같은 작은 공동체에서 형편이 더 낫기는 하지만, 영향을 미치지 못하는 이반된 소수들은 여전히 있다. 아마도 동물권리협회에 가입한 학생들은 학교 급식으로 고기가 나오는 것을 반대할 것이고, 무슬람 출신 아동들은 이슬람 율법에 따른 식용 고기가 제공되기를 원할 것이다. 아마 두 집단 모두 다수결에 의한 투표의 결과에 만족하지 않을 것이며, 문제는 다수의 아이들이 양쪽 중 어느 한 쪽에 대하여 지지를 하지 않는 데서 복잡해진다. '한 사람이 한 표'는 민주적 정의의 전형으로 여겨진다. 그러나 때로 정의는 다수결에 의한 결정을 수용하는 사람들과 그렇지 않은 사람들을 구분할 필요가 있으며, 또 특정 사안에 매우 민감한 소수 집단과 그 사안에 괘념치 않는 다수 집단을 구분해야 할 경우도 있다.[22]

설사 이러한 문제들에 대한 해답이 있고, 내가 그 답을 알고 있다고 할지라도, 여기서 개인적인 견해를 밝히는 것은 적절하지 않다. 여기서 내가 말하고자 하는 것은 학교에서의 민주주의의 문제가 다른 기관의 민주주의의 문제와 유사하다는 것이다. X는 전체 공동체 혹은 그것에 의해 가장 영향을 많이 받는 다수 집단에 의해 결정되는 사안인가? Y는 전체그룹이 전혀 상관하지 않고 개인에 의해 자의적으로 만들어진 사안인가? Z는 다수 의견 또는 소수의 의견에 따라 결정되는 것이 아니라 전문가에 의해 선택되어야만 사안인가? 이러한 문제는 우리 사회에서 매일 발생한다. 우리는 이러한 문제들에 답을 구하기 위하여 논쟁하고 또 그렇게 논쟁하는 것이 옳다. 자유로운 논쟁은 높이 평가되고, 자유로운 논쟁에 직접 참여하는 것으로 말미암아 우리 삶에 중요한 영향을 미치는 사안에 대하여 타인의 부당한 영향력을 줄일 수 있다. 민주주의 절차상 드러난 문제점과 난점이 민주주의를 포기해야 할 논거를 제공하지 않는 것이라면, 학교에서 민주교육의 절차상 문제와 난점이 있다고 해서 그것이 우리가 민주주의를 가르쳐선 안 된다는 논거를 제공하지는 않는다. 우리가 다른 분야에서 민주제도의 완벽함을 기대하지 않듯이 학교에서 민주주의도 완벽함을 요구하지 않도록 신중해야만 한다. 특정 사안에 대하여 논증하기 부적합한 부담이 되는 경우에도, 학교는 다른 분야와 마찬가지로 직접 참여라는 민주적 절차를 존중해야 한다.

와일이 말하길;

> 가장 악하지 않은 사회는 일반인들이 행동하는 동안에도 자주 생각하도록 하고, 또 일반인들이 사회 전반에 걸친 집합적인 삶에 대하여 통제를 행할 최대한 기회를 갖고, 또 개개인 최대한의 독자적인 삶을 향유하게 하는 사회이다.[23]

나는 학교에서도 이와 같아야 하며, 이러한 요구에 동등하게 부응하여 학생을 가르쳐야 한다고 생각한다. 아동은 대부분의 성인처럼 사회운영 전반에 걸쳐 참여할 수 없지만, 민주주의에 대한 참된 평가는 민주주의에 관하여 배우는 만큼 그들이 민주주의를 실천할 최대한의 기회를 갖고 있는가에 달려 있다. 민주적 조직을 가진 어느 사회에서나 해결해야 할 문제가 있지만, 문제 해결의 책임을 방기하고 지도자들의 결정에 따르도록 방치하면 문제 해결이 전혀 되지 않을 것이라는 점을 아이들이 학습하도록 해야 한다. 자유를 자신이 하고 싶은 대로 하도록 놓아두고 어느 누구에게도 영향을 미칠 수 없는 것으로 보게 되면, 그 개인은 권력 행사에 참여하는 것만으로 자유의 의미를 발견하지 못한다. 때로는 자신이 하고 싶은 것이 좌절될 수도 있다. 그러나 그들은 민주적 참여를 통하여 중요한 자유를 얻을 것이고, 다른 사람들이 자신들에게 행사할 수 있는 권력에 대하여 다시 모종의 통제를 가할 수 있음으로써 다른 사람들을 보호할 수 있다.

민주주의는 자유가 아니다. 민주주의는 자유를 보장하지도 않는다. 그러나 만약 민주주의가 제공하는 자유를 존중한다면, 우리는 아이들에게 자유를 공유할 수 있도록 해야 하며, 그러한 자유는 아이들이 우리 사회의 운영에 다른 사람과 함께 참여하는 데 필요한 것으로 교육시켜야 한다. 아동은 사회의 부분이다. 사회는 아동의 욕구를 채우도록 조직되어야 하지만, 동시에 사회구성원으로서 누리는 혜택과 의무, 자유와 그에 따르는 책임을 공유할 수 있도록 사회 참여가 아동에게 주어져야 한다.

1) 광범위한 사회의 요구와 문제들을 무시하고 고립된 섬으로 존재하기를 시도하는 학교에 반대하는 강한 주장에 관해서는 Kozol의 *Free Schools*를 보라, pp. 30−5.
2) Joseph Schumpeter, 'Two Concepts of Democracy' in Anthony Quinton (ed) *Political Philosophy*.
3) Ministry of Education, *Half Our Future*: *A Report of the Central Advisory Council for Education*.
4) J.S Mill, Essays on Politics and Culture, p. 186.
5) Frank Musgrove, Patterns of Power and Authority in English Education, p. 86.
6) Peter Scimshaw, *Values and Authority in School*, p. 70 ff.
7) A.S Neil, *Summerhill*, p. 54 ff.
8) Ibid, 예를 들어, 섬머힐에서, 취침시간의 문제는 학기 시작에 논의된다.
9) Dora Russell, *The Tamarisk Tree. 2*, p. 28.
10) 예를 들어, Countesthorpe College에서 학교는 팀으로 나뉜다.
11) J. Garfield Johnson, 'Changing Institutions from the Inside.' in John E. Watson, *Policies for Participation*, p. 127.
12) Brian Simon, In Watts (ed) *The Countesthorpe Experience*, p. 21.
13) John Watts, op. cit, p. 125.
14) Gretton and Jacson, *Willam Tyndale: Collapse of a School and a System?*, pp. 57−8.
15) Ibid.
16) Leila Berg, *Risinghill*: *Death of a Comprehensive*.
17) Watts, op. cit, p. 129.
18) 이 관점은 Pat White의 *Beyond Domination*, p. 129, '아무도 학교에 가서 흠 없는 작업으로 채워진 연습장을 발견하기를 기대하지 않듯이, 마틴 루터킹과 네루 혹은 키신저가 말한 정의를 실행하도록 학생들이 시계바늘같이 굴러가는 학교를 바라지 않는다'에서 알 수 있다.
19) Musgrove, op. cit, p 81.
20) Ibid.
21) Neil, op. cit, p. 56.
22) 예를 들어, 1984년 광산 파업의 중요한 논점은 국가적 규모의 투표에 부칠 것인가 하는 점이었다. 파업과 관련된 지역의 일반 유권자들은 국가적 규모의 투표가 반드시 이루어져야 한다고 보았고, 반면에 그 지역의 광부들은 이 사안이 전국 규모의 투표를 통하여 자신들의 광산과 작업장이 보다 유리한 여건을 가진 광부들에 의하여 결정되어선 안 된다고 주장하였다. 결정에 의해 영향받는 사람은 누구인가 그리고 결정을 하는 사람은 누구인가 하는 문제는 거세게 논의되었다.
23) Simon Weil, *Oppression and Liberty*, p. 103.

참고문헌

Articles

A.C.E. (Advisory Centre for Education) (1971) 'A charter of children's rights.' *Where* 56, pp. 105−9

ALLISON, Lincoln, (1981) 'Liberty: a correct and authoritarian account.' *Political Studies* 29, pp. 376−91

AUDI, Robert (1974) 'Moral responsibility, freedom and compulsion.' *American Philosophical Quarterly* 11, pp. 1−14

BALDWIN, Tom (1984) 'MacCullum and the two concepts of freedom.' *Ratio* 26, pp. 125−42

BENN, S. I. and WEINSTEIN W. (1971) 'Being free to act and being a free man.' *Mind* LXXX, pp. 194−211

BEREITER, Carl (1972) 'Moral alternatives to education.' *Interchange* 3

BERLIN, Isaiah (1964) 'Hobbes, Locke and Professor Macpherson.' *The Political Quarterly* 35, pp. 444−68

BRIDGES, David (1984) 'Non−paternalistic arguments in support of parents' rights.' *Journal of Philosophy of Education* 18, pp. 5−62

CARTER, Rosemary (1977) 'Justifying paternalism' *Canadian Journal of Philosophy* VII, pp. 133−45

COKER, Francis W. (1953) 'Some present−day critics of liberalism' *The American Political Science Review* 47, pp. 1−27

DAY, J. P. (1977) 'Threats, offers, law, opinion and liberty' *American Philosophical Quarterly* 14, pp. 257−71

EWING, A. C. (1941−2) 'The rights of the individual against the state' *Proceedings of the Aristotelian Society* XLIII, pp. i−xxxxiv

GOLDMAN, Alvin I. (1972) 'Toward a theory of social power' *Philosophical Studies* 23, pp. 221−68

GUTMAN, Amy (1980) 'Children, paternalism and education: a liberal argument.' *Philosophy and Public Affairs* 9, pp. 338−58

HALLIDAY, R. J. (1968) 'Some recent interpretations of John Stuart Mill' *Philosophy* XLIII, pp. 1−17

HART, H. L. A. (1955) 'Are there any natural rights?' *Philosophical Review* 64, pp. 175−91

HOBSON, Peter (1984) 'Some reflections on parents' rights in the upbringing of their children.' *Journal of Philosophy of Education* 18, pp. 63−74

HODGES, Jill, (1981) 'Children and parents: who chooses?' *Politics and power* 3, pp. 49−65

HODSON, John D. (1977) 'The principle of paternalism' *American Philosophy Quarterly* 14, pp. 61−9

KATZ, M. S. (1977) 'Compulsion and the discourse on compulsory school attendance.' *Educational Theory* 27, pp. 179−85

KLEINIG, John (1976) 'Mill, children and rights' *Educational Philosophy and Theory* 8, pp. 1−15

KLEINIC, John (1981) 'Compulsory schooling' *Journal of Philosophy of Education* 15, pp. 191−204

LLOYD, D. I. (1980) 'The rational curriculum: a critique' *Journal of Curriculum studies* 12, pp. 331−42

MACDONALD, Margaret (1946−7) 'Natural rights' *Aristotelian Society Proceedings* XLVII, pp. 225−50

MCLAUGHLIN, T. H. (1984) 'Parental rights and the religious upbringing of children.' *Journal of Philosophy of Education* 18, p. 784

PARENT, W. A. (1974) 'Some recent work on the concept of liberty.' American Philosophical Quarterly 11, pp. 149−66.

PARENT, W. A. (1974) 'Freedom as the non−restriction of options' *Mind* LXXXIII, pp. 432−4

REED, T. M. and P. JOHNSTONE (1980) 'Children's Liberation' Philosophy 55, pp. 263−6

ROSENAK, Julia (1982) 'Should children be subject to paternalistic restrictions on their liberties?' *Journal of Philosophy of Education* 16, pp. 89−97

SCARRE, Geoffrey (1980) 'Children and paternalism' *Philosophy* 52, pp. 117−24

SCHRAG, Francis (1975) 'The child's status in the democratic State' *Political Theory* 3, pp. 441−57

SCHRAG, Francis (1977) 'The child in the moral order' *Philosophy* 52, pp. 167−77

SOBLE, Alan (1982) 'Paternalism, liberal theory and suicide' *Canadian Journal of Philosophy* 12, pp. 335−52

WARE, Alan (1981) 'The concept of manipulation: its relation to democracy and power.' *British Journal of Political Science* 11, pp. 163−81

WHITE, D. M. (1969) 'Negative liberty' *Ethics* 80, pp. 185−204

WHITE, John (1981) 'In defence of state−controlled curricula' *Journal of Philosophy of Education* 15, pp. 255−60

Books

AITKENHEAD, Lois (Ed) (1978) *Children's Rights − Extinction or Rebirth.* Glasgow: S.C.C.L. and Heatherbank Press.

ACKERMAN, N. W. *et al.* (1970) *Summerhill: For and Against* New York: Hart Publishing Inc.

BANTOCK, G. H. (1952) *Freedom and Authority in Education.* London: Faber and Faber.

BARRY, Brian (1973) *The Liberal Theory of Justice.* Oxford: Clarendon Press.

BAY, Christian (1958) *The Structure of Freedom.* Stanford, California: Stanford University Press.

BENN, S. I. and R. S. PETERS(1959) *Social Principles and the Democratic State.* London: George Allen and Unwin.

BENTHAM, Jeremy (1843) *Collected Works.* (Ed. Bowring) Edinburgh: William Tait.

BERG, Leila (1972) *Risinghill: Death of a Comprehensive.* Harmondsworth: Penguin.

BERGER, Nan (1974) *Rights: a Handbook for People Under Age.* Harmondsworth: Penguin.

BERLIN, Isaiah (1969) *Four Essays on Liberty.* Oxford: Oxford University Press.

BLOCKER, H. Gene and Elizabeth H. SMITH (Eds) (1980) *John Rawls' Theory of Social Justice: an Introduction.* Athens: Ohio University Press.

BOSANQUET, Bernard (1920) *The Philosophical Theory of the State.* London: Macmillan.

BOULDING, Elise (1979) *Children's Rights and the Wheel of Life*. New Brunswick, New Jersey: Transaction Books.

BRAYBROOKE, David (1968) *Three Tests for Democracy*. New York Random House.

BRENNAN, Tom (1981) *Political Education and Democracy*. Cambridge: Cambridge University Press.

BRIDGES, D. and P. SCRIMSHAW (Eds) (1975) *Values and Authority in Schools*. London: Hodder and Stoughton.

BROWN, S. C. (Ed) (1957) *Philosophers Discuss Education*. London and Basingstoke: Macmillan.

CARY, Joyce (1963) *Power in Men*. Seattle: University of Washington Press.

CHAPMAN, John W. (1968) *Rousseau − Totalitarian or Liberal?* New York: A.M.S. Press Inc.

CRANSTON, Maurice (1967) *Freedom: a New Analysis*. London: Longmans, Green and Co. Ltd.

CRICK, Bernard (1963) *Political Theory and Practice*. London: Penguin.

CRICK, Bernard and Alex PORTER (1978) *Political Education and Political Literacy*. London: Longman.

CROSS, Gillian (1984) *The Demon Headmaster*. Harmondsworth: Puffin Books, Penguin.

DANIELS, Norman (Ed) (1975) *Reading Rawls: Critical Studies of 'A Theory of Justice'*. Oxford: Basil Blackwell.

DEWEY, John (1913) *School and Society*. Chicago: University of Chicago Press.

DEWEY, John (1925) *Democracy and Education*. New York: The Macmillan Company.

DEWEY, John (1963) *Democracy and Education*. New York: Collier− Macmillan.

DOWNIE, R. S. and Elizabeth TELFER (1969) *Respect for Persons*. London: George Allen and Unwin.

DOYLE, James, F. (Ed) (1973) *Educational Judgments*. London: Routledge and Kegan Paul.

DWORKIN, Ronald (1977) *Taking Rights Seriously*. London: Duckworth.

ELLIS, Terry and Brian HADDOW, Dorothy McCOLGAN and Jakie McWHIRTER (1976) *William Tyndale: the Teachers' Story.* London: Writers and Reades Publishing Cooperative.

ENTWISTLE, Harold (1971) *Political Education in a Democracy.* London: Routledge and Kegan Paul.

FEINBERG, Joel (1973) *Social Philosophy* Englewood Cliffs, New Jersey: Prentice Hall.

FLEW, Antony (1976) *Sociology, Equality, and Education.* London and Basingstoke: Macmillan.

GIBBS, Benjamin (1976) *Freedom and Liberation.* London: Sussex University Press.

GOODMAN, Paul (1962) *Compulsory Mis−education and the Community of Scholars.* New York: Random House.

GOUGH, J. W. (1957) *The Social Contract: A Critical Study of its Development.* Oxford: Clarendon Press.

GRAHAM, Keith (Ed) (1982) *Contemporary Political Philosophy.* Cambridge: Cambridge University Press.

GRAUBARD, Allen (1974) *Free the Children.* New York: Random House Inc.

GREEN, T. H. (1901) *Lectures on the Principles of Political Obligation.* London: Longmans, Green & Co.

GREENSTEIN, Fred I. (1965) *Children and Politics.* New Haven and London: Yale University Press.

GRETTON, John and Mark JACKSON (1976) *William Tyndale: Collapse of a School−or a System?* London: George Allen & Unwin.

HAMPSHIRE, Stuart (Ed) (1978) *Public and Private Morality.* Cambridge: Cambridge University Press.

HART, H. L. A. (1982) *Law, Liberty and Morality.* Oxford: Oxford University Press.

HAUBRICK, Vernon F. and Michael W. APPLE, (Eds) (1975) *Schooling and the Rights of Children.* Berkeley, California: McCutchan Publishing Corporation.

HAYEK, F. A. (1960) *The Constitution of Liberty.* London: Routledge and Kegan Paul.

HAYEK, F. A. (1978) *New Studies in Philosophy, Politics, Economics and History of Ideas.* London: Routledge and Kegan Pual.

HEATER, D. B. (Ed) (1969) *The Teaching of Politics.* London: Methuen.

HOBBES, Thomas (1968) *Leviathan.* (Ed. Macpherson) Harmondsworth: Penguin.

HOBBES, Thomas (1972) *Man and Citizen.* (Ed. Gert) New York: Doubleday & Co.

HOBHOUSE, L. T. (1975) *The Elements of Social Justice.* London: George Allen and Unwin Ltd.

HOLT, John (1971) *The Under—achieving School.* Harmondsworth: Penguin.

HOLT, John (1972) *Freedom and Beyond.* Harmondsworth: Penguin.

HOLT, John (1975) *Escape from Childhood.* Harmondsworth: Penguin.

HOLT, John (1977) *Instead of Education.* Harmondsworth: Penguin.

KLEINIG, John (1982) *Philosophical Issues in Education.* London: Croom Helm.

KOZOL, Jonathan (1979) *Free Schools.* Boston: Houghton Mifflin Company.

LANGEVELD, Willem, (1972) *Political Education for Teenagers.* Strasbourg: Council for Cultural Co—operation/ Council of Europe.

LASLETT, Peter, W. G. RUNCIMAN and Quentin SKINNER (Eds) (1972) *Philosophy, Politics and Society: 4th series.* Oxford: Basil Blackwell.

LASLETT, Peter and James FISHKIN (Eds) (1979) *Philosophy, Politics and Society:* 5th series. Oxford: Basil Blackwell.

LIVELY, Jack (1975) *Democracy.* Oxford, Basil Blackwell.

LOCKE, John (1963) *Two Treatises of Government.* Cambridge: Cambridge University Press.

LUCAS, J. R. (1976) *Democracy and Participation.* Harmondsworth: Penguin.

LUKES, Steven (1964) *Power: a Radical View.* London: Macmillan.

MACPHERSON, C. B. (1962) *The Political Theory of Possessive Individualism:* Hobbes to Locke. Oxford: Oxford University Press.

MACPHERSON, C. B. (1973) *Democratic Theory.* Oxford: Clarendon Press.

MAGEE, John (1971) *Philosophical Analysis in Education.* New York: Harper and Row.

MCNEILLY, F. S. (1968) *The Anatomy of Leviathan.* London: Macmillan.

MILL, J. S. (1962) *Essays on Politics and Culture*. (Ed. Himmelfarb) New York: Double－day.

MILL, J. S. (1984) *Utilitarianism, On Liberty and Considerations on Repre－sentative Government*. (ed. Acton) London: Dent.

MILNE, A. J. M. (1968) *Freedom and Rights*. London: George Allen and Unwin.

MUSGROVE, Frank (1971) *Patterns of Power and Authority in English Education*. London: Methuen.

NEILL. A. S. (1971) *Summerhill*. Harmondsworth: Penguin.

NOONE, John B. (1981) *Rousseau's Social Contract: a Conceptual Analysis*. London: George Prior.

NOZICK, Robert (1974) *Anarchy, State and Utopia*. Oxford: Basil Blackwell.

O'NEILL, Onora and William RUDDICK (Eds) (1979) *Having Children: Philosophical and Legal Reflections on Parenthood*. New York: Oxford University Press.

PATEMAN, Garole (1970) *Participation and Democratic Theory*. Cambridge University Press.

PATEMAN, Garole (1979) *The Problem of Political Obligation*. Chichester: John Wiley and Sons.

PENNOCKS, J. Roland and John W. CHAPMAN (Eds) (1972) *Coercion*. Chicago/New York: Aldine Atherton Inc.

PENNOCKS, J. Roland (1972) *Democratic Political Theory*. Princetown, New Jersey: Princetown University Press.

PETERS, R. S. (Ed) (1973) *The Philosophy of Education*. London: Oxford University Press.

PHILLIPS, Griffiths. A. (Ed)(1983) *Of Liberty*. Cambridge: Cambridge University Press.

PICKLES, Dorothy (1971) *Democracy*. London: Methuen.

PLATO (1965) *The Republic*. (Tr. H. D. P. Lee) Harmondsworth: Penguin.

QUINTON, Anthony (Ed) (1967) *Political Philosophy*. Oxford: Oxford University Press.

RAPHAEL, D. D. (Ed) (1967) *Political Theory and the Rights of Man*. London: Macmillan.

RAPHAEL, D. D. (1981) *Problems of Political Philosophy*. London: Macmillan.

RAWLS, John (1980) *A Theory of Justice.* Oxford: Oxford University Press.

REIMER, Everett (1975) *School is Dead.* Harmondsworth: Penguin.

RICKENBACKER, William F. (Ed) (1974) *The Twelve Year Sentence: Radical Views of Compulsory Schooling.* La Salle, Illinois: Open Court Publishing Co.

ROUSSEAU, J—J. (1968) *The Social Contract.* (Tr. Maurice Cranston) Har—mondsworth: Penguin.

ROUSSEAU, J—J. (1969) *Emile.* (Tr. Barbara Foxley) London: J. M. Dent and Sons.

RUSSELL, Dora (1981) *The Tamarike Tree. Volume 2: My School and Years of War.* London: Virago.

RYAN, Alan (Ed) (1979) *The Idea of Freedom.* Oxford: Oxford University Press.

SANDEL, Michael J. (1982) *Liberalism and Limits of Justice.* Cambridge: Cambridge University Press.

SARGENT, Lyman Tower (1978) *Contemporary Political Ideologies: a Comparative Analysis.* Homewood, Illinois: The Dorsey Press.

SCHOCHET, Gordon J. (1971) *Life, Liberty and Property: Essays on Locke's Political Ideas.* Belmont, California: Wadsworth Publishing Co.

SCHOOL OF BARBIAN A (1970) *Letter to a Teacher.* Harmondsworth: Penguin.

SKIDELSKY, Robert (1969) *English Progressive schools.* Harmondsworth: Penguin.

SNOOK, I. A. (Ed) (1972) *Concepts of Indoctrination.* London: Routledge and Kegan Paul.

SPINOZA, B. de (1854) *A Treatise on Politics.* (Tr. William Maccall) London: Holyoake.

STRIKE, Kenneth A. and Keiran EGAN (Eds) (1978) *Ethics and Educational Policy.* London: Routledge and Kegan Paul.

STRIKE, Kenneth (1982) *Liberty and Learning.* Oxford: Martin Robertson.

TAYLOR, Michael (1982) *Community, Anarchy and Liberty.* Cambridge: Cambridge University Press.

VARDIN, Patricia A. & Ilene N. BRODY (Eds) (1979) *Children's Rights: Contemporary Perspectives.* New York/London: Teacher's College Press.

VAUGHAN, Mark (Ed) (1972) *Rights of Children*. Nottingham: N.C.C.L. (Russell Press).

WALES, John N. (1962) *Schools of Democracy*. Michegan: Michegan State University Press.

WARRENDER, Howard (1957) *The Political Philosophy of Hobbes*. Oxford: Clarendon Press.

WATSON, John E. (Ed) (1977) *Policies for Participation*. Wellington, N. Z.: N. Z. Education Administration Society.

WATTS, John (Ed) (1977) *The Countesthorpe Experience*. London: George Allen and Unwin.

WEIL, Simone (1958) *Oppression and Liberty*. London: Routledge and Kegan Paul.

WHITE, John (1973) *Towards a Compulsory Curriculum*. London: Routledge and Kegan Paul.

WHITE, John (1983) *The Aims of Education Restated*. London: Routledge and Kegan Paul.

WHITE, Patricia (1983) *Beyond Domination*. London: Routledge and Kegan Paul.

WILLIAMS, Bernard and Alan MONTEFIORE (Eds) (1966) *British Analytical Philosophy*. London: Routledge and Kegan Paul.

WOLFF, Robert Paul (1968) *The Poverty of Liberalism*. Boston: Beacon Press.

WOLFF, Robert Paul (1970) *In Defense of Anarchism*. New York: Harper an Row.

WOLFF, Robert Paul (1977) *Understanding Rawls: a Reconstruction and Critique of "A Theory of Justice"*. Princetown, New Jersey: Princetown University Press.

WOODHOUSE, A. S. P. (Ed) (1938) *Puritanism and Liberty*. London: J. M. Dent and Sons Ltd.

WRINGE, C. A. (1981) *Children's Rights*. London: Routledge and Kegan Paul.

WRINGE, C. A. (1984) *Democracy, Schooling and Political Education*. London: George Allen and Unwin.

생각해 볼 문제*

김 정 래

머리말에서 밝힌 바 있듯이, 자유와 권리, 그리고 민주주의를 보는 저자와 역자의 입장은 매우 상이하다. 이를 단지 견해의 차이로 치부할 것이 아니다. 이 차이는 오히려 풍부한 논의거리를 제공한다. 이에 착안하여 각 장에서 논의된 내용을 토대로 "생각해 볼 문제"를 제시하였다. 일반인은 물론이거니와 학교현장에 있는 교사나 교대와 사대에 재학하는 예비교사들에게 충분한 숙의 거리를 제공할 것으로 기대된다. 여기에 제시한 문제를 다루는 데 있어서 역자의 "번역판 해설"과 이어 소개한 관련 참고문헌을 참조하면 논의에 도움이 될 것이다. 차분하고 충분한 논의를 통하여 이 책이 지향하는 아동의 자유와 권리, 그리고 학교에서 민주적 원리가 원숙하게 자리 잡기 바라는 바이다.

|제1장| 서　론

1. 제1장에서 저자가 정리한 자유의 개념을 역자가 "번역판 해설"에 소개한 그레이의 일곱 가지 분류에 대입하여 정리해 보라.

2. 저자가 제1장에서 제시한 개인의 자유 제한을 정당화하는 조건을 정리해 보라.

---

* 생각해 볼 문제 ⓒ 김정래, 2012.

3. 아동의 자유를 '공적 참여'에 초점을 맞춘 저자의 관점은 적어도 몇 가지 역사적 사실을 혼동한 것으로 판단된다. 공적 참여는 고대 아테네의 '고전적 민주주의'와 고대 로마의 공화정에 기반을 둔 것이지만, 이는 루소와 마르크스가 상정하는 자유관이나 민주주의 이념과는 본질상 같은 것이 아니다. 그럼에도 저자는 고대 아테네의 민주주의와 로마의 공화정을 공동체주의로 치환하였고, 아동의 참여를 '참여민주주의'의 맥락에서만 파악하고 있다. 이와 관련하여 무엇이 저자의 논의에 담겨진 부당한 치환인지 논의해 보라. [역자의 "번역판 해설" 중 '민주주의' 설명 부분을 참조하라.]

4. 저자가 지지하는 '자유'는 실질적 자유effective freedom이면서 원하는 것을 어떤 제약 없이 자기 마음대로 할 수 있는 권력(힘)의 행사 또는 권력(힘)의 소유를 가리킨다. 이는 벌린의 '소극적 자유'와 '적극적 자유'를 통합해 놓은 형태를 취하고 있는 것처럼 보이지만, 결과적으로 '적극적 자유'로 귀착된다. 저자는 자유가 타인에게 해를 끼치거나, 타인의 자유를 제한해선 안 된다고 하면서, 실질적인 힘의 행사가 가능한 적극적 자유가 보장되어야 한다고 주장한다. 적극적 자유의 행사가 과연 타인의 자유를 제한, 침해하지 않고 가능한지 논의해 보라.

5. 제1장의 뒷부분에서 저자는 원하는 것을 선택하는 것과 자신에게 이익이 되는 것을 구분하고 있다. 이는 저자도 지적하고 있듯이 제6장과 제7장에서 논의하는 '권위적 간섭주의'와 관련을 맺고 있다. 그 문제는 차후에 본격적으로 다루기로 하고, 교육 상황에서 벌어지는 이른바 '자유의 패러독스' 문제를 구체적인 예를 들어서 논의해 보라. [논의를 위하여 피터스R. S. Peters의 ≪윤리학과 교육≫(1966, 이홍우 역, 1981)의 제7장을 참조하라.]

|제2장| 동의와 자유의 제한

1. 사회계약설이 자유를 제한하는가 아니면 확대시키는가를 논의
   해 보라.

2. 사회계약설이 전제하는 개인관을 정리해 보고, 이에 따른 개인
   의 자유와 의무가 어떠한지 정리해 보라.

3. 제2장은 사회계약과 합의에 따른 사회적 의무와 불복종의 문제
   를 다루고 있다. 사회철학 또는 정치철학의 핵심적 논쟁에 해당
   하는 이 문제를 교육상황에 비추어 논의해 보라.

4. 앞의 문제와 관련하여, '개인이 사회에 논리적으로 우선한다'는
   자유주의적 사회계약론을 비판하면서, 저자는 인간은 본질적으
   로 사회적 존재이기 때문에 자유가 사회적 의무에 우선하지 않
   는다고 본다. 즉 개인간의 '계약에 근거하지 않는 사회적 의무'
   가 성립한다고 주장한다. 그렇다면 개인에 우선하여 존재하는
   의무, 개인에게 부여되어야 하는 사회적 의무의 발생과 근거는
   어떻게 설명할 수 있는가? 사회가 개인의 자발적 의사에 따르지
   않고 성립할 수 있는 또 다른 근거는 무엇인가?

5. 저자의 입장과 달리, 비록 자발적 계약에 근거하지 않았다 하더
   라도 준수해야 할 사회적 의무가 성립할 근거는 자유주의 논의
   맥락 안에서도 성립할 수 있다. 이 논거를 하이에크의 '자생적
   질서spontaneous order' 또는 관습, 관습법에 비추어 논의해 보라.

|제3장| 자유와 민주주의

1. "번역판 해설"에 소개한 민주주의의 유형에 비추어 저자가 개진하는 민주주의의 의미를 정리해 보라.

2. 본문 중에 "복종하는 '우리'가 법을 만드는 '우리'보다 훨씬 큰 집단이기 때문"에 개인적 차원의 자유와 사회적 차원의 민주주의가 각각 상이한 정당화 논거를 요구한다는 것이 저자의 논점이다. '민주주의의 꽃'이라고 하는 선거 이외에 민주주의에 가치를 부여하는 또 다른 논거로 어떤 것이 있는지 검토해 보라.

3. 저자에게 "민주주의는 정의로운 사회를 구현하기 위한 공공문제에 참여하는 것"이다. 따라서 '민주주의'는 '사회정의'와 '참여'의 차원에서 정당화된다. 여기서 두 가지 문제가 야기된다. 첫째, 절차적 원리로서 민주주의는 사회정의와 동일시할 수 있는가? 둘째, 민주주의는 '참여민주주의'와 동일시할 수 있는가? 두 가지 문제의 타당성을 검토해 보라.

4. 저자에 따르면, 민주적 절차에 의하여 도출된 결정과 상이한 소수의견을 가졌을 경우, 이에 복종해야 하는가 아니면 복종하지 않아도 좋은가의 관건은 정부가 어떤 일을 하는가에 있다. 즉 정부가 정의로운 사회구현을 위한 조치를 한다면, 소수 의견을 가진 자의 불복종은 근거가 없다. 그러나 정부의 이러한 결정이 정의로운지 아닌지는 어떻게 판단할 수 있는가? 만약 이 경우 정부의 결정이 다수결에 의한 것이라면, 여전히 소수 의견은 성립근거가 없다는 순환론에 빠지게 된다. 또 정의로움의 여부는 늘 다수결에 의존하게 된다는 견해에 불과하다. 논하라.

5. '자유민주주의'는 '자유'와 '민주주의'를 어떤 관점에서 필연적으로 관련시키는 개념인지 생각해 보라.

|제4장| 자 유 권

1. '권리'를 이익설, 선택설, 그리고 자격설(인격설)에 비추어 정리해 보라.

2. 개인의 자유권의 개념을 '자연권', '도덕권', '인권', '인간의 권리'의 개념에 비추어 정리해 보라. 이를 위하여 역자의 "번역판 해설"의 '참고문헌'에 소개한 크랜스턴(1973)과 라파엘(1967)의 책을 참조하라.

3. 저자가 주장하는 사회적 존재로서 개인이 갖는 자유권의 특징을 정리해 보라.

4. 본문 중 "권리는 개인이 전횡하는 소유물이 아니라 '모든 사람'이 유사한 상황에서 특정한 방식으로 행위하도록 허용된 개별적인 규범사례들"이라는 저자의 주장이 있다. 개인의 권리가 지니는 사회적 속성은 권리의 주체right-holder가 개인이 아니라 집합일 가능성을 전제하고 있다. 권리의 주체가 집합일 경우 예상되는 문제점을 검토해 보라. [권리인식의 발달에 관하여 ≪아동권리향연≫ 제2장과 제8장의 일부를 참조하라.]

5. 개인의 자유권은 공공 이익, 공정성, 사회 정의와 상충할 수 있다. 이 맥락에서, 권리는 개인에게 부여된 것이 아니라 사회생활을 영위하는 데 '허용된 것'이라는 저자가 가지고 있는 권리의 개념이 지닌 문제점은 없는지 검토해 보라. 이 때 국가는 어떤 역할을 수행해야 하는가?

|제5장| 아동의 자유권

1. 아동의 자유권을 향유하는 권리(향유권)와 행사하는 권리(행사권)로 나누어 정리해 보라. 그리고 향유권보다 행사권이 더 중요하다고 보는 저자의 논점을 검토해 보라. 역자가 지적한 것처럼, 저자의 향유권 – 행사권 구분이 라파엘의 구분과 다르다는 점을 염두에 두고 정리해 보라.

2. 아동이 보호받아야 할 존재라는 관점과 도덕적 지위를 지닌 존재라는 관점을 대비시켜 각각의 장·단점을 정리해 보라.

3. 분명 아동은 부모나 가족의 소유물이 아니라 인격체이다. 아동이 권리를 향유하고 행사하는 인격체로 대우를 받는다 하더라도 부모의 간섭이나 제재를 받지 않는다는 뜻이 아니다. 이와 관련하여 아동이 보호받아야 할 근거는 무엇인지 생각해 보라. 그리고 부모가 자신의 자녀에 대하여 행사하는 배타적 힘의 범위와 근거는 무엇인지 생각해 보라.

4. 아동 문제에 있어서 부모와 국가가 대립하는 경우와 부모와 자녀가 대립하는 경우를 구체적으로 예시해 보고, 이를 아동의 이익 증진의 측면에서 정리해 보라.

5. '아동이 성인과 동등한 권리를 갖는다'는 주장을 다음 준거를 통하여 고찰해 보라. [논거를 위하여 역자의 ≪아동권리향연≫의 제4장을 참조하라.]
   ① 연령
   ② 신체조건
   ③ 정치·경제적 능력
   ④ 인지적 판단능력
   ⑤ 기타

1. 밀의 유명한 '위해 원리harm principle'는 권위적 간섭주의의 논거를 마련해 준다. 밀이 상정한 '위해의 원리'의 의미를 정리하고, 이 원리를 한 개인이 행사하는 자유가 타인의 자유를 제한하는 경우에 어떻게 적용되는지 구체적인 예를 들어보라.

2. 자유의 제한 또는 간섭을 가리키는 권위적 간섭주의는, 이익의 측면에서 보면, 위해를 막고 이익을 증진한다는 이유가 자명해 보이지만, 자유의 측면에서 보면, 제한받는 사람의 실질적 이익이 무엇인지를 판단할 근거가 없다. 선택과 행동의 제한받는 사람의 이익을 간섭하는 사람의 입장에서 재단할 수 있는 논거는 무엇인가?

3. 권위적 간섭주의에 대한 정당화 논거로 저자는 두 가지를 들고 있다. 하나는 공동체 내의 다른 구성원들의 복리 증진이며, 다른 하나는 인간 존중이라는 가치이다. 그러나 이 두 가지 준거는 각기 다른 윤리학적 기반을 지니고 있기 때문에 서로 상충한다. 두 가지 윤리학적 기반에서 권위적 간섭주의를 논하여 보라.
   • 전체 효용증진의 공리주의
   • 칸트의 의무론적 윤리학의 인간 존중

4. 저자는 권위적 간섭이 정당화되는 경우를 여덟 가지로 제시한다. 이를 정리하면 다음과 같다.
   ① 간섭이 삶의 증진improvement 또는 결정적인 기회chance of success를 제공하는 경우
   ② 정해진 목표 달성을 위한 다른 대안을 찾을 수 없을 경우(이를 'the only way'라고 하였다)
   ③ 간섭받는 사람의 동의가 있을 경우

④ 인생의 목표설정에 도움이 되는 경우

⑤ 합리성, 경험, 판단능력이 부족한 경우

⑥ 위해 정도가 심하여 피해야 할 경우

⑦ 자유의 증진이 요구되는(자유의 패러독스에 해당하는) 경우

⑧ 무시해도 좋을 정도로 사소한 선택인 경우

이러한 경우에도 저자는 전반적으로 권위적 간섭이 정당화되지 않는다는 입장을 견지한다. 그러나 교육상황에서 간섭이 어느 정도 필요한 경우를 부정할 수는 없다. 위의 각 경우를 발달 단계나 상황에 따라 권위적 간섭이 정당화되는지 아닌지를 검토해 보라.

5. 심장병 환자가 외과 전문의에게 의뢰하여 수술을 맡기듯이, 자기 자신의 삶의 결정을 맡아줄 전문가가 없다는 논점이 있다. 이는 '덕virtue'을 가르칠 교사가 없다는 주장과 같은 것으로서 플라톤의 ≪메논≫ 편과 같은 고전에서 이미 지적된 바 있는 논제이다. 이를 인정한다면 삶의 목적이나 직업이나 결혼과 같은 중요한 선택은 결과적으로 자신의 몫이 된다. 그러나 덕을 가르칠 교사는 없지만, 우리는 중요한 결정을 하는데 있어서 주변 사람들의 도움을 많이 받는다. 어느 경우에는 그 중요한 사람 VIP: very important person의 결정에 따르는 경우도 있다. 그 VIP 중 단연 으뜸을 차지하는 사람은 부모이다. 그 다음으로 선생님, 친구, 친척 등이 있다. 개별행위의 간섭이 아니라 삶의 중요한 결정이나 성격형성에 중요한 영향을 미치는 VIP의 간섭은 권위적 간섭주의로 보아야 하는가, 아니면 부당한 간섭인가? 만약 간섭이 정당화된다면, 그 근거는 무엇인지 논의해 보라.

|제 7 장| 아동에 대한 권위적 간섭주의

1. 밀이 고안한 '성숙 능력mature faculties'에 무엇이 포함되는지 논의해 보라. 그리고 이것이 아동과 성인을 구분하는 합당한 근거가 되는지 검토해 보라. [논의를 위하여 역자의 ≪아동권리향연≫ 제4장과 제5장을 참조하라.]

2. 저자는 쉬락의 연구를 토대로 아동과 성인을 구분하는 기존의 기준이 연령, 지적능력, 성숙도, 부양능력으로 보고, 상당 부분 이것이 부당하다고 논의하고 있다. 그렇다면 아동 – 성인, 또는 미성년자 – 성년의 기준은 이 밖의 어디서 찾을 수 있는가? 천재적인 재능이나 부양능력처럼 능력이 뛰어난 일부 아동의 경우와 무능하기 짝이 없는 성인의 경우를 참고하여 논의해 보라.

3. 저자가 두 번째로 논의한 준거가 '경륜'이다. 성인이 삶의 경험이 많고, 아동은 상대적으로 부족한 것은 경험적으로 사실이다. 그러나 저자는 이것도 권위적 간섭주의를 정당화하는 준거가 될 수 없다고 한다. 경험 여부는 상대적인 것이기 때문에 준거가 될 수 없다는 것이다. 그리고 경륜론은 오직 나이 많은 사람들의 편의를 도모하는 것에 불과하다는 것이다. 그러나 아버지로서의 경륜, 교사로서의 경륜, 직업상 경륜을 부정하기 어렵다. 특히 경륜으로 인하여 획득되는 직업상 전문성은 매우 중요하다. 물론 몇몇 아동의 천재성prodigy이 있지만, 이것이 성인의 경륜이 가치롭지 못하다는 논거를 지지하지 못한다. 교육적 관점에서 이를 논하라.

4. 저자의 결론은 아동에 대한 권위적 간섭은 성인에 대한 그것과 이유와 근거가 동일해야 한다는 점이다. 제7장 마지막 문단에 권위적 간섭이 동일하게 적용되어야 하는 논거가 열거되어 있

다. 이들을 어린 영유아나 아동, 청소년들에게 모두 적용할 때 발생할 수 있는 문제를 제시하고, 저자의 논거가 합당하게 수용할 수 있는지 검증해 보라.

5. 저자는 성인이 아동의 능력에 깜짝 놀랄 능력을 발휘하는 경우를 지적하면서 권위적 간섭주의의 오용을 경계하고 있다. 역자가 보기에 이 입장의 근거는 폴라니Michael Polanyi의 '암묵적 지식tacit knowledge'에서 찾을 수 있다. 물론 폴라니가 암묵적 지식의 중요성을 부각시킨 것은 과학적 사고와 탐구의 과정, 그리고 주로 성인의 학문 세계를 토대로 한 것이지만, 그의 이론은 유아교육에 시사하는 바가 매우 크다. 언어발달과 표현력이 부족한 영유아의 경우, 암묵적 지식이 어떻게 작용하는지 검토해 보면 영유아에 대한 권위적 간섭 행위는 자제되어야 한다. 이에 해당하는 예를 들어보라.

| 제 8 장 | 의무교육과 아동의 자유

1. 의무교육은 아동의 자유를 제한하는가? 찬반 여부의 각각에 대한 근거를 제시하라.

2. 아동의 민주적 참여 능력 배양은 의무교육의 정당화 논거인가, 아니면 의무교육의 결과로 지향해야 할 교육목적인가를 논의해 보라.

3. 본문에 소개한 종교자유의 제한 문제를 비롯하여 학교선택권 박탈 문제, 국가주도 교육행정의 독점 문제 등 의무교육체제는 자유를 제한하는 여러 가지 문제를 야기한다. 의무교육체제 아래서 야기되는 다양한 자유 제한, 국가독점의 문제를 논의해 보라. 아울러 고등학교 평준화 정책을 고려해 보라. 지구상에서 유독 대한민국에만 존재하는 고등학교 평준화정책은 의무교육이 아닌데도 불구하고 자유와 선택의 박탈이라는 심각한 여러 가지 문제를 야기한다. [논의를 위하여 역자의 ≪고혹평준화해부≫ (2009, 한국경제연구원)를 참조하라.]

4. 제5장에서 아동의 자유와 권리를 아동을 대신하여 행사할 경우 부모와 국가가 대립하는 상황을 언급한 바 있다. 그러나 의무교육상황에서 드러나는 여러 가지 결정권은 부모가 우선한다. 부모의 대리결정권이 국가와 상충하는 경우를 논의해 보라. [논의를 위하여 코헨의 ≪교육과 개인≫ 2014, 김정래 역, 교육과학사, 제2장, 제3장, 제4장을 참조하라.]

5. 자유를 선택의 문제로 보는 경우라 하더라도 교육상황에서 '선택'의 본질이 달라질 수 있다. 종교교육에서 가치 선택, 정치교육에서 가치 선택, 도덕교육에서 가치 선택 문제가 동일하지 않다. 이 문제를 정리해 보라. [논의를 위하여 코헨의 ≪교육과 개인≫ 제5장, 제6장을 참조하라.]

| 제 9 장 | 학교에서의 자유

1. 저자는 니일의 자유방임적 아동관과 교육관을 비판하면서, 이를 자유주의 노선이라고 하고 있다. 그러나 자유주의 노선은 학생과 학부모의 선택과 책무성은 물론 단위학교의 책무성을 강조한다. 반면에 니일의 경우에는 방임주의에 가까워서 이러한 책무성은 찾아볼 수 없다. 아동관과 학교에서 자유를 니일과 자유주의 노선에 각각 대비시켜 정리해 보라.

2. 제9장에서 저자는 아동의 학습의 자유는 교사와 학교의 도움이 필요하다는 주장을 펴고 있다. 그러나 이 입장은 제6장과 제7장에서 강조한 권위적 간섭의 제한, 그리고 제8장에서 논의한 아동의 자유와 상충한다. 어떤 점에서 어느 내용이 상충하는지 정리해 보라.

3. 저자는 학습의 자유에는 반드시 노동자와 저소득층 아이들이 실질적 자유effective freedom를 행사할 수 있는 내용이 포함되어야 한다고 주장한다. 이 주장의 타당성을 '소극적 자유'와 '적극적 자유'로 구분한 벌린의 입장에 비추어 정리하고, 교육현장에서 드러날 수 있는 폐단을 탐색해 보라.

4. 제9장은 교육상황에서 아동의 자유를 학습의 자유와 행동의 자유로 나누어 논의하였다. 그러나 아동이 소유한 학교선택의 자유는 이러한 자유를 실현하는 전제가 된다. 아동의 학교선택권의 중요성과 그 실행상의 문제점을 정리해 보라.

5. 아동의 행동을 제한하고 규율하는 학교의 학칙은 저자가 밝힌 내용 이외에 어떤 내용으로 어떻게 제정되고 운영되어야 하는지 검토해 보라.

|제10장| 자유, 민주주의, 교육

1. 제10장에 소개된 세 가지 유형의 민주시민교육과 관련하여 우리 사회의 현안이 되는 교육감 직선제, 학생인권조례 문제를 검토해 보라.

2. 저자는 슘페터의 경쟁의 원리에 따른 지도자 선출 원리를 학생들이 교사를 선발하고 교사가 교장을 선출하는 것에 비견하여 비판하고 있다. 그러나 아이들은 학교라는 교육상황에서 교사와 교장이 아닌 학급대표, 학년대표, 학생회장을 선출함으로써 민주적 훈련과 경험을 쌓을 수 있는 장점도 있다. 이에 관하여 논하라.

3. 제10장 전반에 걸쳐 전제된 민주주의에 관한 저자의 입장을 "번역판 해설"에 소개한 '참여민주주의'에 견주어 사정査正해 보라.

4. 저자는 교육상황에서 민주주의가 학생들에게 미래 민주시민의 역량을 가르쳐주는 일, 즉 미래의 외재적 가치를 가질 뿐만 아니라, 학교 안에서 민주적 절차와 훈련이 중요하다는 내재적 입장을 강조한다. 그럼에도 불구하고 저자는 아이들이 학교 공부를 회피하기 위하여 자의적으로 학문적 자유(또는 의사표현의 자유)를 명분으로 허용되어선 안 되는 예를 들고 있다. 여기에는 민주교육이 자유민주주의에 입각한 질서를 부정해선 안 된다는 것도 포함된다. 이를 논하라.

5. 저자는 학교 운영에 있어서 교사의 민주적 참여가 중요하다고 강조하였다. 민주적 학교 운영에 교사의 참여가 중요한 것은 인정한다고 해도, 그들의 참여방식과 의사결정 범위에는 이견이

있을 수 있다. 다음 조건에 비추어 민주적 학교 운영이 어떻게 되어야 하는지 논의해 보라.
① 국·공립학교 대 사립학교
② 교원노조의 성격과 결성 절차
③ 학교운영위원회의 성격과 의사결정방식

색   인

역자약력

김 정 래(金 正 來)

서울대학교 사범대학 교육학과를 졸업하고 동 대학원에서 석사학위를 받았다. 이어 영국 University of Keele에서 교육철학 전공으로 철학박사 학위를 취득하였다. 서울대학교 교육연구소와 한국교육개발원에서 근무한 후, 현재 부산교육대학교 교수로 재직 중이다.

저서로는 ≪민주시민교육비판≫(2013), ≪진보의 굴레를 넘어서≫(2012), ≪고혹평준화해부≫(2009), ≪전교조비평≫(2008), ≪아동권리향연≫(2002) 등이 있고, 역서로는 ≪암묵적 영역≫(2015), ≪교육과 개인≫(2014), ≪교육목적론≫(2013) 등이 있다.

아동의 자유와 민주주의

초판인쇄	2015년 3월 5일
초판발행	2015년 3월 15일
지은이	로즈마리 챔벌린
옮긴이	김정래
펴낸이	안상준
편 집	김선민·배우리
기획/마케팅	최준규
표지디자인	홍실비아
제 작	우인도·고철민

펴낸곳	㈜ 박영story
	서울특별시 금천구 가산디지털2로 53
	등록 2014. 2. 12. 제2014-000009호
전 화	02)733-6771
f a x	02)736-4818
e-mail	pys@pybook.co.kr
homepage	www.pybook.co.kr
ISBN	979-11-85754-11-6 93370

* 잘못된 책은 바꿔드립니다. 본서의 무단복제행위를 금합니다.

정 가	19,000원